U0881379

该成果已获“南昌大学社会科学学术出版资助”

A STUDY ON THE FUNCTION OF
NON VERBAL COMMUNICATION IN THE PUBLIC

大众非言语传播的功能研究

王亿本 ◎ 著

中国社会科学出版社

图书在版编目（CIP）数据

大众非言语传播的功能研究／王亿本著．—北京：中国社会科学出版社，2016.5

ISBN 978－7－5161－8885－9

Ⅰ.①大…　Ⅱ.①王…　Ⅲ.①传播媒介－研究　Ⅳ.①G206.2

中国版本图书馆 CIP 数据核字（2016）第 213456 号

出 版 人　赵剑英
责任编辑　任　明
责任校对　闫　萃
责任印制　何　艳

出　　版　中国社会科学出版社
社　　址　北京鼓楼西大街甲 158 号
邮　　编　100720
网　　址　http：//www.csspw.cn
发 行 部　010－84083685
门 市 部　010－84029450
经　　销　新华书店及其他书店

印刷装订　北京市兴怀印刷厂
版　　次　2016 年 5 月第 1 版
印　　次　2016 年 5 月第 1 次印刷

开　　本　710×1000　1/16
印　　张　18.25
插　　页　2
字　　数　305 千字
定　　价　58.00 元

凡购买中国社会科学出版社图书，如有质量问题请与本社营销中心联系调换
电话：010－84083683
版权所有　侵权必究

探索隐蔽的一维：大众非言语传播的功能研究

王亿本的《大众非言语传播的功能研究》即将出版。作为其博士生导师，欣慰之余，我也有责任谈谈自己的一些感触。本书经过两年时间的写作，一年多时间的润色，写作的辛苦程度与认真程度感同身受。

四川大学文学与新闻学院历来有符号学、叙事学研究的深厚理论积淀，学院开设有传媒与文化、符号学、叙事学等相关课程。2008 年，赵毅衡教授主持创立四川大学“符号学—传媒学研究所”，以及配套的“符号学论坛”网站、“符号学—传媒学研究动态”电子月刊、《符号与传媒》双语纸质刊物、“符号学—传媒学研究所”官方微博等研究平台，传媒符号学研究如火如荼。在这样的学术氛围下，王亿本博士深受熏陶，对传媒符号学逐渐产生兴趣，并结合自身特点，从非言语符号角度开展学术探索，形成了自己的研究领域。

在传媒化生存的语境下，人们接触的不仅是“自然世界”，更多的是由传媒符号构建的“媒介世界”，或者叫“媒介真实”，传媒符号学正是研究构建媒介真实规律的学问。符号学的理论体系已经较为成熟，将成熟的符号学理论应用于传播学领域，正是符号学应用研究之意图。同时，还需要结合传媒现实，探索传媒符号学本体的理论创新。

与言语传播研究的丰硕成果相比，大众传媒的非言语传播研究相对乏力。其实，非言语传播现象在人类语言出现以前就已存在，非言语传播研究却相对比较晚，并且，此前国外非言语传播研究关注的焦点是人际非言语传播现象，很少涉及大众传播的非言语传播现象。国内宋昭勋的专著《非言语传播学》开始涉及大众传播中的非言语传播现象，但是，限于篇幅以及理论体系的完整性，还没有涉及大众非言语传播的功能研究。在大众传播中，非言语符号的传播功能未受到应有的重视。

从研究视角上，本书采取“跨媒介”的视角，通过对电视媒体、印刷媒体、广播媒体、网络媒体等不同媒介类型中的非言语传播进行共时性分析，总结人类媒介演变的历时性特征；从研究对象上，本书通过和人际非言语传播比较，分析大众非言语传播的历史演变、具体内涵、类型变迁、功能转化、表意机制创新等结构特征；从研究的学理层面上，本书结合新闻学、传播学、媒介社会学、传播心理学、符号学等相关学科理论，探求大众非言语传播的现实需求及发展依据，使非言语传播学的知识体系更为丰富、全面和清晰；同时，本书还前瞻性地思考大众非言语传播的发展趋势，认为媒介进化趋势仍然继续，非言语传播的演化趋势应该是大众非言语传播日渐丰富、成熟和完善，并开始向网络人际非言语传播演变，这些对于新闻传播实务以及媒介素养教育都具有一定的启发意义。

因此，本书探索符号学、非言语传播学等研究理论在大众传播中的应用情况，并探索大众非言语传播的独特规律，对丰富新闻传播理论、推动新闻传播实务都具有积极意义，也为新闻传播学借鉴其他相关学科理论的可行性路径提供了借鉴。

本书的应用价值在于，其从大众非言语传播与大众言语传播互动角度入手，研究非言语符号在事实传播、情感传播、形象塑造和引导说服等过程中的独特功能，为传播功能研究提供新的研究视角，为传播实践提供可操作策略。

另外，本书对于认识新闻真实、新闻专业主义理论也有一定的启发意义。从传媒符号学角度看，根本就不存在与客观世界完全一致的媒介真实，媒体能够做到的只能是媒介真实的真实感。本书从非言语传播学角度，分析西方新闻专业主义的虚伪性以及其倾向性的隐蔽性，以看清其鼓吹新闻自由的欺骗性手段，也为我国国际新闻传播实务提供提升的空间。

非言语符号看似无形，却无处不在，且深刻影响着传播功能。相关探索还在继续，也期待本书作者继续探索非言语传播这一“隐蔽的一维”，产生更多的研究成果，以进一步丰富这一研究领域。

蒋晓丽

甲午岁末于川大花园

自　序

美国非言语传播研究学者爱德华·霍尔（Edward T. Hall）在《无声的语言》的序言中感叹，“美国在各种援外计划上花费了亿万美金，可此举既没有赢得世界上别国人民的爱戴，也没有受到他们的尊重”，并认为是跨文化传播中非言语传播不当所致。其实，我们日常生活中也经常遇到类似的困惑，非言语传播是不可忽视的因素之一。美国心理学家艾伯特·梅瑞宾（Merabian）提出信息冲击力公式：信息总效果 = 7% 的词语 + 38% 的语音 + 55% 的面部表情，非言语传播的重要性由此可见一斑。但是，以往的非言语传播研究主要聚焦于人际传播，大众非言语传播研究相对不足。

本书试图厘清“大众非言语传播”的概念，并从媒介进化视角，将大众非言语传播放置在媒介进化的大背景下，分析其结构特征和表意机制等，再结合受众的接受心理和大众非言语传播的特点，分析大众非言语传播在事实传播功能、情感传播功能、形象塑造功能和引导说服功能实现过程中的正向或负向影响。

同时，本书尝试回应一种批判。尼尔·波兹曼认为视觉传播是非理性的，本书认为大众非言语传播具有直观表意的特点，但也具有协同表意、隐喻表意等表意机制，也可以推动理性思考；并反思四个理论（“拟态环境论”、“人体延伸论”、“媒介补救论”、“地球村”理论），从非言语传播视角分析其合理性和局限性。

全书将理论分析和案例讨论有机结合，阐明大众非言语传播的具体功能，凸显大众非言语传播的重要性，以丰富非言语传播的理论研究和实务发展。

至此，拙著虽几经修改，但不足之处仍在所难免。不妥之处，更希望作为各位专家批判的靶子，吸引更多研究者的关注，以推动这一问题的继续深入探索。倘若如此，同样值得庆幸。

是为序。

王亿本

2014年12月于南昌大学新闻与传播学院

目　录

绪　论

非言语传播现象在人类语言出现以前，已经广泛存在，“我们每人、每时每刻在社会的每个角落，无不使用非言语传播符号交流感情、思想以及感受等。非言语传播被用来彰显权力和身份，用来表达爱和亲密，用来体现认同和建立关系，以及用来协调沟通等”。[①] 非言语传播研究相对比较晚，1872 年，查尔斯·达尔文出版了具有开拓性的著作《人类和动物的情绪表达》（*The Expression of the Emotions in Man and Animals*），标志着系统的非言语传播研究的开始。后来的研究专著和论文分别从不同角度深入进行理论探讨和应用研究，如讨论医院、教室、政府、法庭、商业谈判、亲子交流等各种场合的非言语传播现象。其中美国心理学家艾伯特·梅瑞宾（Merabian）提出信息冲击力公式：信息总效果 = 7% 的词语 + 38% 的语音 + 55% 的面部表情。[②] 该公式引用率特别高，旨在强调非言语传播的重要性。

总体上看，以往的非言语传播研究多数是关注人际非言语传播现象，而针对大众非言语传播的研究相对匮乏。大众传播不同于人际传播，大众非言语传播同样具有不同于人际非言语传播的特性，而非言语传播也不同于言语传播。这样，大众非言语传播具有独特的存在意义和研究价值。本书试图厘清大众非言语传播的构成结构和传播功能，探寻大众非言语传播功能这一“隐蔽的一维”。

符号学研究者强调，“在社会各阶层的对抗中，在国际范围内的文化冲突中，对‘符号权’的争夺，越来越超过其他实力宰制权的争夺”。[③] 传播符号类型繁多，李彬按照皮尔士关于符号的经典定义，将各种传播符

---

① Ronald E. Riggio, Robert S. Feldman, *Applications of Nonverbal Communication* , London: Lawrence Erlbaum Associates, 2005, p. ix.

② 宋昭勋：《非言语传播学》（新版），复旦大学出版社 2008 年版，第 19 页。

③ 赵毅衡：《符号学原理与推演》，南京大学出版社 2011 年版，第 7 页。

号及功能置于三个层面（或系统）进行考量，“从符号的本体层面而分出动物的信号和人类的符号；从符号的反应层面分出听觉符号（相对于时间）和视觉符号（相对于空间）；从符号的意指层面分出语言符号和非语言符号。其他各种分类都可在这一谱系中依次展开”。[①] 按照这样的分类标准，从符号的本体层面看，社会各阶层争夺的“符号权”主要是集中在人类的符号而不是动物界的信号；从符号的反应层面看，应该同时包括听觉符号和视觉符号；而从符号的意指层面看，应该包括言语符号和非言语符号。[②] 本书将非言语符号作为研究对象，分析其在大众传播过程中的多种功能。

20 世纪 50 年代，大众传播功能研究比较有代表性的有拉斯韦尔提出，并由社会学家赖特补充的“四功能说”，即“监视环境”、“协调社会各个部分”、“社会文化遗产传递”、“提供娱乐”等四大功能。传播学者拉扎斯菲尔德和社会学家默顿提出的“三功能说”，即“授予地位”、“促进社会规范的实行”、“麻醉精神”等。威尔伯·施拉姆在《传播学概论》中将传播功能分为政治功能、经济功能和一般社会功能。

国内学者相关研究也比较多，戴元光等人指出传播的社会功能主要有获取信息、社会化途径、实现教育、发展文化和娱乐等五个方面，同时也注意到大众传播的负功能。[③] 邵培仁把传播的功能分为外向功能和内向功能、显性功能和隐性功能，并从个人、组织、社会三个层面进行了分析。[④] 张国良认为，传播的功能具有层次性和结构性特征，其基本功能是传、受新闻信息，由此派生出应付环境和调剂身心这两种次基本功能，再延伸为“监视环境”、“协调社会”、“传达遗产”、“提供娱乐”等具体功能，然后再继续细化。并且层次越高、层面越大，功能划分就越细，由此形成了传播功能的结构。[⑤] 张国良后来还从传播功能的层级关系角度，把传播功能分为基本功能、次基本功能和具体功能三大类型（见表 1），其

① 李彬：《传播符号的分类及功能》，《中国青年政治学院学报》2000 年第 2 期。

② 此处称为“言语符号”和“非言语符号”，而没有称为“语言符号”和“非语言符号”，是因为“言语”不同于“语言”；“非言语”也不能等同于“非语言”，后文有相关详细阐述。

③ 戴元光等：《传播学原理与应用》，兰州大学出版社 1988 年版，第 61 页。

④ 邵培仁：《传播学导论》，浙江大学出版社 1997 年版，第 110 页。

⑤ 张国良：《略论传播的功能——对一些常识的再思考》，《现代传播》（中国传媒大学学报）1995 年第 3 期。

实也可以理解为三个层次，还详细阐述了大众传播的正功能和负功能。[①]

表 1　　传播功能的范畴、层次与类型

<table>
<tr><th>层次</th><th>范畴</th><th>目的</th><th>手段</th><th>内容</th></tr>
<tr><td colspan="2">宏观（基本）</td><td>生存与发展</td><td>传、受信息</td><td>信息</td></tr>
<tr><td rowspan="4">微观（具体）</td><td rowspan="3">实用性传播</td><td>监视环境</td><td>新闻信息传播</td><td>新闻</td></tr>
<tr><td>协调关系</td><td>说服信息传播</td><td>言论</td></tr>
<tr><td>传承文化</td><td>教育信息传播</td><td>知识</td></tr>
<tr><td>消遣性传播</td><td>调节身心</td><td>消遣信息传播</td><td>文艺</td></tr>
</table>

资料来源：张国良：《传播学原理》（第二版），复旦大学出版社 2009 年版，第 53 页。

上述的传播功能划分体现不同立场或不同的功能层次，本书沿袭大众传播的主要功能，包括传递新闻事实、传递情感、传递观点、塑造典型形象（包括国家、企业、公民等形象）功能等。本书结合大众非言语传播特点，分析大众非言语传播在实现上述功能中的独特作用：以传递事实为核心，并兼顾情感传播、观点传递以及形象塑造。如果从受众角度理解这四种功能之间的内在逻辑关系，即影响受众的认知（新闻真实、事实判断）、观点（引导说服、价值判断）、情感（宣导抚慰）、态度（形象塑造），最终外化为行为，下文将用四章篇幅具体分析大众非言语传播在发挥这些功能过程中的作用。

当然，大众非言语传播只是一种传播手段，在具体传播过程中也是一把“双刃剑”，对于传播效果具有正、反两方面的功能。“水能载舟，亦能覆舟。”同理，大众非言语传播在辅助言语传播实现上述四项基本传播功能的过程中，也可能起到正面或负面的传播作用，本书将一分为二地分别探讨大众非言语传播在实现上述四种功能过程中的具体作用。

本书采取“跨媒介”的视角，通过电视媒体、印刷媒体、广播媒体、网络媒体等传播实务的比较，对不同媒介类型中的非言语传播进行比较，通过这种共时性比较分析不同类型媒介的非言语传播特征，总结媒介演变的历时性特征，通过和人际非言语传播比较，对大众非言语传播特征进行相对微观的研究。结合新闻学、传播学、社会学、心理学、符号学等多学科知识与理论，探求大众非言语传播的现实需求及发展依据。

本书将采用“理论梳理—现实考察—前瞻性思考”的思路展开，整

① 张国良：《传播学原理》，复旦大学出版社 1996 年版，第 47 页。

体研究框架分为三大部分。

第一部分是理论梳理（由绪论和第一章、第二章组成），主要包括本研究中所涉及的理论、核心概念的界定与辨析等，分别对大众非言语传播的概念、符号类型、传播特征、表意机制、历史演变过程以及现实需求等进行分析，为以下章节研究提供理论支撑。

第二部分是现实考察（第三章到第六章），从现实出发，将大众非言语传播和言语传播，以及大众非言语传播和人际非言语传播进行比较分析，具体考察大众非言语传播在实现事实传播、情感传播、引导说服、形象塑造等传播功能中的独特作用。

第三部分是前瞻性思考（第七章），在总结、比较国内外非言语传播应用研究的基础上，探索大众非言语传播的发展趋势，以及提升大众非言语传播功能应该采取的路径，以推动大众非言语传播实务的发展进步。

行文过程中，本书借助大量的文献资料作为研究基础，对新闻学、传播学、心理学、符号学等相关文献进行归纳总结，并关注非言语传播符号研究的最新发展，结合不同媒介类型的传播特点，分析不同媒介所发挥的非言语传播优势，以增强本书的现实针对性。本书还针对不同大众非言语传播的典型案例进行内容分析，对不同类型媒体的相关报道中的非言语传播现象进行分析，具体考察大众非言语传播在事实传播、情感传播、引导说服以及形象塑造方面的独特功能，让理论探讨具备一定的现实基础和现实可证性。本书还通过对不同媒介类型的非言语传播进行比较、对言语传播与非言语传播进行比较，对大众非言语传播特征进行深入剖析和认知。同时，本书也借鉴了国外非言语传播的研究成果，为本研究提供了广阔的思考空间和坚实的理论基础。

传播学学者提出了“拟态环境论”、“媒介——人体延伸”论、“媒介补救理论”、“地球村”理论等，这些理论不仅涉及言语符号，同样需要非言语符号的参与，从非言语传播角度思考上述经典理论具有特殊意义。本书试图分析大众非言语传播的整体特征，并从媒介进化过程总结非言语传播演进的规律，从而展望未来非言语传播的发展趋势，并提出建议，为相关研究厘清思路，为相关传播实务提供参考。

本研究的理论价值在于，丰富和发展了非言语传播理论。本书分析大众非言语传播的历史演变、具体内涵、类型变迁、功能转化、表意机制创新等结构特征。从非言语传播视角认识人类传播符号的变迁历程和发展趋势，理解媒介变迁的深层规律，“媒介即讯息”、“人体延伸论”等关键点，为媒介发展趋势增强预见性。在批判接受消费社会理论的基础上，反思视觉传播等非言语传播存在的合理性，从非言语传播视角进一步验证大众非言语传播不同于文字传播的独特优势，从而反思尼尔·波兹曼批判理论的局限性：只关注大众非言语传播的美化功能等表面功能，因而认为其具有“肤浅性”，却忽视了其互文表意和隐喻表意等特征带来的深度理性。

本研究的应用价值在于，推动大众传播具体功能的发挥。本书从大众非言语传播与大众言语传播互动角度入手，采取内容分析及比较分析的方法，研究不同媒介的主要传播功能，以及非言语传播在事实传播、情感传播、形象塑造和引导说服等过程中的独特功能，为传播功能研究提供新的研究视角，为传播实践提供可操作性策略，也使得非言语传播理论更具有实际应用价值，使非言语传播学的知识体系更为丰富、全面和清晰。同时，还前瞻性地思考大众非言语传播的系统发展路径，认为媒介进化趋势仍然继续，非言语传播的演化趋势应该是大众非言语传播日渐丰富、成熟和完善，并开始向网络人际非言语传播演变。本书建议提升大众非言语传播功能的路径：考察大众非言语传播的现实需求—推动大众非言语传播的理论创新—丰富大众非言语传播的教育普及内容—指引大众非言语传播的业务发展。即受众心理与传播技术进步互动，推动大众非言语传播的理论创新，促进大众非言语传播的教育普及（媒介素养教育应该包括非言语传播）。最后，新闻传播实务阶段重视大众非言语传播信息的采集、编排加工以及呈现，以提升大众非言语传播的传播功能。

第一章　历史与现状：大众非言语传播的总体认知

本章将大众非言语传播置于人类非言语传播演变的历史背景下，逐步厘清大众非言语传播的基本内涵，以及现实需求情况、传受者结构、符号结构、传播特征等基本问题，为后文分析做铺垫。

第一节　非言语传播的演变历程

——反思“拟态环境论”、“人体延伸论”和“媒介补救理论”①

讨论大众非言语传播，需要将其放置在人类非言语传播演变的历史背景下，考察其在人类非言语传播谱系中的时空位置。并且和相关传播概念进行比较，以便厘清本研究的核心对象。本部分还试图从非言语传播视角反思传播学的“拟态环境论”、“人体延伸论”以及“媒介补救”理论等在当前语境下的合理性和不足之处。

一　独立表意：前语言时代的非言语传播

人类非言语传播先于言语传播已经出现。陈力丹教授认为：“假如人类的历史有 100 万年，那么其中 90 万年的历史中，我们的祖先是不会说话的，更不要说人类学研究的历史已经延伸到 400 万年以前了。”② 宋昭勋认为，上溯到 700 万年前，人类开始出现。上溯到 10 万年前，人类有声语言才诞生。在这几百万年间，人类只有借助非言语传播进行交流。③人类的祖先为了共同采集果实、狩猎食物、协调抵御外界侵扰等生存和繁

① 参见王亿本《非言语传播的四次转型分析——历时性分析与共时性参照》，《编辑之友》2015 年第 6 期。

② 宋昭勋：《非言语传播学》（新版），复旦大学出版社 2008 年版，序言。

③ 同上书，第 21 页。

衍的需要，只有通过各种自然状态的符号发出信息，通过触觉、嗅觉、听觉、视觉等接受信息。

在漫长的进化过程中，原始人由于还没有进化到使用言语交流的程度，其发音器官还不完善，只有通过各种手势、身姿等非言语信息实现交流功能。人类非言语传播在人类语言还没有出现以前就早已存在，不妨称为“前语言时代的非言语传播”。

对于人类语言产生前的非言语传播无从实际考察，但是研究者可以通过观察分析人类在婴儿时期的非言语传播，以及分析语言障碍患者的非言语传播情况，间接地研究前语言时期的非言语传播特征。鉴于此时的非言语传播是没有语言传播相伴的，而是独立地表达传播者之意，所以，前语言时代的非言语传播的核心特征就是“独立表意”，其具体传播特征如下。

（一）传、受者缺乏言语表达能力

这一阶段的传播者和受传者还不具备语言传播的能力，传播媒介主要是人体各种器官，包括发声器官、面部表情、肢体语言、服饰。这些可支配的传播媒介简单组合，传递传播者试图表达的简单信息。

相关研究最具有开拓性的要数达尔文的《人类和动物的情绪表达》，他开创了真正意义上的现代非言语传播研究。1872 年，进化论提出者达尔文出版了《人类和动物的情绪表达》一书。达尔文在这本书出版前 33 年，就开始对表情问题产生了兴趣，开始观察和收集相关资料。在此书中，达尔文从专业角度解释了动物和人类行为之间的关系，认为人类的不同面部表情反映不同情绪，并且面部表情往往是下意识的，不能完全控制。所以，人的非言语传播比言语传播可信度高。当然，其研究的不足在于“把人类和动物的情绪有时混为一谈，模糊了双方质的差异。不过，它的优点也不能抹杀，因为达尔文终究是第一个大胆采取了有机界的历史发展学说的唯物主义立场，来进行这个问题的研究的”。①

俄国生物学家巴甫洛夫对于人类早期非言语传播也有研究，认为“只有那些直接达到身体的视觉、听觉和其他感受器的特种细胞里来的刺激和这些刺激在大脑两半球里的痕迹，方才能够发生信号的作用”，包括人类“从周围的外界环境这种一般自然环境里来的印象、感觉和观念，

---

① ［英］达尔文：《人类和动物的表情》，周邦立译，科学出版社 1958 年版，译者前言。

也有从我们的社会环境来的印象、感觉和观念。但是除了可以听到的语言和看到的词不算。这就是我们和动物共有的现实的第一信号系统”，而且，“在第一信号系统工作里所建立起来的基本规律，也应该同样支配第二信号系统，因为这是同一信号组织的工作”。① 这就表明，人类的非言语传播受第一信号系统支配，而人类的言语传播受第二信号系统支配。但是，即使人类已经出现语言，开始使用言语进行交流以后，人类的非言语传播系统仍然在继续起作用。

也有研究者指出达尔文在非言语传播研究方面轻视了大脑皮质对于人类的各种特殊情绪的发生和表现方面的作用，认为人类的第二信号系统在和第一信号系统相互作用，且不可分割，对情绪表达起着决定性的影响。“正是因为这样，人类学会了怎样去控制自己的情绪：有时候这些情绪充分发挥出来，有时候则是抑制住它们的外部表现，依从时机的要求而决定”。② 这样，将言语传播和非言语传播分属于第一信号系统和第二信号系统，从本质上区分了两类传播符号。

另有研究者考察了语言障碍者的非言语传播特征，从中可以反映出前语言传播时代的非言语传播特征，区分言语传播与非言语传播在生理学层面的关系。研究者借助 Crawford 和 Garthwaite 的分离软件将 39 位脑损伤病人和 39 位正常人的数据进行对比分析。结果发现，“患者在言语声音理解测验和非言语声音理解测验的成绩显著正相关；个体分析显示，部分患者表现出非言语声音理解正常，言语声音理解损伤；部分患者则表现出言语声音理解正常，非言语声音理解损伤。结论，在汉语背景下，言语声音和非言语声音在大脑中是独立表征的”。③ 可见，言语声音理解和非言语声音理解是两种不同的认知过程。

综上，言语传播与非言语传播具有多重差异性，非言语传播具有自身的独特性。

（二）非言语传播符号相对简单

灵长类动物和人类都有一些共同的面部表情，这是最原始和最普遍的

---

① ［苏］C. T. 格列尔斯坦：《达尔文的著作〈人类和动物的表情〉的历史意义》，转引自达尔文《人类和动物的表情》，周邦立译，科学出版社 1958 年版，第 17 页。

② 同上书，第 18 页。

③ 刘方松、王强、柳妍、陈静、宋鲁平、韩在柱、毕彦超：《非言语声音和言语声音表征关系的研究》，《中国康复理论与实践》2011 年第 3 期。

动物行为之一，人类也具有一些相同的非言语传播行为。所以，非言语传播具有普遍性特征。1988 年，美国研究学者斯特凡·索米在对许多动物进行研究后，认为恒河幼猴的面部表情与人类婴、幼儿表现出的表情惊人的相似，被认为是基本情感状态的象征。当然，猴子间的交际与人类交际相比显得简单多了。

人类行为学家贝斯费尔特（Irenaus Elibl-Eibesfeldt）对丧失感官的聋哑和盲童的非言语传播研究表明，即使盲童看不到其他人的表情，无法进行模仿，但是他们仍然能够展示出正常儿童同样的表情，即这些非言语传播行为具有某些天生和遗传因素。许多跨文化传播研究认为非言语传播具有很大程度的普遍性。在多数社会群体里，至少有六种基本情感（包括幸福、难过、厌恶、害怕、生气和惊讶）是通过相同的面部表情表达出来的，也得到了多数文化群体的认可。①

（三）脱离言语的独立表意机制

前语言时代，人类信息传播主要是靠一些简单的非言语符号进行，而且，此时还没有进化到言语传播，只能是非言语传播符号的独立表意。

第一，脱离言语的独立表意机制。伯德惠斯特尔（Ray. Birdwhistell）1952 年出版的《体态语导论》认为非言语传播不能完全脱离言语传播而存在，这一观点受到某些学者的挑战。本书认为，如果回溯到人类口头语言和书面文字出现以前，人类交流信息的手段主要是非言语传播，此时的非言语传播应该是完全独立于言语传播。

第二，不同非言语符号的协同表意机制。语言时代的非言语传播存在非言语传播和言语传播的协同表意的可能，当然，也可能是非言语传播符号的单独表意。但是，在前语言传播时代，没有语言的存在，只是非言语传播实现全部传播功能。当然，此时仍然存在不同非言语传播符号之间的协同表意。如各类身势语往往都不是单一地发挥作用，它们之间有机配合，相互协作，共同实现传播功能，即“非言语传播空间上的连贯性和时间上的连续性决定了它的整体性”。②

第三，传播意义的明示性特点。语言时代的非言语传播研究认为，非言语符号把要传播的信息暗示出来，因为语言可以明确传递相关信息，非

---

① 张丽娜：《探析非言语交际的文化意义及在跨文化传播中的差异》，《现代传播》2010 年第 10 期（总第 171 期）。

② 宋昭勋：《非言语传播学》（新版），复旦大学出版社 2008 年版，第 50 页。

言语传播处于相对次要位置，起到暗示特定信息的作用。但是，在前语言时代，缺乏言语传播的主导作用，非言语传播处于前台的显要位置，需要明确地传递相关信息，所以，明示性特征明显。当然，可以想象当时也存在一定的局限性或模糊性，如婴儿哭泣可能是因为口渴，也可能是因为寒冷……作为非言语传播的哭泣表意就存在局限性，但是，其试图明示的意图仍然存在。

第四，对传播环境的依附性特点。“非言语传播的多义性决定了它对交际语境的依附性，离开语境，孤立地分析特定的非言语传播符号，其语义就不能确定，只会是一片模糊的形象，所以，多义性又决定了非言语传播的模糊性。”[①] 同一非言语符号在不同环境中表达的意义可能存在很大差别，理解起来也就存在一定的模糊性。如红色是表达血腥还是喜庆，就必须依靠具体的传播环境。

（四）传播功能相对简单，准确度不高

非言语传播符号的功能研究将非言语传播功能分为两大类：独立表意功能和伴随言语传播的功能。而前语言时代只能发挥独立表意功能，进一步分为替代功能和美学功能。[②] 如果说非言语传播会导致误解，在言语信息有限或缺失的情况下，非言语传播尤其容易导致误解的产生。[③] 前语言时代的非言语传播没有言语传播，具有不确定性，传播符号表意的准确性不高。如婴儿期的哭泣，表达很多丰富的意图，饥饿、痛苦等，很多时候家长无法准确判断其具体要求，而需要诸如手势、眼神等其他非言语符号的帮助，才能准确理解其真正意图。

二　互文表意：语言时代的人际非言语传播

上溯到 10 万年前，人类开始出现有声语言，后来有声语言的符号——文字也开始产生，人类开始进入言语传播时代，“使人类传播手段从形象立体的非言语传播演进为独立抽象的言语传播，从此，人类彻底脱离了动物的信号传播藩篱，在反映事物的广度、深度、准确度上实现了质

---

① 宋昭勋：《非言语传播学》（新版），复旦大学出版社 2008 年版，第 50 页。

② 同上书，第 46 页。

③ 刘双、于文秀：《跨文化传播——拆解文化的围墙》，黑龙江人民出版社 2000 年版，第 84—85 页。

的飞跃”。[①] 但是，并没有因此让非言语传播消失，而是伴随言语传播同时使用。总体上看，此时的非言语传播仍然存在独立表意的可能，有时候则是言语传播和非言语传播互文表意，非言语传播与言语传播具有“若即若离”的关系特征。具体上看，语言时代的人际非言语传播在传播主体、传播客体、符号类型、传播特征、传播机制、传播效果等方面具有自身的独特性，具体分析如下。

（一）传、受者开始具备语言能力

随着传播符号的进化，人类开始出现言语传播，但是，并没有因为语言的出现而导致非言语传播的消亡。人类在使用言语传播时，仍然需要非言语传播对言语传播进行补充、强化、否定等，以丰富传播手段，提升传播效果。

（二）非言语符号日渐丰富

非言语传播符号的分类标准比较多，类别也比较混乱。有二分法，“一类是主要由身体行为发出的信息（外表、动作、面部表情、目光接触、触摸、味道和副语言）；另一类是个体同环境相结合所发出的信息（空间、时间和沉默）”。[②] 基本涵盖非言语传播的所有类型，但是，显得过于笼统；国内研究者也有分为视觉和听觉两类，但是没有涵盖体味、体触、时间、空间距离等非言语传播符号。[③] 有三分法，如心理学家贝克（K. Back）在《语言的沟通》一书中将非言语行为分成三类：无声的动姿（如点头、手势等）、无声的静姿（包括静止的体态和人际距离）、有声的辅助语言和类语言（包括音调、音量、呻吟、叹息等）。也有四分法，分为体态语、副语言、客体语、环境等[④]，而其中包含如“握手和拥抱”、“亲吻”、“体触”、“身体气味的掩饰”等类别。

前文述及俄国生物学家巴甫洛夫的观点，认为“只有那些直接达到身体的视觉、听觉和其他感受器的特种细胞里来的刺激和这些刺激在大脑两半球里的痕迹，方才能够发生信号的作用”，包括人类“从周围的外界环境这种一般自然环境里来的印象、感觉和观念，也有从社会环境来的印

① 宋昭勋：《非言语传播学》（新版），复旦大学出版社 2008 年版，第 1 页。

② ［美］拉里·A. 萨默瓦、理查德·E. 波特：《跨文化传播》（第四版），闵惠泉、王纬、徐培喜等译，中国人民大学出版社 2010 年版，第 150 页。

③ 宋昭勋：《非言语传播学》（新版），复旦大学出版社 2008 年版，第 13 页。

④ 毕继万：《跨文化非语言交际》，外语教学与研究出版社 1999 年版，第 6 页。

象、感觉和观念”。[①] 任何非言语传播只有借助人类不同的感觉器官才能够实现信息传递和接收活动。鉴于此，本书按照人类信息接收器官的不同，对人际非言语传播符号进行分类。

第一类，视觉非言语传播符号。包括视觉动态非言语传播符号和视觉静态非言语传播符号。前者如体态语（kinesics），这类由人体发出或与人体有关的非言语符号，如眼神、表情、手势、姿势、体态、装束、气味等，其中大多都与人体有关。统称为身势语或体语（body language）。视觉静态非言语传播符号如烽火、标志、图像等环境视觉传播符号。

第二类，听觉非言语传播符号。如副言语（paralanguage），“又称作副语言、类语言，是指超出言语交际和分析范围的各种不同性质或种类的伴随言语语言的声音。包括如笑声、哭声、叹息声、呻吟声、咳嗽声等功能性发声，以及如语音、语调、语速、语顿、音质、音高、音量、停顿等伴随有声语言出现的语音特征”。[②] 副言语是依靠听觉器官感受到的，能够传播信息的，除口语以外的听觉符号总称。

第三类，嗅觉非言语传播符号。如“体味”、“口味嗜好”、“香粉”等。如女性不同香水的使用可以显示其生活品位的高低、生活质量的优劣。有些时候，香水的档次也是彰显身份的手段。

第四类，触觉非言语传播符号。如触摸（haptics），“触摸是传播的一种手段，可以用来表述和说明相互作用和性质，具有职业性、礼貌性、友爱性、情爱性等交流功能”。[③] 还有“体触行为”等。

第五类，其他非言语传播符号。霍尔研究认为“空间在说话”，如空间与距离沉默等，近体距离、化妆用品和环境因素等在传播活动中起着重要的作用。再如时间符号，如不同文化里对赴约的时间概念不同。再如过去、现在和未来：如英国文化和中国文化“强调传统”、注重过去的文化。菲律宾人和拉丁美洲人都注重现在。美国人对未来充满信心。霍尔认为“时间在说话”，甚至沉默也是一种非言语传播符号。“在整个交流过程中，沉默也有助于反馈信息——告知交谈双方某个思想是否表达清楚或

① ［苏］C. T. 格列尔斯坦：《达尔文的著作〈人类和动物的表情〉的历史意义》，转引自达尔文《人类和动物的表情》，周邦立译，科学出版社 1958 年版，第 17 页。

② 宋昭勋：《非言语传播学》（新版），复旦大学出版社 2008 年版，第 70 页。

③ 刘双、于文秀：《跨文化传播——拆解文化的围墙》，黑龙江人民出版社 2000 年版，第 96 页。

者这个思想的重要性。沉默可释义为同意、缺乏兴趣、感情受到伤害或者轻蔑。”[①] 如谈判过程的僵持阶段的沉默表示双方互不让步的强硬态度等。

（三）依赖言语传播的协同表意机制

关于非言语传播研究的历史可追溯到古希腊时期。古罗马的哲学家和雄辩家西塞罗认为，“双目传神的表情和指手画脚的动作是人体的一种语言”[②]。后来，伯德惠斯特尔 1952 年出版的《体态语导论》认为“非语言传播可以否定、补充、替换、控制语言传播的信息。非语言传播的信息增加语言传播信息的准确性”。[③] 非言语传播实现的功能大致包括独立表意功能和伴随言语功能，其中独立表意功能可以进一步细分为替代功能和美学功能；伴随言语功能可以细分为补充（强化）功能、否定功能和调控功能。[④]

非言语传播符号通常与言语传播符号结合进行，在不同的情况下起着不同的作用，大致上起补偿、暗示、愉悦、重复、调节、替代、美化或强调的作用。尽管我们可以把它们分解为不同的类型，可事实上它们总是有机的、浑然一体的符号系统。比如各类身势语往往都不是单一地发挥作用，欢乐的身势语，便可能同时体现为眉飞色舞、手舞足蹈等。非言语传播过程具有协同性，非言语传播空间上多通道配合传播，并且在传播时间上具有连续性。

（四）潜意识地暗示真实意图

非言语传播先于言语传播，当某人开口讲话之前，他/她的姿势、服装已经向对方传递了某些信息。“非言语传播方式之多，传播媒介之众，传播范围之广，远非言语传播所能及”。[⑤] 在人类传播活动中，非言语传播符号的意义不亚于言语传播符号。伯德惠斯特尔研究体语传播现象并将此类研究称为“身势学”（kinesics）。据估计，在两人会话的情景中，有

① ［美］拉里·A. 萨默瓦、理查德·E. 波特：《跨文化传播》（第四版），闵惠泉、王纬、徐培喜等译，中国人民大学出版社 2010 年版，第 164—165 页。

② 李龙：《武术教育中的文化因素剖析》，《首都体育学院学报》2006 年第 5 期。

③ 刘双、于文秀：《跨文化传播——拆解文化的围墙》，黑龙江人民出版社 2000 年版，第 83 页。

④ 宋昭勋：《非言语传播学》（新版），复旦大学出版社 2008 年版，第 46 页。

⑤ 同上书，第 49 页。

65%的“社会意义”是通过非言语符号传播的。[①] 且不管这一比例的准确性，但是，人际传播中的触摸、目光、发音的细微差别或面部表情等非言语信息的重要性可见一斑。

研究者总结人际非言语传播的特点，认为“在语言交流中，你可以做到在遣词造句上谨小慎微。但有时在日常生活中你只是想笑一笑或者在商场里选件珠宝首饰，但这些行为不经意间却已经发出许多的其他信息”。[②] 霍尔与达尔文一样，“也注意到非语言传播往往是在下意识或无意识情况下进行的，因此，真实性较高”。[③] 非言语行为流露出的无意识冲动，经常显示在手的动作、位置和紧张程度上等。一般认为，手是人体里仅次于面部表情最富表现力的部分。眼神、表情以及手势都能够传达丰富的意义。

非言语传播还对传播环境存在依赖性。在言语信息有限或缺乏的情况下，非言语传播尤其容易导致误解。并且非言语传播受文化环境的制约[④]，其传播意图具有暗示性，“一切非言语传播都是借用服饰、发型、动作、时间、距离等非言语符号把要传播的信息暗示出来的”。[⑤] 人际非言语传播符号类型多样，不同非言语传播符号不经意间都在传播特殊的传播意图。

三 延伸与补救：大众非言语传播

——厘清“人体延伸论”的局限与“媒介补救论”的方向[⑥]

人类进入大众传播时代，大众传播媒介介入传播活动，极大地拓展了人类传播的广度、深度和准确性，非言语传播也开始出现诸多变化。大众非言语传播是对人际非言语传播的延伸、遮蔽和补救的过程。和人际非言

---

① Wilbur Wchramm and William E. Porter, Men, Women, Messages and Midia, *Understanding Human Communication*, New York: Happer & Row, 1982, p. 63. 转引自李彬《传播符号的分类及功能》,《中国青年政治学院学报》2000 年第 2 期。

② ［美］拉里·A. 萨默瓦、理查德·E. 波特:《跨文化传播》(第四版), 闵惠泉、王纬、徐培喜等译, 中国人民大学出版社 2010 年版, 第 146 页。

③ 刘双、于文秀:《跨文化传播——拆解文化的围墙》, 黑龙江人民出版社 2000 年版, 第 82 页。

④ 同上书, 第 84—85 页。

⑤ 宋昭勋:《非言语传播学》(新版), 复旦大学出版社 2008 年版, 第 52 页。

⑥ 参见王亿本、蒋晓丽《媒介进化视野下的非言语传播研究》,《现代传播》2012 年第 9 期。

语传播既存在很多共性，但在传者特征、符号特征、渠道特征等方面也具有自身的个性特征。这些是本研究的重点，将在后面章节深入细致地分析。本节将大众非言语传播在人类非言语传播演变的历史语境下的整体特征做一分析，并试图从非言语传播视角反思传播学的“拟态环境论”、“人体延伸论”，以及“媒介补救”等理论在当前语境下的合理性和局限性。

（一）延伸：洞察“人体延伸”的有效性

媒介技术进步相应地延伸人体器官的信息传播功能。非言语传播在言语传播出现前就已经发展成形。在原始人还没有掌握言语传播前，人际交往需要传递信息时全部依靠非言语传播。有声语言以及文字出现后，人类才开始使用言语传播进行信息交流。大众传播媒介延伸了人类信息传播的时空范围，传播速度更快，空间更远，数量更多，质量更精[①]，大众媒介在延伸人们言语传播的同时，也延伸了部分非言语传播的时空范围。所以，麦克卢汉认为媒介是人体器官功能的延伸。[②] 当然，这一延伸包括言语传播也包括部分非言语传播。

印刷媒介借助文字传播信息，延伸了人体传播信息的时空范围。广播媒介依靠声音语言传播信息，延伸了口语传播的广度，还延伸了口语传播中语音、语调、语速、语顿、音质、音高、音量、停顿等听觉非言语符号的传播范围。如汶川地震期间的广播新闻，地震现场的各种音响借助广播媒介向全国人民传递灾情信息。温家宝总理温情而又充满关怀的语气也激发了灾民抗震救灾的勇气。同理，罗斯福的“炉边谈话”影响美国人民的不仅是谈话内容，更是因为其娓娓道来的语速、坚定的语气等非言语传播符号借助广播媒介让美国人民感受到希望，以稳定人心，赢得民意。电视、网络媒介延伸非言语传播的范围更大，包括体态语、语音、语调等视听觉非言语传播符号，对于人际非言语传播的延伸具有全息性特征。当然，这也需要提升传者的专业素养，才能适应大众传播的需要。

（二）遮蔽：探索“人体延伸”的局限性

媒介进化延伸人体信息传播功能功不可没，但是，对于非言语传播符

① 张国良：《传播学原理》（第二版），复旦大学出版社2009年版，第90页。

② ［加］马歇尔·麦克卢汉：《理解媒介——论人的延伸》，何道宽译，商务印书馆2004年版，第159页。

号的遮蔽同样不容忽视。非言语传播因其所具有的“在场”性而不容易媒介化，所以只能停留在人际传播范围内。因此，媒介进化延伸了人体言语传播功能，却在很大程度上丧失了很多非言语传播功能，而如果失去了非言语传播功能，即意味着人类失去约一半的传播功能。

报纸杂志等印刷媒介几乎遮蔽了所有人际非言语传播符号，只能借助文字符号传播信息。类似于副言语、音乐、音响、功能性发声、伴随有声语言出现的非言语传播符号等只能通过拟声词、形容词等描述来弥补，其信息传播的准确性和生动性严重受损，而且容易出现言不达意、产生歧义等现象。

广播媒介的产生，一定程度上弥补了印刷媒介上述传播功能之不足，能够声情并茂地传递人际传播中的听觉非言语传播符号，让传播具有听觉的现场感。但是，遗憾仍然存在，即视觉非言语传播仍然无力弥补，信息传播的现场感仍显不足，和人际非言语传播仍存在差距。

电视媒介及网络媒介的诞生，开始能够更全面地传递视、听非言语传播符号。但是，仍只能部分还原人际非言语传播符号，丧失了人际传播中诸如体味、交流距离等非言语传播符号。研究认为，网络人际传播和现实人际传播的根本区别在于前者非言语传播的相对缺失。① E-mail、QQ 聊天和手机短信等电子通信手段遮蔽了许多现实人际传播时的视觉和听觉非言语符号②，其延伸的局限性只是减少，却并没有完全消失。

非言语传播符号划分标准很多，由此带来的符号类型同样繁多，比如康登将跨文化交际中的非言语传播符号归纳出 24 种。③ 这些类型的划分多数都涉及体触行为、触摸、体味、口味嗜好、香粉等只属于人际传播的类别。国内相关研究者从跨文化交际和外语教学出发，分为体态语、副语言、客体语、环境等四大类，而其中包含如握手和拥抱、亲吻、体触、身体气味的掩饰等类别，同样只能存在于人际传播中。

概言之，媒介进化的不同阶段都不同程度地遮蔽了人际非言语传播，传播媒介技术进步延伸了言语传播，这种进步意义不容忽视。但是，如果忽视媒介技术对各种非言语传播符号的遮蔽，这种盲目的乐观将导致追求

① 唐英：《非语言传播缺失下的网络人际传播》，《当代传播》2009 年第 2 期。

② Ronald E. Riggio, Robert S. Feldman, *Applications of Nonverbal Communication*, London: Lawrence Erlbaum Associates, 2005, p. 129.

③ 毕继万：《跨文化非语言交际》，外语教学与研究出版社 1999 年版，第 6 页。

传播技术进步的方向性迷失。客观认识这种进步意义，理性分析其中的不足，并积极补救这种不足才能够推动媒介技术进步，满足人类信息传播需求。

（三）补救：厘清“媒介补救”的关键点

从非言语传播角度分析，新媒介的发展趋势是试图对现实人际传播的回归和超越。新媒介补救了传统媒介非言语传播的功能，同时也在努力创新非言语传播符号，力图让大众传播更接近并超越现实人际非言语传播的效果。媒介进化过程，试图借助媒介的技术进步补救非言语传播的丧失，构建和真实传播环境更接近的传播环境，缩小“拟态环境”和现实传播环境之间的差异性。

文字传播阶段通过象形文字、会意字、拟声字、形容词及副词等方式弥补印刷传播中非言语传播的缺失，还演变出包括版面语言（版位、版序和版面布局等）、照片、绘画等图像符号、言语转化的非言语符号，以及字体、字形等新的非言语传播符号，借以还原和创新人际非言语传播的功能，丰富印刷传播的传播符号和传播功能。

广播媒介还原了人际传播中的副言语，还增加了音乐、音响等非言语传播符号，通过音色、语调、节奏、停顿及各种音响和音乐等组合，还原并超越了人际非言语传播的传播功能。

电视媒介在保持广播媒介非言语传播优势的基础上，还原视觉非言语符号，并结合自身传播特点，演化出包括景别、色彩、镜头、构图、蒙太奇手法，色彩、线条、光线、动画、图表、虚拟、画面的淡入淡出和叠加等新的非言语传播方式，借以丰富视听觉非言语传播符号，回归并超越人际非言语传播功能。

互联网在保持视、听非言语传播优势的基础上，也结合自身传播特点，创造出丰富的非言语传播符号，弥补虚拟空间中非言语传播符号的不足。网络人际传播中的非言语传播符号包括表情状态类、声音语气类、动作类以及个人形象四类。[①] 另外，网络媒介自身独有的时效性优势、深入网民的个性化特征其实也是一种时间和空间的非言语传播符号，比如网络新闻发言人第一时间为网民答疑释惑，CNN 的“I Report”专栏深入全球

---

① 黄春平、彭铁祥：《当前网络人际传播研究述略——从网络言语传播与非言语传播谈起》，《辽东学院学报》（社会科学版）2005 年第 6 期。

突发事件现场的草根报道，不仅具有内容上的优势，更是一种时间和空间的传播符号，凸显其全时化传播理念和传播优势。

概言之，媒介进化过程就是新兴媒介补救原有媒介言语传播之不足，也是弥补原有媒介非言语传播的不足，在还原真实非言语传播功能的基础上，努力创新非言语传播符号，帮助受众构建更加具有真实感的媒介“拟态环境”。

（四）乏力：认识“媒介补救”的局限性

大众媒介技术进步延伸了人体传播功能，但是，也不能忽视在此过程中不同程度地对非言语传播的遮蔽。例如，即使目前最先进的网络媒介仍然无力补救现实人际传播中丰富的非言语传播符号。如现实人际传播中，“光人的脸就能做出大约25万种不同的表情”①，而人体可以做出多达27万种姿势和动作，它们所表达的含义也比较复杂，有的用于交际，有的则是自我表达，有的表达的是情感信息，有的则反映出个性特点或态度。②这样，与现实人际传播中的非言语传播符号相比，网络非言语传播符号远远不足以准确传递传播者的意图。

保罗·莱文森认为人在媒介演化中有两个目的或动机：一是满足渴望和幻想，就是借助新的媒介拓展传播，满足我们幻想中的渴求；二是弥补失去的东西，整个媒介演化进程都可以看成补救措施。③ 人类传播技术发展的趋势越来越像人，技术在模仿、复制人体的感知模式和认知模式，并且越来越完美，越来越“人性化”。④ 如电视现场直播、连线报道、Google earth 技术，3D 电影、3D 报刊等新传播技术层出不穷，其深层目的无非是试图还原真实非言语传播符号，并借以营造真实传播环境。

人类媒介技术进步对传播功能实现的巨大推动作用不言而喻，新兴媒介都从不同方面、不同程度地延伸了人际传播。但是，应该全面看待其对人际传播的言语符号传播和非言语传播的延伸效果，并理性看待其遮蔽人际非言语传播的一面。新媒介对于传统媒介在言语传播方面和在非言语传

---

① 李彬：《传播符号的分类及功能》，《中国青年政治学院学报》2000 年第 2 期。

② 毕继万：《跨文化非语言交际》，外语教学与研究出版社 1999 年版，第 15 页。

③ ［美］保罗·莱文森：《数字麦克卢汉——信息化新纪元指南》，何道宽译，社会科学文献出版社 2001 年版，第 12 页。

④ ［美］保罗·莱文森：《莱文森精粹》，何道宽编译，中国人民大学出版社 2007 年版，中译者序跋。

播方面的补救都已经取得巨大进展。这也正是媒介技术进步所追求的目标，媒介技术进步趋势是追求对人际非言语传播的回归与超越，这也才更具有传播学所讨论的“地球村”特征。接下来要讨论的网络人际传播中的非言语传播符号，正在朝这个方向努力。

四　回归与超越：网络人际非言语传播

广播媒介出现后，研究者提出“地球村”理论，认为广播媒体延伸了人的口语传播距离，拉近了人际传播的空间距离，就像是在一个村子内的交流。其实，从一定意义上看，人们利用网络媒介实现人际传播功能更具有“地球村”特征，而网络人际传播中丰富的非言语传播符号在此过程中的功能不容忽视。网络人际传播，是指“借助计算机网络进行的人与人之间的互动传播。在传播学理论中，人际传播（interpersonal communication）有广义和狭义之分，广义的人际传播就是人与人之间的信息交流，主要包括一对一传播（dyadic communication）、小群体传播（small group communication）和公众传播（public communication）；而狭义的人际传播仅指一对一的传播。网络人际传播则是在广义上使用‘人际传播’一词的，因此包含所有的人与人之间通过网络进行的互动性信息传递和交流活动”。[①] 网络人际传播试图回归现实人际传播中丰富的非言语传播符号，并且，借助传播媒介的技术优势，超越现实人际传播的诸多局限性。所以，本书认为网络人际传播是对现实人际传播的“回归与超越”，这也是媒介进化的趋势和目标。

网络人际传播同样包括言语传播和非言语传播，作这样的区分，有助于深刻理解网络人际传播与现实人际传播的本质不同。目前，网络人际传播的非言语传播符号与现实传播环境中的人际非言语传播符号相比，显得还比较简单，远远不足以准确表达交流者的心境，更不用说交流者的深层次意图。而相关研究只是简单地借用现实人际非言语传播理论，来解释网络人际传播中的非言语传播现象（即电子副语）。[②] 显然，这样的研究还存在很大的局限性，如网络人际传播很难全部还原现实人际传播的非言语

① 张放：《网络人际传播的印象形成研究》，博士学位论文，四川大学，2009 年，第 51 页。

② 黄春平、彭铁祥：《当前网络人际传播研究述略——从网络言语传播与非言语传播谈起》，《辽东学院学报》2005 年第 6 期。

传播符号。所以，1987 年库尔兰（Culnan）和马库斯（Markus）提出了“线索消除论”（cues filtered out theory），认为网络人际传播缺少现实人际传播中，“包括面部表情、目光接触、肢体语言、语音语调、两人间距、交流环境作用等因素”。① 这样，由于没有实体传播环境，网络人际传播“交流双方实体不在场，使符号特别是非言语符号对传播情境割裂，无法达到面对面传播的效果”。② 但是，网络传播技术的不断进步正逐步还原现实人际传播的非言语符号，努力营造真实传播环境。网络语音视频聊天不仅能真实地感觉到双方同时在场，而且其非言语传播符号也在很大程度上接近现实人际传播的真实情境。但是，目前在体触、体味等非言语传播方面仍无法弥补。

网络人际传播不仅仅追求现实人际传播的“回归”，还追求“超越”人际传播，实现更大范围的交往，更好的人际传播效果。网络人际传播具有现实人际传播不同的传播优势。“它和传统人际传播的主要区别就在于交流双方实体的不在场，因此交流双方无法接收到对方实时的表情、情绪、体验等感觉内容的传达，也就导致了传播中这一部分信息内容与其交流语境的割裂。”③ 网络人际传播也模拟现实人际传播中的非言语传播符号，用虚拟的非言语传播符号弥补现实人际传播的真实感、互动性的缺失。所以，媒介技术进步助推非言语传播符号的演变过程，其实质是虚拟人际传播朝现实人际传播的回归与超越的过程。有多种因素推动这种趋势的发展，具体分析如下。

（一）多元的推动因素

网络人际传播是在网络虚拟环境中的一对一的交流形式，如何使网络人际传播具有现实人际传播的交流语境？是什么驱动了人际传播的回归？网络人际非言语传播的推动因素是多方面的，至少包括外在驱动力和内在驱动力两个方面。

1. 受众心理需求是内在驱动力④

人们在信息交流的同时也是一种情感的交流，网络非言语传播符号让对方接收到传者的情绪体验。现实的人际传播具备丰富的非言语传播符

① 茅丽娜：《从传统人际传播角度观瞻 CMC 人际传播》，《国际新闻界》2000 年第 3 期。
② 姚劲松：《新媒体中人际传播的回归与超越》，《当代传播》2006 年第 6 期。
③ 和飞：《从 QQ 非语言符号演变路径看人际传播的回归》，《新闻界》2005 年第 5 期。
④ 鲁瑶、吴佳妮：《网络表情的传播现状及成因探究》，《经济视角》2009 年第 11 期。

号，而其中很多无法媒介化，在媒介进化过程中被部分地遮蔽了。网络人际传播需要补充和创新非言语传播符号类型，以弥补网络人际传播中非言语符号的缺失。因此，网络人际传播模拟现实人际传播的交流语境，迎合了人们的感情需求。非言语传播符号的发展也只是针对人们内在情绪交流的渴望，逐步完善自己的传播符号，使其更丰富，更加人性化。

第一，追求现实人际传播的真实效果，并超越现实人际传播的时空限制，实现现实人际传播效果的回归与超越。人们选择使用网络非言语传播符号的目的在于使交流双方能够产生更真实、更亲近的感觉。人们渴望像日常交际一样看到对方的表情，判断对方的感受，以便及时调整传播内容和变换传播方式。而且，人们利用图形符号展示心情、传递观点，以求在非面对面的网络交际中让对方能够更形象地理解自己的表达意图，节省传播成本，提高传播效果。同时，网络表情也是张扬传播者个性的心理需要。通过不同网络表情符号塑造独特的传播风格和品位，赢得别人的认同。

第二，网络非言语传播符号营造现实人际传播环境。网络传播具有虚拟性，即身体不在场。在现实人际传播中，人们利用多种非言语传播符号辅助言语传播。但在网络虚拟传播环境里，人们只能接受言语传播（包括文字和言语），但缺乏非言语传播符号的参与，而网络非言语传播符号可以虚拟传播环境，辅助单纯言语传播的不足。

第三，网络传播延伸了言语传播功能，也延伸了人的非言语传播功能。“媒介——人体的延伸”，网民更渴望网络媒体能够全面延伸人的表情、副言语、体态语等丰富的非言语传播功能。“网络延伸的不只是人类某一种功能甚至是中枢神经，网络将人们虚幻的自己延伸到社会的各个层面。”① 这是媒介技术追求的目标，也正是网络人际传播的优势之所在。

出于上述心理需求，人们或使用键盘表情符号，或使用 QQ、MSN 等聊天系统自带的表情符号，或自制个性表情符号，以弥补网络人际传播单纯文字传播的不足，构建传播环境，丰富传播符号，提升传播效果。

2. 媒介技术进步是外在驱动力

媒介技术的进步，尤其是网络媒介的出现使大众传播重新向现实人际传播回归成为可能。数字技术、网络技术和移动通信技术推动新媒体快速

① 鲁瑶、吴佳妮：《网络表情的传播现状及成因探究》，《经济视角》2009 年第 11 期。

发展，也是网络人际非言语传播的外在驱动力。

第一，数字技术是一项与电子计算机相伴相生的技术，是指借助相关设备将图、文、声、像等各种信息，转化为电子计算机能识别的二进制后进行加工、存储、传播、还原的技术。首先，数字技术为大众非言语传播信息的采集、保存和传输提供可能和便利，尤其在重大突发事件的采访和报道方面更加方便、快捷。其次，数字技术方便了非言语传播内容的加工、存储和共享。

第二，网络技术是指把互联网上分散的信息资源进行整合和共享，拓展人们的信息传播、获取的范围和时效，并按需获取信息的技术。网络技术经历了 Web 1.0、Web 2.0 甚至是 Web 3.0 等不同阶段。

Web 1.0 是指第一代互联网技术，即用户通过浏览器进行信息下载、浏览、搜寻的技术，其传播方式是一点对多点、媒介中心/媒介发布，其优势是具有海量信息。Web 2.0 更注重用户的交互作用，用户既是网站内容的浏览者，也是网站内容的制造者。由被动地接收网络信息向主动发布网络信息发展，从而更加人性化。例如博客、播客、社区、分享服务等。Web 2.0 使媒体的传播反馈及时、实现个性化传播。Web 3.0 是指网站信息可以直接和其他网站相关信息进行交互，能通过第三方信息平台同时对多家网站的信息进行整合使用；Web 3.0 实现媒体的三广 + 三跨（广域的、广语的、广博的，跨区域、跨语种、跨行业）。

第三，移动通信技术。移动通信技术为非言语传播提供更多传播渠道、更强的传播功能、更好的传播效果。移动通信技术为信息的传播提供了更加及时和伴随性的可能，其发展经历了三个阶段：一代移动通信系统（1G）（20 世纪 80 年代至 20 世纪 90 年代初），使用模拟语音调制技术，支持可移动通话，但通话质量不高。二代移动通信系统（2G）起源于 90 年代初期。初步具备了支持多媒体业务的能力。但随着用户规模和网络规模的不断扩大，频率资源已经接近枯竭，语音质量不能达到用户满意的标准，数据通信速率太低。三代移动通信系统（3G），也称 IMT 2000，是智能信号处理技术，支持话音和多媒体数据通信，它提供各种宽带信息业务。将无线技术与网络技术相结合，实现了传统手机和电脑的融合，为网民提供了多种互联网的全方位信息服务。

上述传播技术进步是大众非言语传播甚至是后大众时代非言语传播的技术支持，深度影响大众非言语传播的功能实现，大大推动大众非言语传播的发展。

（二）模拟的传播符号

模拟的传播符号可以分为以下几类：

第一，根据网络非言语传播符号表现内容分类①：（1）网络体态符号。用抽象的键盘符号和形象的图形来描绘人的面部表情、眼神、头势语言、手势语言和体势语言，实际上是日常体态语的书面化和网络化。（2）网络副言语符号。网络交际以文字传播为主，脱离了语言的声音形式，无法使用副语言因素，网民只能通过一些特殊符号、字母、数字等表达副言语信息。比如，55555～～～是用数字谐音表示哭声，Zzzzz～～～是用符号把打呼噜的声音形象化。（3）实物形象符号。主要是以键盘表情符号、键盘字符图形和动、静态图片等形式来表现，以代替言语表达，直观而谐趣。

第二，按照网络非言语符号的发展阶段分类②：（1）符号构图期。QQ出现之初，为了增强网络聊天的生动性，网民利用不同键盘符号组合成各种不同的非言语符号，传达出一种文字不便表达的心情，受传者通过对符号的直观感受体验其内涵。（2）系统表情符号期。表情符号的出现使QQ的聊天语言变得更加丰富多彩，具有简洁性、生动性等特征。（3）自定义动画期。根据自己的喜好制作或上网下载别的自定义动画，种类繁多，内容丰富，形象生动。（4）魔法表情期。2004年，QQ聊天工具推出QQ魔法表情，人物、动作的卡通化等表达传者的情感和想法，诙谐幽默，以活跃聊天气氛。

（三）独特的传播特征

后大众传播时代的网络人际传播中的非言语传播越来越多，也逐渐形成自身独特的传播特征。

首先，传、受身份的真实/虚拟特征并存。不同于大众非言语传播者的专业化，后大众传播时代的传播者可以是非专业的草根个人。

其次，非言语传播符号的实录/模拟特征并存。网络人际非言语传播符号是现实非言语传播符号的复制和改写，是以现实人际非言语传播符号为基础，进行改变。如QQ中的发怒表情，在现实生活中，不可能有人真

① 鲁瑶、吴佳妮：《网络表情的传播现状及成因探究》，《经济视角》2009年第11期。

② 和飞：《从QQ非语言符号演变路径看人际传播的回归》，《新闻界》2005年第5期。

的怒得烧成一团火。而且网络表情是以信息（数据）的形式存在和传播的，可以多次复制，多人共享，还具有创新性。网民可以以现有的非言语传播符号为基础，创造出更为丰富的图形符号。当然，在网络空间中，虽然“表情”已部分替代了体态语的演变，但是，诸如耸肩、点头、眨眼，或歉意的笑容都无法在网上表现。网上交流同样缺少对重点词汇的强调、拟仿的口音、暂停以及其他（嗯、啊等）副语言。[①]

再次，对新媒体传播渠道的依赖性。由于网络人际传播的参与者之间的空间关系不满足面对面传播的条件，而借助网络媒体、手机媒体等传播媒介。这样，和现实人际传播相比，“网络信息传输的信道要少得多，而且通常以文本为主（text-based），感官的介入程度不如面对面情形”。[②]

最后，传播时空环境的异步/同步双向互动性并存。研究认为，网络人际传播能够实现“异步互动（asynchronous interaction）、准同步互动（quasi-synchronous interaction）和完全同步互动（synchronous interaction）”[③] 等传播功能。如 QQ 交流过程可以是同时进行传、受互动，甚至是视频聊天。但是，也存在传播反馈的时效性比较差的问题，如通过 QQ 留言向另外一位朋友倾诉，使用可怜的表情符号，这个可怜表情不一定能够及时得到反馈。所以，传播时效存在同步与异步两种情况。传播空间同样存在同步与异步情况，网络交流双方可能是同住一个寝室的室友，也可以是异国朋友之间的交流。总体上，网络人际非言语传播的时空环境具有同步性与异步性并存的特征。

（四）拟态的传播效果

非言语传播在媒介技术进步和媒介进化过程中日渐丰富，人类传播技术进步，在逐步追求现实人际传播的回归和超越。网络人际传播朝着现实人际传播回归，强调网络人际传播的整体感官体验，包括话语、声音、表情、情绪、动作等方面。在网络人际传播中，网民也能够用各种模拟的非言语传播符号，补充或修饰言语传播，以补偿非言语传播符号的缺失。这些非言语传播符号包括各种图形、文字、数字和字母的变形等。

但是，参与者处于身体隔离的地理位置，相互之间身体不在场

① David Giles, *Media Psychology*, London: Lawrence Erlbaum Associates, 2003, p. 269.

② 张放：《网络人际传播的印象形成研究》，博士学位论文，四川大学，2009 年，第 52 页。

③ 同上。

(physical absence）使网络人际传播缺乏共同的现实传播环境（social context)。虽然多媒体技术的发展，使视觉信道（如摄像头）和听觉信道的使用弥补了视听觉非言语传播的不足，但多重信道割裂了视觉、听觉传播的整体联动效果。① 所以，对于传播环境的真实感仍具有很大影响。

针对网络人际传播存在两种不同的态度，从其进步意义看，网络人际传播超越现实人际传播的时空限制。从其消极意义看，网络人际传播导致大量非言语传播符号的丧失，以致表意不完整、不准确。如“你吃饭了吗?”可以附带同情、关心、气愤、冷漠……很多表情和语气，表达丰富多彩的内涵，这是网络人际传播很难准确实现的。

不过，应该辩证地看待网络人际传播的非言语传播符号缺失和虚拟性特征。虚拟的交流环境使人与人之间的社会地位及社会差别被消解，每个人都能较为自由地与任何他人进行交往。正是由于网络人际传播的存在，人的交往才得以历史性地超越了传统物理时空的制约，突破熟人、亲人、朋友和同事等范围，扩展到大量陌生的，不同阶层、不同语言、不同民族及不同国家和地区的人们中间，这既是现实人际传播所无法达到的，同时也是现实人际传播“在场”不可能实现的。②

第二节　大众非言语传播的内涵界定

人类非言语传播早于语言的出现，非言语传播研究也有近百年的历史。传播有大众传播和人际传播之区分，非言语传播同样存在大众非言语传播和人际非言语传播之别。但是，以往非言语传播研究主要聚焦人际非言语传播③，将人际非言语传播和大众非言语传播混为一谈，笼统称为非言语传播，只看到两者的共性，却忽略了大众非言语传播的独特性。这样，理论上造成对这两种传播特征的认识都存在偏差，实践上也限制了大众非言语传播的功能发挥。明确研究对象是任何科学研究的前提，研究对象的概念化就是“将模糊的、不精确的观念（概念）明确化、精确化的

---

① 张放：《网络人际传播的印象形成研究》，博士学位论文，四川大学，2009 年，第 52 页。

② 唐英：《非语言传播缺失下的网络人际传播》，《当代传播》2009 年第 2 期。

③ 注：为了便于和本书提出的“大众非言语传播”区别，不妨将人际传播中的非言语传播称为“人际非言语传播”。

思维过程”。[①] 界定什么是大众非言语传播是后文分析的基础。

“非言语传播”的内涵及研究范围一直比较模糊。诚如兰德尔·哈里森（Randall Harrison）所言，“从动物之间的空间距离到外交上的礼仪，从面部表情到肌肉痉挛，从内在的、难以表达的情感到户外的标志性公共建筑物，从用按摩传递信息到鼓动某个人重拳出击，从舞蹈和戏剧到音乐和模仿秀，从感情的流动到车辆的流动，从超感官的特异功能到国际各权力集团的经济政策，从时装和生活时尚到建筑和模拟计算机，从玫瑰的香味到牛排的美味，从弗洛伊德谈及的各种象征到星象，从暴力行为到脱衣舞中所包含的修辞手法，凡此种种似乎都可以划入到这个范畴”。[②] 可见，非言语传播涵盖的范围广，界限模糊。

但是，以往非言语传播研究主要聚焦人际非言语传播。如何认识大众非言语传播的内涵，是本研究价值的关键点和研究推进的逻辑起点。如何界定大众非言语传播，需要先厘清其研究领域、传播类型、传播方式，以及和相关概念之间的关系，这样更便于科学、有效地界定这一概念。

一 言语不同于语言

“语言”和“言语”在日常生活中可以交叉使用，但在语言科学研究中有必要分别厘定。语言和言语是静态和动态的联系、概括和具体的联系、系统和形式（现象）的联系。语言存在于言语之中，语言源于言语，语言的生命在于广大社会成员的运用，不被运用的语言就没有生命力；同时，语言作用于言语。在实际的交际中，每个人说话可以千差万别，但必须遵守共同的规则，否则就无法交际。语言制约着言语，指导人们进行言语实践；同时，言语不可能离开语言而存在，言语要被人所理解，并产生效果，必须有全社会共同的语言作基础，才能进行交际。语言不能够脱离言语，言语也不能脱离语言，两者不可分离。

语言和言语联系紧密，但是，语言和言语也具有本质区别，不能因此将两者混淆。19 世纪初，语言学开始将语言和言语确定为两个彼此不同

① ［美］艾尔·巴比：《社会研究方法》（第十版），邱泽奇译，华夏出版社 2005 年版，第 120 页。

② Randall Harrison, *Beyond Word: An Introduction to Nonverbal Communication*, Englewood Cliffs, N. J.: Prentice-Hall, 1974, pp. 24 – 25. 转引自［美］斯蒂芬·李特约翰《人类传播理论》（第七版），史安斌译，清华大学出版社 2004 年版，第 79—80 页。

而又紧密联系的概念。“语言是人类用于交际和思维的最重要的符号系统。言语是人类运用语言表达思想进行交际与思维的行为。”① “语言是以语音为物质外壳、以词汇为建筑材料、以语法为结构规律而构成的体系。语言是一种特殊的社会现象，它随着社会的产生而产生、发展而发展。”②而言语则是人运用语言材料和语言规则所进行的交际活动的过程。

现代语言学认为：“语言是某一社会全体成员使用的音义结合的符号系统，言语则是指具体的个人语言行为；语言材料是有限的，言语却是无限的。”③ “非言语是语言的一种，而非语言则不是语言了。同样，非言语传播属于语言传播，姿势语言、颜色语言、时空语言、服饰语言……的确是语言传播而不是非语言传播，因为非语言传播是指人类社会之外的生物界乃至整个自然界的信息传播现象，已经超出了传播学研究的范围。”④语言源于言语，其生命在于广大社会成员的运用，不被运用的语言就没有生命力；语言制约言语，指导人们进行言语实践，在实际的交际中，每个人说话可以千差万别，但必须遵守共同的规则，否则就无法交际。同时，言语不可能离开语言而存在，言语必须有全社会共同的语言作基础，才能进行交际。语言和言语联系紧密，不能够因此将两者混淆，语言和言语具有本质区别。语言与言语的具体区别如表 1－1 所示。

表 1－1　　语言与言语比较

语言	言语
社会性（集体性）	个人性（意志性）
共时性（空间性）	历史性（时间性）
结构性	事件性
形式性	实质性
自主性	受制性
齐一性	多样性
内在性	外在性
系统性	过程性

① 刘丽芬、黄忠廉：《“语言”“言语”与“话语”三分》，《中国科技术语》2008 年第 5 期。

② 参见《辞海》，上海辞书出版社 1979 年版。

③ 宋昭勋：《非言语传播学》（新版），复旦大学出版社 2008 年版，第 6 页。

④ 同上书，第 7 页。

续表

语言	言语
规则性	事实性
关系性	个别性
潜在性	实在性
静态性	动态性

资料来源：李幼蒸：《理论符号学导论》，社会科学文献出版社 1999 年版，第 120 页。

另外，相关研究的两个英语关键词“verbal communication”和“nonverbal communication”的内涵也能够区分两者的不同内涵。《牛津高阶英汉双解词典》给“verbal”的解释是“of or in words”，汉语释意是“词语的，言语的，文字的，用言语的，用文字的”，基本词义包括文字的或口头的，口头的或非书面的。“nonverbal communication”的汉语释义是“非言语交际（手势、面部表情等）”，认为“nonverbal communication”应该是非言语传播[①]，比较清楚地将语言和言语区分开来。

二 非言语传播不同于言语传播

区分非言语传播与言语传播需要厘清传播的内涵，郭庆光教授给传播的定义，“社会信息的传递或社会信息系统的运行”。[②] 这里社会信息的传播或社会信息系统的运行都应该包括言语信息和非言语信息。我们从信息传、受角度区分言语传播与非言语传播的不同特征。

第一，从信息传播通道特征角度区分非言语传播与言语传播。非言语传播是多通道、立体传输，而言语传播只是单一通道。

第二，从人类信息传播信号系统角度区分非言语传播与言语传播。俄国生物学家巴甫洛夫对于人类早期非言语传播研究认为，人类有“从周围的外界环境这种一般自然环境里来的印象、感觉和观念，也有从我们的社会环境来的印象、感觉和观念。但是，除开可以听到的语言和看到的词不算。这就是我们和动物共有的现实的第一信号系统”，而且，“在第一

① ［英］霍恩比：《牛津高阶英汉双解词典》，李北达编译，商务印书馆、牛津大学出版社 2002 年版，第 1684—1685 页。

② 郭庆光：《传播学教程》，中国人民大学出版社 2006 年版，第 5 页。

信号系统工作里所建立起来的基本规律，也应该同样支配第二信号系统，因为这是同一信号组织的工作”。[①] 这就表明，人类的非言语传播受第一信号系统支配，而人类的言语传播受第二信号系统支配。这样，将言语传播和非言语传播分属于第一信号系统和第二信号系统，从本质上区分了这样两类传播符号。

第三，从传播美学角度看，文字和图像各有所长，“图像以其直观性和形象性见长，而文字以其抽象性和联想性著称。文字读物可以唤起读者更加丰富的联想和多义性的体验，在解析现象的深刻内涵和思想的深度方面，有着独特的表意功能”。[②] 两者分工不同，表意方式不同，但都是为信息传播服务。早在中国魏晋时期，王弼比较文字和图像传播的特点，认为“书不尽言、言不尽意”和“立像以尽意”的传统。[③] 可见，文字和图像很难判断孰优孰劣，各有所长，并且相互联系，“言源自象，而象生于意。这个逻辑顺序决定了象高于言，更接近意”。[④] 同样，苏东坡评论王维诗画的关系认为，“味摩诘之诗，诗中有画；观摩诘之画，画中有诗”。[⑤] 说明诗、画之间的相辅相成，相互联系的关系。郭熙所言：“诗是无形的画，画是有形的诗。”[⑥] 诗画一家，“所不同的只是外在的表现形式，画偏向于有形，而诗则倾向于无形；诗呈现为有声，而画则表现于无声。……诗画不仅相似、互渗，而且有一种互补关系”。[⑦] 吴龙翰所言：“画难画之景，以诗凑成；吟难吟之诗，以画补足。”[⑧] 同样是在强调诗、画互补的关系。

这里讨论的诗是一种文字传播，而画则是一种非言语传播。诗、画的关系或者是文字和图像之间的互补关系也给非言语传播带来丰富的启发。

---

① ［苏］C. T. 格列尔斯坦：《达尔文的著作〈人类和动物的表情〉的历史意义》，转引自达尔文《人类和动物的表情》，周邦立译，科学出版社 1958 年版，第 17 页。

② 周宪：《视觉文化的转变》，北京大学出版社 2008 年版，第 179 页。

③ 王弼：《周易略例·明象》，载叶朗主编《中国历代美学文库·魏晋南北朝卷》（上卷），高等教育出版社 2003 年版，第 132 页。转引自周宪《视觉文化的转变》，北京大学出版社 2008 年版，第 188 页。

④ 同上。

⑤ 周宪：《视觉文化的转变》，北京大学出版社 2008 年版，第 189 页。

⑥ 郭熙：《林泉高致》，载沈子丞编《历代论画名著汇编》，文物出版社 1982 年版，第 72 页。转引自周宪《视觉文化的转变》，北京大学出版社 2008 年版，第 189 页。

⑦ 周宪：《视觉文化的转变》，北京大学出版社 2008 年版，第 189 页。

⑧ 钱钟书：《七缀集》，上海古籍出版社 1985 年版，第 6 页。转引自周宪《视觉文化的转变》，北京大学出版社 2008 年版，第 189 页。

在大众传播中同样存在言语传播与非言语传播之间的互补现象。周宪认为西方关于诗画比较更关注两者之间的差异，“语言是线性排列并在时间中存在的，而绘画是用色彩线条等造型元素，是在空间中存在的”。[①] 大众言语传播是人际传播在时间上的延伸，而大众非言语传播是人际传播在空间上的延伸。

第四，从生理学角度区分非言语传播与言语传播研究者认为，言语声音和非言语声音在大脑中是独立表征的。研究者通过对 39 例脑损伤患者和 39 例正常对照组进行声音—图片核证测验和声音属性判断，采用 Crawford 和 Garthwaite 的分离软件对患者的数据进行分析，区分言语传播与非言语传播在生理学层面的关系。研究结果表明，言语声音和非言语声音在大脑中是独立表征的。言语声音理解和非言语声音理解是两种不同的认知过程。[②]

第五，从心理学角度区分非言语传播与言语传播。言语传播是人的意识行为，非言语传播是人的潜意识行为。萨姆瓦等的《跨文化传通》认为，非言语传播包括除却言语刺激之外的一切由人类和环境所产生的刺激，这些刺激对于信息发出者和信息接受者具有潜在的信息价值。[③] 此处所谓传通即传播（communication）。萨丕尔则认为非言语传播符号是一种精微的代码，“是一种不曾写出、也不为人所知而又人人皆懂的代码”。[④] 有研究者认为，言语符号同人们清醒的、自觉的意识相关联，而非言语符号通常与朦胧的、不自觉的潜意识相关联。即意识的外化形式表现为言语符号，而潜意识的外化形式通常都显示为非言语符号。[⑤] 这样，从心理学角度厘清言语传播与非言语传播的关系。

---

① 周宪：《视觉文化的转变》，北京大学出版社 2008 年版，第 191 页。

② 刘方松、王强、柳妍、陈静、宋鲁平、韩在柱、毕彦超：《非言语声音和言语声音表征关系的研究》，《中国康复理论与实践》2011 年第 17 卷第 3 期。

③ ［美］萨姆瓦等：《跨文化传通》，生活·读书·新知三联书店 1998 年版，第 203 页。转引自李彬《传播符号的分类及功能》，《中国青年政治学院学报》2000 年第 2 期。

④ Wilbur Wchramm and William E. Porter, *Men*, *Women*, *Messages and Midia*: *Understanding Human Communication*, New York: Happer & Row, 1982, p. 63. 转移自李彬《传播符号的分类及功能》，《中国青年政治学院学报》2000 年第 2 期。

⑤ 张丽娜：《探析非言语交际的文化意义及在跨文化传播中的差异》，《现代传播》2010 年第 10 期。

三　大众传播不同于人际传播

区分大众非言语传播与人际非言语传播，需要先区分大众传播与人际传播。人际传播即个人与个人间的信息传播活动，大众传播是指“专业化的媒介组织运用先进的传播技术和产业化手段，以社会一般大众为对象而进行的大规模的信息生产和传播活动”。[①] 详见表 1－2。

表 1－2　　大众传播与人际传播的比较

大众传播	人际传播
专业化媒介信息生产和传播组织	非专业化个人
广泛而分散的一般大众	普通个人
运用先进传播技术和产业化手段大量生产、复制和传播信息的活动	依靠传播者自身的发声器官及身体语言等
公开传播	私下传播
单向传播、反馈不及时	双向、互动传播，反馈及时
制度化的	非制度化的
信息传、受渠道少，方法规范	信息传、受渠道多，方法灵活

大众传播与人际传播具有不同的内涵，大众传播应该包括大众非言语传播和大众言语传播，人际传播同样包括人际言语传播与人际非言语传播。显然，大众传播不同于人际传播，大众非言语传播不同于人际非言语传播。大众非言语传播具有一定的大众传播特性，如传者具有专业素养，受众是大量而隐蔽的分布在社会不同区域，内容是大量复制的，并且是通过大众传播媒介进行信息传播活动的。这样，从本源上将大众非言语传播和人际非言语传播区分开来。两者具体传播特征将在后文详细阐述。

四　大众非言语传播与相关概念比较

大众非言语传播与编辑符号、图像传播、视觉传播、音响报道等有交叉，但不能完全等同。按照李彬的传播符号分类系统考量，从符号的反应层面看，应该同时包括听觉符号和视觉符号，其中编辑符号、图像传播、视觉传播、音响报道等分属视觉和听觉符号；而从符号的意指层面看，应该包括言语符号和非言语符号。大众非言语传播符号和编辑符号、图像传

① 郭庆光：《传播学教程》，中国人民大学出版社 1999 年版，第 111 页。

播、视觉传播、音响报道等是不同的划分标准带来的不同类型。

大众非言语传播符号基本上涵盖编辑符号、图像传播、视觉传播、音响报道等。但是，后者又在一些细节上存在自身的独有特点，不能完全等同。

五 大众非言语传播的特殊内涵

综上，大众非言语传播是大众传播者使用大众非言语传播符号，通常与大众言语传播符号相配合，对大量受众有意实施的一种传播方式。大众非言语传播的范围如图1－1所示，处于大众传播与非言语传播的交集部分。大众非言语传播的具体特征如下。

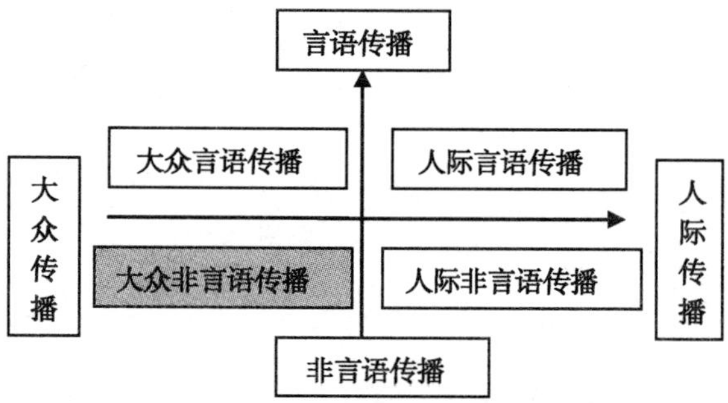

图1－1 大众非言语传播的范围

首先，与人际非言语传播的传者相比，大众非言语传播的传者是经过专业训练的，具有职业素养，主要包括各种媒体的编辑、报纸的摄影记者、广播电视媒体的出镜记者、连线记者，以及电视节目主持人等。

其次，和人际非言语传播符号相比，大众非言语传播符号有所减少，遮蔽了诸如触觉、嗅觉、味觉才能感觉到的非言语传播符号。但是，也延伸了人际非言语传播符号，并且具有大众传播特征的大众非言语传播符号。

再次，大众非言语传播比人际非言语传播更具目的性。人际非言语传播是一种对外界环境刺激的直接反应，很难掩饰和压抑，可信度高。而大众非言语传播受传媒技术影响，植入很多人为因素，真实性程度削减，职业传播者"有意"发出非言语传播符号，实现特定的传播功能。同时，大众非言语传播同样需要传播情境，但情境塑造具有技术色彩。并且大众非言语传播很少独立表意，多数是和言语传播协调表意。

最后，大众非言语传播试图回归并超越人际非言语传播。媒介技术变革就是力图更准确地模仿人际非言语传播，全面真实地还原客观世界，延伸人际非言语传播的时空范围，即试图回归人际传播的非言语传播，并在一定程度上超越人际非言语传播效果。下文将具体分析大众非言语传播的特征。

第三节　大众非言语传播的特征

传播的特征是影响其功能发挥的关键要素，大众非言语传播属于大众传播范畴，所以，具有大众传播的一般特征。同时，它又是非言语传播，也具有人际非言语传播的部分特征。但是，大众非言语传播又不完全等同于大众传播或者人际非言语传播，大众非言语传播的传播主体、传播对象、传播媒介、传播环境及传播方式都发生一定变迁，具有独特的传播特征。

一　大众非言语传播的主体构成

大众非言语传播的传者包括媒体编辑、记者、主持人等。报纸的版面编辑，广播、电视的视频编辑等都是借助编辑语言影响媒体的事实、情感以及观点和态度的传播效果。摄影记者，广播、电视的连线记者以及主持人等的体态语、副语言等也在传递丰富的信息。这三个群体的非言语传播也存在差异。

第一类，广播、电视媒体主持人。他们直接面对大众，其一言一行，举手投足都无不传递丰富的信息，影响传播功能。如电视主持人的非言语传播主要体现在体态语、副语言以及环境语言等全面地、较长时间地展示自身的非言语信息。如凤凰卫视《有报天天读》节目主持人杨锦麟身着的唐装、手拿的茶壶、节目背景的屏风，细微处无不传递中华文化的丰富历史内涵。“9・11”事件时，美国媒体主持人的非言语传播，中国汶川地震报道中赵普的表现……这些都属于大众非言语传播研究的范畴。

第二类，摄影摄像记者、连线记者、电视出镜记者等。他们以独特的方式影响传播功能的发挥，其直接面对受众的机会不如主持人多，但是，一般比新闻编辑多。记者群体中的广播连线记者是通过采访现场的副语言及实况音响传递信息；电视连线记者可以相对丰富地使用采访现场的体态语、副语言、现场实况视听觉背景等多重非言语符号传递信息；摄影记者只能通过拍摄距离、高度、角度等影响非言语传播，传递特殊信息、情感和意图。而一般文字记者很难发挥非言语传播功能。

第三类，各类媒体的编辑。如果说记者和主持人比较明确地进行非言语传播，那么媒体编辑则更多是在幕后进行非言语传播，传播主体潜隐，通过对新闻作品的编辑和展示形式的处理，实现非言语传播功能。报纸的版面编辑，广播、电视视频编辑巧妙地使用编辑语言传递媒体的声音。

第四类，特邀嘉宾是临时大众非言语传播主体。其人际非言语传播借助大众媒介得以拓展，影响范围更广。如陈光标做客《杨澜访谈录》访谈节目，不仅仅是和杨澜交流，也是借媒体向受众阐明自己的观点。

整体上，大众非言语传播的传播者多数是经过职业培训，具有比较专业的大众传播素养，而且将大众传播活动作为自己的职业而进行大众传播活动。所以，其传播特征可以概括为职业素养、专业传播。

二 大众非言语传播的符号构成

大众非言语传播符号的分类是研究的重要问题之一，萨姆瓦等的《跨文化传通》认为：非言语传播“包括传通情境中除却言语刺激之外的一切由人类和环境所产生的刺激，这些刺激对于信息发出者和信息接受者具有潜在的信息价值”。[①] 大众非言语传播符号应该包括大众传播者及媒介发出的一切刺激，是发出者有意发出的，对于受众具有一定意义。目前，很多非言语传播分类，有些明显属于人际非言语传播符号类型，如涉及体味、体触、时间、空间距离、握手、拥抱、亲吻等类别；有些则将人际非言语传播符号和大众非言语传播符号混为一谈。少数研究者开始涉及大众非言语传播，如宋昭勋分为人际传播中的非言语传播和大众传播中的非言语传播，再进一步将大众非言语传播分为视觉、听觉和视听复合等三类。[②] 从类别上区分了人际非言语传播和大众非言语传播，但是，缺乏对大众非言语传播特征的进一步探讨，分类也不够细化。

毕继万将非言语传播符号归纳为四大类：（1）体态语；（2）副语言；（3）客体语；（4）环境语。[③] 纳普（M. Knapp）把非言语传播符号划分为五种：（1）体姿语（kinesics）；（2）目视行为（visual behaviors or eye

① ［美］萨姆瓦等：《跨文化传通》，生活·读书·新知三联书店 1998 年版，第 203 页。

② 宋昭勋：《非言语传播学》（新版），复旦大学出版社 2008 年版，第 13 页。

③ 毕继万：《跨文化非语言交际》，外语教学与研究出版社 1999 年版，第 1 页。

contact)；(3) 面部表情 (facial expressions)；(4) 体距处理 (proxemics)；(5) 伴随语言 (para language)。关世杰从跨文化交流学的角度把非言语交际分为八类：人体语、时间语、空间语、颜色语、艺术语、图画语、环境语和其他语。[①]

张国良教授认为非言语传播符号有以下六种形式：(1) 身体动作或运动行为，诸如手势、姿势、面部表情和眼睛活动等；(2) 类语言（又称附属语言），即音质、语调、音量、音速和其他功能性发声；(3) 环境空间，即个人和社会对空间的利用，以及人们对这种利用的感知；(4) 嗅觉，即经由嗅觉渠道传递的信号；(5) 触觉，即经由触觉渠道传递的信号；(6) 衣服和化妆品等人工制品的利用及其感知。[②] 在大众传播环境下，嗅觉和触觉非言语符号将被遮蔽，前面四种非言语符号也可能被改变。

大众非言语传播符号是指大众传播者进行信息传播时使用的，除言语传播以外的所有传播符号。大众非言语传播符号包括哪些类型？按照不同的分类标准，可以分为不同的大众非言语传播类型。

（一）按照与人际非言语传播的关系分类

大众传媒遮蔽了人际非言语传播中的嗅觉、体味、口味嗜好、香粉、触摸等非言语传播符号。同时，也延伸了一些人际非言语传播符号的传播时间和传播空间。并且大众传媒还根据不同媒介特征，创新一些非言语传播符号，以提升传播效果。鉴于此，大众非言语传播符号大致分两部分：一部分是大众传媒延伸人际非言语传播符号；另一部分是大众传媒创新的，具有明显大众传播媒介特征的大众非言语传播符号。

第一类，延伸人际非言语传播符号。非言语传播早已存在，但是，大众传播媒介大大提高了非言语传播信息的"复制"水平和传播速度，延伸了人们非言语传播的时空范围。如广播媒介依靠声音语言传播信息，延伸了口语传播中语音、语调、语速、语顿、音质、音高、音量、停顿等听觉非言语符号。电视、网络媒介延伸了包括体态语，语音、语调以及空间距离等视听觉非言语传播功能。电视主持人的表情语、手势语、体态语、仪表语和距离空间语，说话的抑扬顿挫等都可以借助电视拓展其传播的时

---

① 徐小明：《跨文化非言语交际论析》，《贵州师范大学学报》（社会科学版）2010 年第 4 期。

② 张国良：《传播学原理》（第二版），复旦大学出版社 2009 年版，第 191 页。

空范围。

第二类，创新大众非言语传播符号。大众传媒也会结合不同大众媒介特性，积极创新非言语传播符号，以补救对人际非言语传播符号的遮蔽和局限。如印刷传播阶段演变出包括版面语言（如版面编排手段和版面布局结构）、照片、绘画以及字体、字形、色彩等非言语符号，借以降低文字传播的抽象度，提高传播效果。广播媒介还原了人际传播中的副言语符号，如音色、语调、节奏、停顿，还增加了音乐、音响等非言语传播符号，并调整音量的大小改变传播效果。电视媒介继承广播媒介优势，并结合自身传播特点，演化出包括景别、色彩、镜头、构图、蒙太奇手法，以及线条、光线、动画、图表、虚拟、画面的淡入淡出和叠加等非言语传播符号。互联网传播也结合自身传播特点，创造出包括表情状态类、声音语气类、动作类以及个人形象等四大类丰富的非言语传播符号①，甚至其传播的时效性也体现出一种时间和空间的非言语信息。

第三类，改变人际非言语传播符号。电视媒介、广播媒介结合自身传播特点，演化出包括景别、镜头、构图、蒙太奇手法，将人际非言语传播符号进行改变，实现与传统人际传播不同的传播功能。

概言之，诚如保罗·莱文森所言，人类传播技术发展的趋势是越来越像人，技术在模仿、复制人体的感知模式和认知模式，并且越来越完美，越来越“人性化”。② 如电视现场直播、高清电视、美国的 Google earth 技术，3D 电影、3D 报刊等新传媒技术层出不穷，其目的是更大限度反映客观世界的非言语符号信息。大众非言语传播符号是人际非言语传播符号的延续、模仿和创新，力图回归人际非言语传播之效果。

（二）按照传播媒介分类

大众非言语传播符号最终是通过各种大众传播媒介实现传播功能，所以，可以按照大众传播媒介类型给大众非言语传播符号分类，具体分类如下。

1. 印刷媒体中的非言语传播符号

印刷媒体常用的非言语传播符号包括编辑的版面语言、色彩、图片、

---

① 黄春平、彭铁祥：《当前网络人际传播研究述略——从网络言语传播与非言语传播谈起》，《辽东学院学报》（社会科学版）2005 年第 6 期。

② ［美］保罗·莱文森：《莱文森精粹》，何道宽编译，中国人民大学出版社 2007 年版，中译者序跋。

留白等，其中图片包括新闻照片、绘画、图示、图饰等，借以降低文字传播的抽象度，提高传播效果。比如文字，图片说不清时，通过图表、插图可以使读者一目了然。图示包括统计图表、示意图和新闻地图等。如用曲线图、柱状图等形象化的手法使数字的类比或对比更加鲜明生动。尤其在精确新闻中使用，用具体数据支持相关观点和结论。新闻地图则是将新闻发生地的地理位置绘制成更加简洁明确的地图。版面编辑图片运用得当、设计完美，充满个性、富有特色，能给人美的享受，形成强烈的视觉冲击力，提升整体传播效果（见图 1－2）。

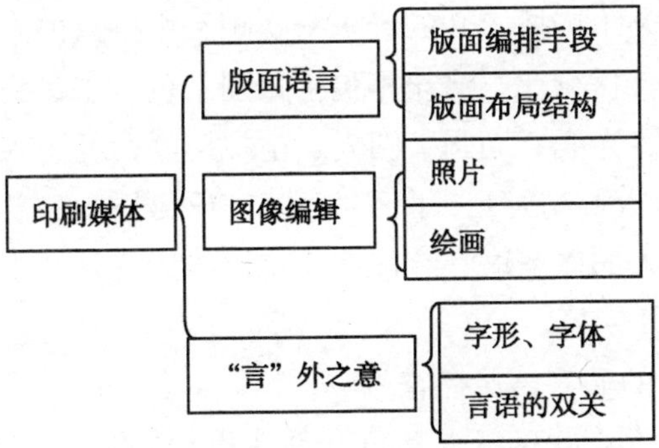

图 1－2　印刷媒体中的非言语符号类别

资料来源：根据宋昭勋《非言语传播学》（新版），复旦大学出版社 2008 年版，第八、第九章内容整理。

2. 广播媒介的非言语传播符号

广播中的非言语符号是由副言语、音响（不含人物讲话声音）、音乐、无声四个要素构成。如播音员的音色差异、语调轻重、节奏快慢、顿歇长短、感叹发声、人物活动声音、物体运动声音、自然界天然声音、各种音乐等以声音为基础，都有或表意或传情的功能。[①]

广播媒介还原了人际传播中的副言语符号，包括伴随有声语言出现的语音特征，如音质、音高、音速、语调、语顿等，以及表意的功能性发声，如哭声、笑声、叹息声、呻吟声、咳嗽声以及因恐惧而发出的叫喊声等。[②] 还增加了音乐、音响等非言语传播符号，并调整音量的大小以改变传播效果。

① 刘积林、赵国旗：《广播中的非语言传播》，《现代传播》（中国传媒大学学报）1990 年第 4 期。

② 宋昭勋：《略论非言语信息采访》，《当代传播》1999 年第 3 期。

音乐在广播节目内容中体现为符号性、暗示性和影像性三种作用的结合。① 现场音响主要指广播记者在采写新闻时录制的环境音响。现场音响对于交代环境、还原现场起到了不可或缺的作用，是对基本感觉元素的一种图标或者图像式的影射，也可以理解为是对真实世界一种声音的映射。

广播是声音的媒介，但特定情况下，无声静默也是广播具有表现力的声音符号。比如讲话过程中的停顿可能意味着悬念的设置、氛围的渲染，等等。可以刺激联想，引发思考，收到意想不到的效果。

3. 电视媒介的非言语传播符号

电视媒介沿袭了广播媒介的音乐、音响、主持人的副言语等非言语符号，并结合自身传播特点，演化出包括景别、色彩、镜头、构图、蒙太奇手法，以及线条、光线、动画、图表、虚拟、画面的淡入淡出和叠加等非言语传播符号。同时，还延伸了面对面非言语传播中的部分非言语传播符号，如电视主持人的体态语、装饰性非言语传播符号、主持的空间非言语符号等（详见图 1－3）。

4. 新闻网站的非言语传播符号

网络传播也结合自身传播特点，创造出包括表情状态类、声音语气类、动作类以及个人形象等四大类丰富的非言语传播符号，② 并凭借自身独有的时效性优势，体现出一种时间和空间的非言语传播符号。

网络新闻的版面语言、超链接的顺序体现传播者的观点，版面的色彩也体现某种观点。新闻照片、动态视频等也都属于网络非言语传播符号。从某种程度上看，网络媒体集纳了传统大众传媒的非言语传播符号。

（三）按照受众接收方式分类

任何非言语传播只有借助人类不同的感觉器官才能够实现信息的传递和接收活动。鉴于此，本书按照人类信息接收器官的不同，对大众非言语传播符号进行分类。分为视觉非言语传播符号和听觉非言语传播符号两大类（见图 1－4）。

第一类，视觉静态非言语传播符号。印刷媒体常用的非言语传播符号包括编辑的版面语言、色彩、图片、留白等，其中图片包括新闻照片、绘

---

① 孟伟、梅琼林：《论广播非语言符号系统的传播价值》，《中国广播电视学刊》2011 年第 12 期。

② 黄春平、彭铁祥：《当前网络人际传播研究述略——从网络言语传播与非言语传播谈起》，《辽东学院学报》（社会科学版）2005 年第 6 期。

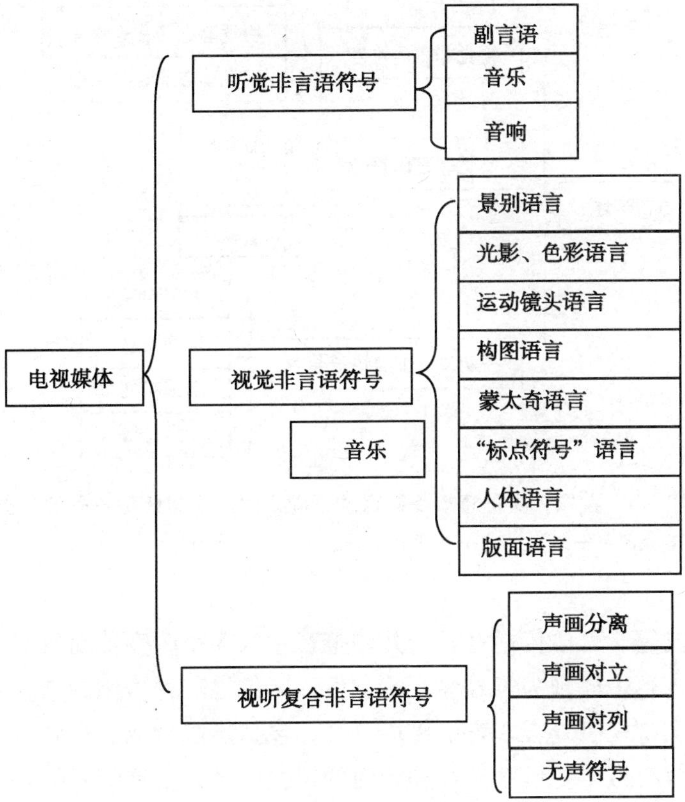

图 1－3　电视媒体的非言语符号类型

资料来源：宋昭勋：《非言语传播学》（新版），复旦大学出版社2008年版，第173页，有改动。

画、图示、图饰等，图示包括统计图表、示意图和新闻地图等。版面编辑图片运用得当、设计完美，充满个性、富有特色，能给人美的享受，形成强烈的视觉冲击力，提升整体内容的传播效果。

第二类，视觉动态非言语传播符号。电视媒介沿袭了广播媒介的音乐、音响、主持人的副言语等非言语符号，并结合自身传播特点，演化出包括景别、色彩、镜头、构图、蒙太奇手法，以及线条、光线、动画、图表、虚拟、画面的淡入淡出和叠加等非言语传播符号。同时，还延伸了人际面对面非言语传播中的部分非言语符号，如电视主持人的体态语、装饰性非言语符号、主持的空间非言语传播符号等。

第三类，听觉非言语传播符号。广播媒介的非言语传播符号主要由音乐、音响和无声组成。包括音色、语调、节奏、停顿等副言语符号，以及

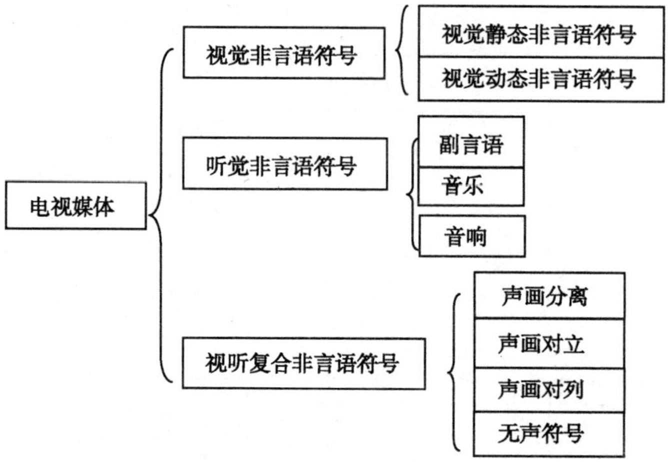

图 1－4 按照人类信息接受器官的不同，对非言语传播符号的分类

资料来源：宋昭勋：《非言语传播学》（新版），复旦大学出版社 2008 年版，第 13 页。

音乐、音响等非言语传播符号，并调整音量的大小改变传播效果。音乐在广播节目内容中体现为符号性、暗示性和影像性三种作用的结合。[①]

第四类，视听复合非言语传播符号。包括声画分离、声画对立、声画对列、无声符号等，借助声音和画面的组合关系，传递传者的特殊意义。

三 大众非言语传播的特性

研究认为非言语传播的独特性主要表现为模糊性、遗传性、全人类性、真实性、立体性、持续性等特征。[②] 也有研究者认为非言语传播具有“连贯性、相似性、通义性、协同性、即时性以及真实性特征”。[③] 这些传播特点明显只符合人际非言语传播，大众非言语传播的特点还需要进一步研究。

这里需要区别人际非言语传播与大众非言语传播的不同点，如认为非言语传播之所以能增加新闻的可读性和趣味性，是由它本身固有的特性决定的。非言语传播表意直观、生动，具有情感流露的无意识性。它的传播

① 孟伟、梅琼林：《论广播非语言符号系统的传播价值》，《中国广播电视学刊》2011 年第 12 期。

② 刘小霞、吴小君：《纪录片的非语言运用及其传播》，《中国电视》2009 年第 4 期。

③ 彭敏：《大众传播中非语言符号的特点与运用》，《传媒》2011 年第 11 期。

过程是立体的，能同时刺激传、受双方的多种感觉器官。[①] 大众非言语传播的即时性基本上不存在，除非是现场直播等，没有即时性的限制，就可能存在大众传播者编辑变换大众非言语传播符号的可能性，也就无法保证大众非言语传播的真实性。可见，人际非言语传播和大众非言语传播在传播特性方面存在一定的分野。

此前的非言语传播研究对大众非言语传播的特征较少分析，一定程度上限制了大众非言语传播功能的实现，只有清晰认识到媒介发展过程中传播符号或传播手段演变的历史轨迹，相关探索性研究和实践才更具有方向性。大众非言语传播的具体传播特性如下。

（一）从自发性到有意性与隐喻性

研究者认为非言语传播“最能反映一个人的真实态度、心理活动和价值观念”[②]，也有研究者认为非言语传播是“发出者有目的地发出或被看成是有目的地发出”。[③] 这两种观点似乎存在矛盾，其实并不矛盾，而且，恰好体现出人际非言语传播与大众非言语传播的不同传播特征。面对面人际非言语传播更多的是不经意间表现出的，很难控制的感情，更容易“反映一个人的真实态度、心理活动和价值观念”，如“尴尬时，你难免要脸红；生气时，你会咬牙切齿；紧张时，你会口吃，语不成句。这些行为很难控制，它们和其他行为一样，通常都是自发的，潜意识的”。[④] 或者说是具有即时性，“语言符号总是经过一定的思考才使用的，而非语言符号往往未经思考就立即作出条件反射式的传播”。[⑤] 但是，大众非言语传播可以摆脱即时性的限制，报纸版面编排可以细致分析，播音员、主持人可以不用直接面对受众，没有即时性的限制，就可以有充分的时间去思考，进行有意传播，充分实施自己的传播意图，甚至进行隐喻性表达。

大众非言语传播具有隐喻性特征。非言语传播对言语传播有一种补充说明功能，非言语符号也可以为其他非言语传播加上某种注解[⑥]，其隐喻

---

① 熊萍：《奥运新闻报道的“非语言”解析》，《浙江传媒学院学报》2009 年第 1 期。

② 毕继万：《跨文化非语言交际》，外语教学与研究出版社 1999 年版，第 10 页。

③ Malandro，Barker，et al.，*Nonverbal Communication*，2nd ed.，Newbery Award Records，1989，p. 7.

④ ［美］拉里·A. 萨默瓦、理查德·E. 波特：《跨文化传播》（第四版），闵惠泉、王纬、徐培喜等译，中国人民大学出版社 2004 年版，第 146 页。

⑤ 彭敏：《大众传播中非语言符号的特点与运用》，《传媒》2011 年第 11 期。

⑥ 张国良：《传播学原理》（第二版），复旦大学出版社 2009 年版，第 194 页。

性特征拓展了大众非言语传播符号的表意空间。职业的大众传播者有针对性地选择非言语传播符号，“有目的地发出或被看成是有目的地”发出非言语传播符号，可以影响特定传播功能的发挥。如郑兴东认为版面对于刊载的内容绝不是消极被动的，不仅向读者介绍内容，同时也在评介内容，版面语言的表意方式既是具象的，又是象征性的。[①] 再如信息传播过程中的“噪声”实际包括迫不得已存在的和有意暴露制作痕迹中的“非内容”因素。[②] 新闻报道有意利用“噪声”制造真实气氛，凸显新闻报道事件的真实性。另如体态语可以通过慢镜头/快镜头等处理，照片有选择地瞬间永久，视频有选择地蒙太奇衔接，碎片化反映人际传播的视觉形象，以及利用不同拍摄角度表达不同的传播效果等，这些都具有“有意为之”特征。

大众非言语传播的隐喻性特征还可以从符号学角度得以验证。赵毅衡教授认为许多图像都是提喻，新闻图片都只是显示对象的一部分，让观众按照经验构筑全幅图景。所以，所谓的纪录片提供的也只是传播者有意借助传播媒介特征，帮助受众构建的“真实感”而不是“真实性”。包括绘画、照片、录音、摄影、电影（甚至是3D电影）、高清电视等所谓的“绝似符号”（absolute icon），与对象外形非常接近。但是这些符号与对象并非同时在场，因此它们明显是代替对象的符号。[③] 所以，仍然是传媒“有意”借助非言语传播符号隐喻传播内涵，让受众混淆符号与对象，实现特定传播意图。

（二）从真实性传播到可信度降低

研究者认为言语信息可能会“言不由衷”，存在虚假性，而非言语信息常常是“真情流露”，所以，人际非言语传播具有可信性优势。因为“人际非言语传播是其整体性格的表现，以及个人人格特性的反映，更多的是一种对外界刺激的直接反应，很难掩饰和压抑”。[④] 因为“身体语言多数是人们在无意识或半意识状态下运用的，例如瞳孔变化、出汗、心跳加快等往往不是完全用意识可以控制的，因而，身体语言常常是人们内心

---

① 郑兴东、陈仁风、蔡雯：《报纸编辑学教程》，中国人民大学出版社2001年版，第229—230页。

② 赵毅衡：《符号学原理与推演》，南京大学出版社2011年版，第76页。

③ 同上书，第63、76、193页。

④ 张国良：《传播学原理》（第二版），复旦大学出版社2009年版，第193页。

状态的真实反映。”[①] 此外，“人们接受非言语符号时的思维机制，有别于语言传播，即讯息往往在无形中被感知。人们从综合讯息中得到比较全面的‘感觉’，因而，形成看法后也不易改变，一般称为知觉思维”。[②] 所以，人们一般比较容易相信人际非言语传播内容。

这样的研究结论也只是在人际非言语传播范围内有效，大众非言语传播受传媒技术的影响，真实程度削减。如体态语通过慢镜头/快镜头等处理，音量大小以及电脑合成不同声音效果等改变传播效果；照片有选择地瞬间永久；蒙太奇手法有选择地衔接碎片化视频；镜头的不同拍摄角度体现传播效果，如特写（脸部）体现亲密关系，中景（大半身）体现个人关系，远景（整个人）体现社会关系。镜头角度也与意义有关联：仰拍体现权力、威严，俯拍体现渺小、微弱，推进体现注意、集中，淡入表示开始，淡出表示结束，切换表示同时、兴奋等。[③] 诸如此类的大众非言语传播都附加了大众传媒的技术特征，可能掺入大众非言语传播者的意图和观点，其真实性因此而降低。

（三）连贯性与协同性，情境性传播的变迁

非言语符号具有连贯性，通常是一系列非言语符号连贯呈现某种信息。也有学者认为，各种非言语符号在传播中“是相互关联、互为依托、协同一致的。如果它们不是这样，你的意图就要受到怀疑”。[④]

大众非言语传播同样需要情境性，与言语传播一样，也总是在特定语境中进行，情境影响非言语符号的具体含义。“相同的非语言符号，在不同的情境中，往往有不同的意义。如一个人的微笑，有时意味着欣悦，有时表示赞同和肯定，有时故作高深，有时则流露出嘲讽，其含义完全取决于行为发生时的具体情境。有些非语言行为，在不同的文化环境中，有截然不同甚至对立的意义。”[⑤]

非言语传播通常以组合的方式出现，具有组合性，即“一个非语言符号，通常与其他非语言符号相伴随，构成符号系统。此外，非语言符号

---

① 彭敏：《大众传播中非语言符号的特点与运用》，《传媒》2011 年第 11 期。
② 张国良：《传播学原理》（第二版），复旦大学出版社 2009 年版，第 194 页。
③ John Fiske & John Hartley, *Reading Television*, New York: Routledge, 2003, p. 48.
④ 彭敏：《大众传播中非语言符号的特点与运用》，《传媒》2011 年第 11 期。
⑤ 张国良：《传播学原理》（第二版），复旦大学出版社 2009 年版，第 193 页。

与语言传播行为也往往密切相关，互相增强和支持”。[①] 大众非言语传播同样如此，很少存在单独表意的情况。

（四）相似性程度降低，同义性模式变迁

研究者认为非言语传播具有通义性，非言语符号几乎可以称为“世界语”。对于非言语符号的认知和理解似乎无须接受专门教育，因为非言语符号“与指称对象之间具有某种相似性，因为它是把客观事物符号化”。[②]

大众非言语传播涉及一些大众传播手段特征，很大程度上，具有国际通用特征，更容易为国际受众所理解。如通过特写镜头强化灾难报道场面的悲惨色彩；借助激烈的音乐衬托欢快的热闹场面等；利用报纸头版头条强化特定报道内容的重要性等。但是，大众传播者的非言语传播仍然存在不同文化背景下的差异性，跨文化传播过程中大众非言语符号的差异性仍然存在。如版面色彩编排存在差异，不同文化语境下，色彩隐喻存在一定的差异。在国际传播过程中，应该注意大众非言语传播的这些差异性，避免因此影响传播功能。

（五）试图回归并超越人际非言语传播

大众传媒特征限制了不同非言语传播，大众非言语传播试图模仿人际非言语传播，如电子表情、图像传播甚至是现场直播等，力图真实、全面地还原客观世界。同时，大众传播媒介从不同方面延伸了人际非言语传播的时空范围。如印刷媒介可以批量复制静态视觉非言语传播符号（如新闻图片等）的传播时空范围。广播媒介拓展了口语传播中语音、语调、语速、语顿、音质、音高、音量、停顿等听觉非言语传播符号。电视、网络媒介延伸了包括体态语、语音、语调，以及空间距离等视听觉非言语传播功能。电视新闻发言人讲话时的表情举止，说话的抑扬顿挫等都可以借助电视拓展其传播的时空范围。如汶川地震的广播报道借助电波传递灾民的哭声、呻吟声等，让受众感同身受，同情之心油然而生。罗斯福的“炉边谈话”亲切而坚定的语气等非言语符号借助电波让全国人民如见其人、备受鼓舞，起到稳定人心和争取民意的效果。

综上，大众非言语传播尝试多种探索的最终目的是，最大化地回归人

① 张国良：《传播学原理》（第二版），复旦大学出版社 2009 年版，第 194 页。

② 彭敏：《大众传播中非语言符号的特点与运用》，《传媒》2011 年第 11 期。

际传播和丰富非言语传播，并在一定程度上超越人际非言语传播效果。

网络人际非言语传播是一种新的传播方式，大众非言语传播需要注意借鉴其核心特点，即努力方向是实现人际非言语传播的回归与超越。大众非言语传播应该在传播符号创新、传播模式改进、传播理念调整等方面，更多地从人际非言语传播中汲取经验，彰显自身优势。

第四节　大众非言语传播的表意机制[①]

一　尼尔·波兹曼批判理论的梳理与思考

尼尔·波兹曼（Neil Postman）在《娱乐至死》中认为："只有口头语言的人在智力上不及有书面文字的人，而'电视文化'里的人比前两者都表现得智力低下。"[②] 即印刷传媒具有理性特征，视觉传播具有非理性特征。有研究者总结认为："波兹曼的'图像—娱乐化'就是鲍德里亚等人的'图像—审美化'，但它有其自成体系的理论：第一，图像即感性，因而与真正的审美化或感官的娱乐化息息相通；第二，图像即事物本身，它产生出来就不是为了'指示'，而是为了'取代'事物；第三，图像即纯粹之'表象'，它仅在'表象'层面作业，所关注的不是'再现'什么，而是如何使'再现'本身更符合视觉或形式美和感性、感官的需求。"[③]

尼尔·波兹曼批判视觉传播的肤浅和非理性，认为视觉传播只是吸引受众的感官刺激。而视觉传播是非言语传播的重要组成部分。所以，尼尔·波兹曼的批判理论也可以理解为对非言语传播的批判。

威尔伯·施拉姆认为："尽管非语言符号不容易系统地编制成准确的代码，但是大量而多样的信息正是通过它们传递给我们的。"[④] 非言语传播符号进入人类传播的方式主要有以下几种：首先，"它们承载的信息常

① 参见王亿本、蒋晓丽《非言语传播视角反思尼尔·波兹曼批判理论》，《新闻界》2014年第23期。

② ［美］尼尔·波兹曼：《娱乐至死》，章艳译，广西师范大学出版社2011年版，第33页。

③ 金惠敏：《"图像—娱乐化"或"审美—娱乐化"——波兹曼社会"审美化"思想评论》，《外国文学》2010年第6期。

④ ［美］威尔伯·施拉姆：《传播学概论》，何道宽译，中国人民大学出版社2010年版，第77页。

常不需要任何语言来表达”。其次，“非语言符号可以加强或拓展语言表达的信息”。最后，“语言渠道和非语言渠道传递的信号表面上不协调，但其意义却可能是一致的”。① 这显示出非言语传播表意的丰富性及表意机制的复杂性。认识其强大的传播功能，同时，也应该正视其复杂的传播机制。非言语传播可以独立表意，也可以“补偿、暗示、愉悦、重复、调节、替代、美化或强调”言语传播②，甚至修正或否定言语传播。这两套话语体系如影随形，既可顺向印证也可逆向反证。逆向反证“是把涉及同一焦点问题的两方观点剪辑到一起形成对比，一方的存在以另一方的被颠覆为前提，报道的潜在意旨也通过两者的互文得以流露”。③ 从大众非言语传播与言语传播的关系，可以将大众非言语传播的表意机制分为同向表意、逆向表意、独立表意等类型。

鉴于此，本书认为非言语传播不仅能直观呈现客观事物、美化报道环境，同样具有独立表意、互文表意与隐喻表意等功能，具有表意的丰富性及表意机制的复杂性。这是其不至于流于肤浅的关键点。下文将逐步分析非言语传播的表意机制，以回应尼尔·波兹曼的批判理论。

二　非言语传播的独立表意机制可以凸显理性

尼尔·波兹曼认为将摄影术作为一种“语言”是很危险的，“因为这无形之中抹杀了两种话语模式之间的本质区别。第一点区别是，摄影是一种只描述特例的语言，在摄影中，构成图像的语言是具体的。与字词和句子不同的是，摄影无法提供给我们关于这个世界的观点和概念，除非我们自己用语言把图像转换成观点”。④“电视的思维方式和印刷术的思维方式是格格不入的”。⑤ 在比较两种传播方式的特点过程中，也在批判以摄影为代表的大众非言语传播的局限性，并强调图像的抽象程度不及文字。总体上，“图像和文字功能不同，抽象程度不同，反映模式也不同。……19世纪中期，照片和其他插图突然大量侵入了符号环境，这就是丹尼尔·布

① ［美］威尔伯·施拉姆：《传播学概论》，何道宽译，中国人民大学出版社2010年版，第70页。

② 宋昭勋：《非言语传播学》（新版），复旦大学出版社2008年版，第46页。

③ 杨琴：《电视深度报道的互文性》，《中国广播电视学刊》2007年第3期。

④ ［美］尼尔·波兹曼：《娱乐至死》，章艳译，广西师范大学出版社2004年版，第95页。

⑤ 同上书，第106页。

尔斯廷在其著作《图像》中所称的‘图像革命’”。[①]尼尔·波兹曼在叙述这一“图像革命”过程中隐含着对“图像冲击符号环境趋势”的担忧，即对视觉非言语传播的批判。

“图像革命”的出现确实改变了社会的话语结构，由言语传播一枝独秀过渡到言语传播与非言语传播并驾齐驱的状态。大众言语传播与非言语传播在话语模式上的确存在差异。但是，尼尔·波兹曼批判的焦点是“图像”不具有“符号”特征。图像符号学研究者认为：“图像并不因其‘基于像似’而不必是一个符号。无论多么像似、绝似甚至重合的副本，只要能够找出其意指关系，它必然落在符号学的研究框架中。”[②] 即图像具有符号性。图像以外的其他非言语符号同样具有意指关系，理应属于符号范畴，存在丰富的表意形式，而不仅与其代表对象具有简单对等关系。只有大众非言语符号和其对应物之间关系脱节，才能拓展表意空间。即从符号与现实关系的相似性转变到符号的自指性，从历史发展的脉络来看，这个转变趋势实现了“一个从重内容向重形式的转变”。[③]

索绪尔认为：“能指和所指的联系是任意的，或者，因为我们所说的符号是指能指和所指相联结所产生的整体。”[④] 罗兰·巴特说：“能指是一种中介物，它必须有一种质料。”[⑤] 声音与形象是能指的内质。这样一来，声音、形象在文化传播过程中形成的被约定与某种概念发生关系，在使用者之间能够引发某种概念的联想。这种概念就是所指，所指是在符号中那个被表示、被指认的成分。这个成分不是实在的事物或对象，而是作为一定对象本质的观念意义。“所指不是‘一桩事物’，而是该‘事物’的心理表象。”[⑥] 能指与所指之间的关系是自由选择的，对于使用它的语言社会来说，又是强制的。

图像传播研究者认为，“图像与所指涉的客体对象分离开来可以得出非常深刻而意味深长的推断：（1）图像（记号）具有物理的客体（能指），同时也具有引申出来的意义（所指）。（2）‘意义’可以有承载它

---

① ［美］尼尔·波兹曼：《娱乐至死》，章艳译，广西师范大学出版社 2004 年版，第 96 页。

② 胡易容：《论图像的符号性》，《社会科学战线》2012 年第 10 期。

③ 周宪：《视觉文化的转变》，北京大学出版社 2008 年版，第 50 页。

④ ［瑞士］索绪尔：《普通语言学教程》，高名凯译，商务印书馆 1983 年版，第 46 页。

⑤ ［法］罗兰·巴特：《符号学原理》，李幼蒸译，生活·读书·新知三联书店 1988 年版，第 140 页。

⑥ 同上书，第 136 页。

的客体或符号（图像），也可以存在着有意义而无对象的东西，如精深、博大等。于是虚构的、想象的和抽象的东西可以具有意义，可以脱离物质而独立存在于人们的思维活动之中。虽然它们作为物质不存在，但以‘意义’的形式存在着。（3）图像这个实体既可以指称作为实体的客体对象，也可以表达虚构的、想象的和抽象的东西——意义。这就表明：直观的图像符号也可以传达抽象的概念意义。”①

图像实质上是一种符号，“图像既然是一种符号，我们就没有必要去真信它的类比性、相仿性或相似性，而应该从自身的文化出发，从图像文化的编码出发，去解析图像”。②这样，从本质上将图像及其对应的现实事物的关系彻底厘清，破除对图像真实的神话崇拜，应该将图像上升到符号的层面进行理论分析。同时，图像符号由相似性到自指性，即“相似性原则的衰落（并非消失）导致了图像符号获得了某种自足性，这就导致了图像符号生产的‘自身合法化’”。③ 这样也让视觉非言语传播具有更为广阔和自由的传播环境。

综上，所谓表意方式是说能指、所指和指涉物的三者关系。当前，图像符号已不再是传统相似性符号的能指、所指、指涉物的统一和谐。④ 大而言之，当代大众非言语传播也开始出现能指、所指、指涉物之间不统一的情况，因为大众非言语符号已经从模仿、复制开始转换为虚拟类型。“它们大致对应于亚里士多德的模仿论、本雅明的机械复制论。波德里亚的虚拟论（模拟和仿像）。”⑤ 大众非言语传播符号不是对反映事物对象的简单“复制”，而是具有独立的符号特征，具有自身的“能指”与“所指”，这种完整的意指关系的存在也帮助其摆脱“肤浅”、“非理性”的批判。

三 大众非言语传播的隐喻表意机制可以凸显理性

大众非言语传播符号脱离言语传播符号表意，不仅直接展示新闻事件的过程，还存在隐喻表意，传递传播者的深层次态度和观点。

---

① 刘洪：《论图像在跨文化传播中的天然优势》，《学术论坛》2006 年第 5 期（总第 184 期）。

② 韩丛耀：《图像符号的特性及其意义解构》，《江海学刊》2011 年第 5 期。

③ 周宪：《视觉文化的转变》，北京大学出版社 2008 年版，第 50 页。

④ 同上书，第 194—195 页。

⑤ 同上书，第 171 页。

（一）大众非言语符号隐喻表意的依据

隐喻表意研究多数集中在言语传播，大众非言语符号是否存在隐喻表意的可能，胡壮麟引用莱可夫和约翰逊的观点认为："隐喻的本质是以另一件事和经验来理解和经历一件事或经验。"① 即认为隐喻就是一种认知方式，"隐喻可以扩大人们认识一些尚无名称的或尚不知晓的事物的能力"。② 人类认知客观世界的方式包括言语传播符号和非言语传播符号，所以，非言语传播符号隐喻也有其存在的空间。如果从其提供的人类认知世界的路径图（见图1-5），可以更清晰地发现，言语、非言语是认知世界的途径，两者的隐喻也是认知世界的主要途径。隐喻学研究者还认为"从根本上讲，隐喻是一种认知现象。隐喻性思维是人类认识事物、建立概念系统的一条必由之路"。③ 认为"隐喻绝不单单是一种语言现象，因为语言只是人类认知活动的一部分。绘画、音乐、雕塑、建筑等都是人们认知活动的产物"。④ 非言语传播符号同样也是认知世界的一种方式。研究者都强调："隐喻不仅仅是一种语言现象，它更重要的是一种人类的认知现象，它是人类将其某一领域的经验用来说明或理解另一类领域的经验的一种认知活动。在人类其他的文化和艺术活动过程中，我们到处都能看到隐喻的存在。"⑤ 隐喻是"深层次的认知机制，组织我们的思想，形成我们的判断，使语言结构化，从而有巨大的语言生成力"。⑥

人类认知世界的渠道有"语言"和"非语言"，而隐喻也是人类认知世界的一种方式。语言具有隐喻功能，非言语同样如此。大众非言语传播符号具有隐喻性特征，它也是人类认知世界的一种方式和途径。大众非言语传播符号的隐喻表意特性将大大拓展其表意空间和表意的深刻性。从这个角度，认为"文字传播是理性的，图像传播是感性的"这一说法值得商榷，因为其忽视了非言语传播符号的隐喻表意特性。

（二）大众非言语传播符号隐喻表意的类型

隐喻表意的分类比较多，莱可夫和约翰逊根据始源域的不同，认为隐

① 胡壮麟：《认知隐喻学》，北京大学出版社2004年版，第8页。
② 同上书，第11页。
③ 束定芳：《隐喻学研究》，上海外语教育出版社2000年版，第11页。
④ 同上书，第29页。
⑤ 同上书，第28页。
⑥ 胡壮麟：《认知隐喻学》，北京大学出版社2004年版，第71页。

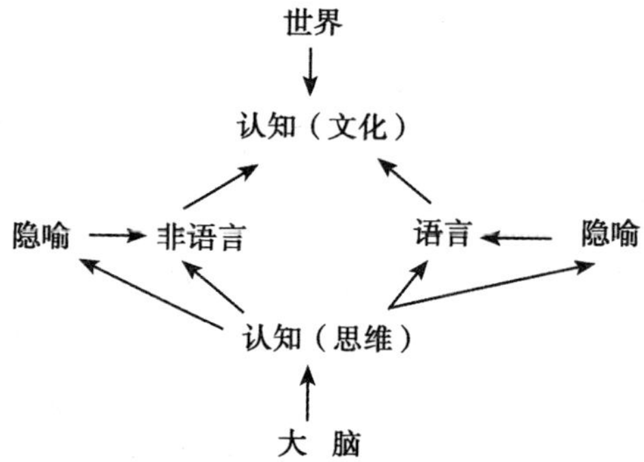

图 1－5 人类认知世界的主要途径

资料来源：胡壮麟：《认知隐喻学》，北京大学出版社 2004 年版，第 12 页。

喻包括空间隐喻（spatial metaphor）、实体隐喻（ontological metaphor）和结构隐喻（structural metaphor）等。空间隐喻是“通过将空间结构投射到非空间概念上，赋予该非空间概念一个空间方位”；“实体隐喻帮助我们将抽象的事件、活动、情感等视为有形的实体和物质。由于人类最初的生存方式是物质的，人类对物体的经验为我们将抽象的概念表达、理解为‘实体’提供了物质基础”；“结构隐喻就是通过一个结构清晰、界定分明的概念去构建另一个结构模糊、界定含混的概念，使两种概念相叠加，将谈论一种概念的词语用于谈论另一概念”①。这些观点对于大众非言语传播同样具有启发意义，大众非言语传播同样具有空间隐喻、实体隐喻和结构隐喻特征。

如 2012 年 6 月 26 日“国际禁毒日”，《人民日报 · 海外版》报道国际毒情对我国影响加大，中国将进一步深化与湄公河流域国家的禁毒合作，联合打击贩毒活动，并加大对其援助力度，扩大该地区罂粟替代种植规模，从源头上减小“金三角”地区毒品对我国的危害。

版面色彩部分是一个大写的“T”形字母，是“天网”中“天”的首字母。“T”形字母的“—”图案将文字稿完整盖住，可以理解为空间隐喻，隐喻天网的严密性。手抓罂粟果实的图形具有实体隐喻特征，隐喻源头治理毒品的手段。“网”的“严密”是逮鱼的关键，整个报道版面置

① 冯觉华：《从修辞现象到认知现象——谈隐喻的两大类型》，《学术交流》2006 年第 7 期。

于“T”形字母下面，是将“遮盖”文字报道的“严密”与禁毒思路的“严密”形成结构隐喻关系（见图1－6）。这样，看似简单的非言语传播符号却寓意深刻，并不显得肤浅。

焦点关注
中国织就禁毒“天网”

图1－6　形象化表达中国禁毒思路

资料来源：叶晓楠：《中国织就禁毒“天网”》，《人民日报·海外版》2012年6月25日第5版。

（三）大众非言语符号隐喻表意的特征

符号学家皮尔斯（C. Peirce）根据语言结构与现实世界的相似性程度和语言符号的抽象性程度划分了记号（icon）的三种情况：形象（image）、图像（diagram）和隐喻，其中“‘形象’（如肖像）是一种完全的相似；‘图像’（如地图、设计图）是一种结构上的相似，而‘隐喻’表达的是一种平行关系，即通过指出某物与另一物之间的某方面的相似性来表达某物”。隐喻具有两个特点：“一是隐喻中的本体和喻体的相似性，二是隐喻中的双重影像。”[①] 这也构成了隐喻的工作机制。这样，可以认知大众非言语传播符号的表意机制。隐喻学研究者认为隐喻具有简练与生动的特点。简单的词语往往能够表达丰富的内涵，或引起听话者对相关事件和语境的丰富联想。同时，隐喻还具有新奇与启发的特点。新出现的事物以及相关的一套术语常常会被借用到一般的生活领域，起到特殊的修辞和社会效果。最后，隐喻还具有委婉与高雅的特点。大众非言语传播的隐

① 束定芳：《隐喻学研究》，上海外语教育出版社2000年版，第14页。

喻表意同样具有这些特征。

第一，本体和喻体的相似性。大众非言语传播符号隐喻表意的本体和喻体的相似性主要体现在视觉和听觉方面。如在一些场合，鲜红隐喻血腥，黑色隐喻恐怖和神秘等，就是两者之间的视觉相似性。如搜狐财经《十八大后的经济政策展望》报道“未来经济政策的宏观走向”，就是借助虚拟大众非言语符号隐喻新闻真实感。标题旁是一个胶囊和一支注射器（见图1－7），隐喻这些经济政策对未来中国经济的“治疗”作用，寓意深刻而又直观形象。

图1－7 图像隐喻表意

第二，隐喻意义的临时性与模糊性。隐喻意义的临时性是指“隐喻意义的创造性和变化性”，“隐喻意义的模糊性主要是指隐喻意义的理解对语境的依赖性。隐喻真正含义的确认不但取决于说话者的意图，同时还取决于听话者如何选择合适的喻体特征映射到本体上”。[①] 在特定背景下，隐喻意义才具有合理性。大众非言语传播具有情境性特征，只有在特定情境下才具有某种意义。

如中国共产党的十八大相关报道都是大红背景，在这样的语境下，红色隐喻喜庆，如果换作血案现场红色则隐喻血腥。再如在婚礼上白色隐喻纯洁，而在血案现场则隐喻生命消亡的苍白，这就是隐喻的临时性特征。如2011年1月奥巴马和胡锦涛见面，由于奥巴马站在高一级台阶上，加之身材较高，只能低头和胡锦涛握手。美国媒体则认为奥巴马总统向中国“叩头”，有失体统。[②] 但是，奥巴马总统当时是否存在“谄媚”，只有在当时美国人民的特有心境下才更容易体验到这种隐喻功能。隐喻的临时性和模糊性是由于对语境的依赖造成的，如果没有以往的经验做支撑，则容易导致隐喻理解失误。

第三，隐喻意义的委婉与高雅的特点。隐喻是借用一类事物来说明另一类事物的特征，因此，具有间接表意的特征，许多隐喻带有“委婉”

① 束定芳：《隐喻学研究》，上海外语教育出版社2000年版，第70—71页。

② 《罗姆尼竞选广告播奥巴马向中国领导人谄媚镜头》，《环球时报》－环球网，2012年10月27日。

图1－8　奥巴马欢迎胡锦涛到访

资料来源：《奥巴马：中国人吃饱饭有房住体现人权和正义》，《城市晚报》2011年1月21日。

的功能。① 有些事实无法或者不便直接展示，借助隐喻表达则显得委婉与高雅。如碧生源常润茶的“通宿便，排肠毒”等的功能借助图1－9进行隐喻表达，则显得委婉而高雅。类似的非言语传播让不便直接表达的“事实”借助非言语符号隐喻表达，具有委婉而高雅的优势。

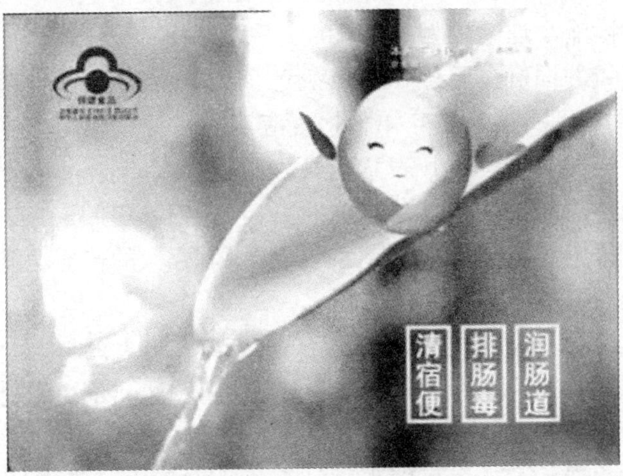

图1－9　碧生源常润茶广告

第四，大众非言语传播的隐喻功能具有简练与生动的特征。由于隐喻是通过甲类事物来说明乙类事物，因此具有表达的间接性特征，因而带有“委婉”的功能。隐喻的使用与其他修辞手段一样，具有“精练、新奇、间接和婉转等特征”② 很多传播语境下，语言中已有的一些词用来表达某些概念或现象不够精确，恰当地使用非言语传播来弥补这种不足，就产生

① 束定芳：《隐喻学研究》，上海外语教育出版社2000年版，第113—116页。

② 同上书，第113—115页。

了隐喻。隐喻的语言学功能就是“填补词汇空缺”。[①] 隐喻的认知功能，“可以起到组构、选择、推理、评价、渗透和延伸的作用，成为认知的新视角”。[②] 而大众非言语传播符号的隐喻表意可以比较简练、生动地实现传播功能。

有观点认为：“语言绝不是‘直觉语言’的一种妥协，不是真实经历的替代物。使用得当的语言本身是一种‘完成’（completion），它能完成我们感觉器官直觉本身不能完成的事。”[③] 同理，大众非言语传播也不仅仅是“直觉反映”，恰当而艺术地使用大众非言语传播符号，同样可以使其具有深刻性内涵。鲍德里亚批判图像传播的肤浅，不是大众非言语传播本身的问题，而是制作和传播的技术问题，以及理解的问题。如《南方都市报》报道“如此小树怎么承载这么大的负担”，为了说服受众，将报道的核心观点隐喻展示出来，隐喻意义简练而生动（见图 1－10）。其深刻性并不亚于言语传播，而且更加意味深远，发人深省，印象深刻。

早期的隐喻学理论认为，隐喻的实质是替代，是比较，是互动，两个分属不同义域的词语在语义上互相替代、互相比较、互相作用，最后产生新的语义。[④] 同理，大众非言语传播也应该存在替代、比较、互动的过程和方式，这样大大拓展了其表意空间。如果大众非言语传播（包括视觉传播、图像传播）仅仅停留在简单的直接“替代”阶段，自然也就限制了大众非言语传播符号的表意空间，弱化了其强大的传播功能，这也正是批判其肤浅的关键症结所在。

第五，大众非言语传播符号隐喻具有新奇与启发的特点。如尊老爱幼已经是老生常谈的话题。但是，却一直是值得关注和重视的社会问题，如何使相关话题脱离简单说教，具有一定新奇性与启发意义？《family 公益广告》形象化展示了一个家庭不同社会成员在不同阶段应该承担的责任（见图 1－11），引发思考，提醒年青一代应该承担尊老爱幼的职责。大众非言语传播的隐喻表意深入人心，引导社会舆论的良性发展。

四　不同大众非言语传播符号之间协同表意可以凸显理性

人际非言语传播具有协同性、整体性、语境性等特征，大众非言语传

① 束定芳：《隐喻学研究》，上海外语教育出版社 2000 年版，第 116 页。

② 同上书，第 144 页。

③ 同上书，第 157 页。

④ 胡壮麟：《认知隐喻学》，北京大学出版社 2004 年版，第 17 页。

92部门昨日井喷式晒"三公"

国家税务总局
去年公车消费13.7亿

海关总署公车费用4.45亿元

财政部近六成三公经费花在出国上

图 1－10　小树难以承受这么大的开支

资料来源：《南方都市报》2012 年 7 月 20 日第 A10 版。

图 1－11　央视公益广告 Family 的截图

播同样如此，其单独表意的情况不多，而是不同大众非言语传播符号之间协同表意。从非言语传播分类看，作为电视媒体，传播过程涉及人际传播的视听觉非言语传播特征，同时也具备大众传播中视觉、听觉及视听复合非言语传播特征。不同非言语传播符号之间协同表意包括以下两种情况。

视觉非言语传播符号与听觉非言语传播符号之间存在协同表意的现象。如《朝闻天下》男主播播报汶川地震、玉树地震、云南旱灾时的哽咽红眼，令观众为之感动。这就是通过视听觉非言语传播符号的协调表意，展示主播的人文关怀，塑造传播主体的媒介形象。

不同视觉非言语传播符号之间或者不同听觉非言语传播符号之间也存在协同表意的现象。

五　言语传播符号与非言语传播符号的协同表意可以凸显理性

人际非言语传播研究认为，非言语传播符号的特点使它在传播中具有的作用包括：（1）补充作用。声调、面部表情、手势等非言语传播符号，都可以用来填补、充实语言符号在传播信息时的某些不足、损失或欠缺。（2）替代作用。这是指以非言语传播符号代替言语传播符号的传播信息功能，此外，当某件事不便用言语传播符号表述或特定环境阻碍言语交流时也会利用非言语传播符号实现这种功能。（3）重复作用。有时非言语传播符号会重复言语传播符号所传播的信息含义。① 主要是强调非言语传播与言语传播之间的互动，或者说协同表意。非言语传播不可能在真空中进行，非言语传播符号需要和言语传播符号一起进行传播活动。有时候，言语传播和非言语传播是一致的（都是正面、中立，或者都是否定的）；也有时候，言语传播和非言语传播并不一致（言语传播是正面的，非言语传播是负面的，或者相反）。通常，言语传播与非言语传播一致的陈述可能是真实的，而不一致的陈述很可能具有欺骗性。

然而，一致性和准确性之间没有自然的联系。这里涉及非言语传播的表意机制问题，1969 年法国符号学家朱莉娅·克里斯蒂娃（Julia Kristeva）首次提出“互文性”（Intertexuality）概念，也有人译作“文本间性”，包括两个具体或特殊文本之间的关系（一般称为 transtexuality），以及某一文本通过记忆、重复、修正，向其他文本产生的扩散性影响（一

① 彭敏：《大众传播中非语言符号的特点与运用》，《传媒》2011 年第 11 期。

般称作 intertexuality）。[①] 互文性“既可以是不同文本之间的相互指涉，也可以指文本与特定社会、历史等语境之间的相互影响。读者在解读文本时受到所处环境的影响，这种环境既包括历史和社会等因素，又包括读者本人及政治环境等意识形态领域的因素”。[②] 总之，“互文性的特点在于，它指引我们了解一种新的阅读方式，使得我们不再线形地阅读文本”。[③]

如“肩并肩——2012”菲美联合军演的参加国家在拓展，军演地点和时间也比较敏感，美国、菲律宾和中国成为舆论关注的焦点，其他参加国也是各有企图。在这样的背景下，国际话语权的争夺尤为关键。而类似事件复杂多变，依靠单篇新闻文本很难反映社会现实的真实全貌，从互文性角度解读新闻真实不失为一种比较好的方式。

（一）大众言语传播与非言语传播同向表意

很多情况下，大众非言语传播与言语传播是一致的。大众言语传播与非言语传播同向相互补充对方之不足，也存在大众言语传播与非言语传播同向强调。央视新闻频道，“我的父亲母亲”新闻公益行动，如果单纯用言语传播则可能显得宣传气息比较浓，受众形成的心理印象不清晰。但是，电视新闻配发相关失智老人的生活实例，让受众对于失智老人实际生活状况有了更加真切的感受。

2012 年 3 月 9 日，人民网转载《环球时报》韩硕的文章《美菲军演四处遭抗议》，如何证实这一事实？报道通过图片显示大批菲律宾民众 3 月 7 日来到马尼拉的美国大使馆门前举行示威，反对美菲军演及美国亚太军事介入的不断加强。9 日，文章《菲律宾女性举行示威　谴责菲美联合军演》，则用四张高清照片报道 3 月 8 日菲律宾女性在马尼拉举行示威游行谴责菲美军演。口罩及标语写着“美国军队，马上离开”。报道 13 日菲律宾民众前往美国驻菲大使馆抗议菲美军演，还引用东方卫视视频报道，《菲律宾民众抗议示威　要求美军“滚出去”》，形象直观，真实可信，证实了菲美联合军演不得人心的事实。

深圳卫视 2012 年 11 月 22 日对钓鱼岛事件的报道也是借助大众非言语传播提升传播功能的。报道称：韩国总统李明博取消原本有望在 19 日前后东亚峰会期间举行的和日本首相野田佳彦会谈，印度总理辛格也决定

① 黄念然：《当代西方文论中的互文性理论》，《外国文学研究》1999 年第 3 期。
② 童之侠：《英国〈卫报〉涉华报道分析》，《现代传播》2011 年第 3 期（总第 176 期）。
③ ［法］萨莫瓦约：《互文性研究》，邵炜译，天津人民出版社 2002 年版，第 83 页。

推迟15日访日的行程，俄罗斯总统普京也以“没时间”为由，拒绝了野田佳彦12月访问俄罗斯的安排，[①] 并配发野田佳彦尴尬的表情（见图1－12），言语传播与非言语传播实现同向表意。

图1－12 野田佳彦坐“冷板凳”

（二）大众言语传播与非言语传播逆向表意

大众言语传播与非言语传播也存在不一致的现象，这里需要区分这种表面上的不一致可能存在传播者有意为之和无意为之两种情况，具体分析如下。

首先，大众言语传播与非言语传播的无意逆向矛盾，暴露事实。如2011年10月17日《菲律宾每日询问者报》在《美、菲开始军演》文中报道前美国驻菲律宾大使弗兰克·威斯纳的言论，“美国响应阿基诺总统的计划与马来西亚和菲律宾进行演习，重建菲律宾的军事能力”。这些报道中，“互惠互利的行动”及“重建菲律宾的军事能力”的行为却招致本国民众的反对，矛盾之中透射出事实的真相。通过不同新闻照片、视频和文字稿之间的不一致，逆向反证了一些荒谬观点的偏差。

其次，大众言语传播与非言语传播的有意逆向表意，隐喻观点。上述美菲军演四处遭抗议，并要求美军“滚出去”的照片和视频也从另一方面逆向反证了如菲政府四处传播“遭受中国欺负”等一些观点的虚假性。人民网“肩并肩——2012”菲美联合军演专题报道将不同国家相关报道的观点放在一起进行比较，通过全方位、多角度、多种符号间的互文关

① 《野田坐上“冷板凳”多国取消会面安排》，《深圳卫视》2012年11月22日。

系，最终构建比较可信的、客观的媒介真实，引导社会准确认知非政府的真实意图，让受众自己得出结论。传媒效果研究注重有效传播而容易造成对伴随文本等似乎无效信息的忽视，互文性就是一种不被直接检测到，却影响传播效果的因素，这样的传播模式在国际传播中尤为重要。

尼尔·波兹曼认为大众非言语传播无法进行抽象意义的传播，“摄影本身无法再现无形的、遥远的、内在的和抽象的一切”。[①] 如“在照片的词典里也无法找到可以表现‘真理’、‘荣誉’、‘爱情’、‘谬误’这些抽象概念的词汇”。[②] 批判理论的局限性在于将大众非言语传播和言语传播简单孤立地分析，讨论大众非言语传播的不足，却忽视了大众非言语传播与言语传播的互文表意机制和隐喻表意机制。大众非言语传播在缺失隐喻表意和互文表意的情况下，只能成为言语传播的附庸，流于简单地美化传播环境的功能。如图 1－13 所示，乍一看，这是一幅风景画，再仔细看，其实是男人（阴天）在和女人（晴天）接吻。这个图叫作阴晴爱情，是埃及一个古老的传说：男人是阴，女人是晴。阴晴相遇并融合在一起，才会化成一幅美丽的风景。这样的视觉传播对于爱情的诠释远超越简单的文字表述，让文字的表述显得很苍白。

图 1－13　阴晴爱情

综上，认为大众非言语传播无法传递抽象的内涵，只是后天传播实务

① ［美］尼尔·波兹曼：《娱乐至死》，章艳译，广西师范大学出版社 2004 年版，第 96 页。
② 同上。

的不足，而不是大众非言语传播自身的先天性不足。

六 结语

尼尔·波兹曼批判视觉传播等非言语传播只是对客观事物的直接“反映”，缺乏理性，这样的论点值得商榷。言语传播研究存在叙事学理论，大众非言语传播是否也存在叙事学特征？李咏吟的《形象叙述学》具有一些启发意义。非言语传播符号与文字符号都属于传播符号，都具备符号的意指关系，两者只是传播方式不同。大众非言语传播具备一般符号的独立表意功能，还具有隐喻表意、与言语传播符号的互文表意等丰富的表意机制。这样的表意机制是其免受“肤浅”批判的关键因素。

尼尔·波兹曼还批判“电视对话会助长语无伦次和无聊琐碎……电视只有一种不变的声音——娱乐的声音”。[①] 这样的批判是对于电视娱乐化的极端认知，支持该结论的理由是“成千上万的图片，稍纵即逝而斑斓夺目。正是电视本身的这种性质决定了它必须舍弃思想，来迎合人们对视觉快感的需求，来适应娱乐业的发展”。[②] 针对这样的批判，应该分清是大众非言语传播本身的先天性不足，还是具体传播活动的不足。而后者在具体传播过程中是可以规避的。

批判电视娱乐化不是非言语传播本身的先天性不足，是传媒商业化属性等多方面因素导致的，而后者在具体传播过程中是可以规避的。非言语传播无法传递抽象的内涵，同样是后天传播实务的不足。所以，需要全面对待非言语传播的特征，有效发挥其传播优势，丰富传播方式，推动传播效果。

① ［美］尼尔·波兹曼：《娱乐至死》，章艳译，广西师范大学出版社 2004 年版，第 106 页。

② 同上书，第 120 页。

第二章　内隐与外显：受众对大众非言语传播的需求心理

受众心理是传播活动的风向标，是影响传播功能的深层次因素。“使用与满足理论”认为受众需求具有多元性特征，不同的受众对于大众非言语传播的需求同样存在多样化倾向，这些也将影响传播功能的实现。研究认为，“单纯的语言是没有意义的，语言的力量来自所有参与者承认并接受语言中所体现的共识，并以此认识世界”。同样，“单纯的诠释也是没有意义的，诠释的力量来自‘谁进入言辞的中心，谁就最有可能赢得最多的朋友，影响最多的人’,[①] 来自诠释的合理化、合法化，可以导致将来行动的合理化、合法化”。[②] 可见，传播功能的实现不仅是看传播的广度和深度，关键是看是否“进入言辞中心”，并对受众心理的认知和利用。所以，新闻传播活动不能忽视受众的信息接受习惯和接受心理，只有对受众有足够的认知，才能够“进入言辞中心”，才能够使新闻传播活动“合理化、合法化”。而受众心理对于大众非言语传播的态度将直接影响大众传播功能的发挥状况。本章将分别阐述受众的不同心理特征需要大众非言语传播，以证明大众非言语传播存在的必要性和重要性。

第一节　受众的认知心理需要大众非言语传播

传播与心理相互联系，相互影响。学者林之达认为传播与心理是相互依存的“夫妻”关系，外界传播信息注入心理系统“母体”内，让其“受精、孕育、分娩”，才能最终产生传播效果。在此过程中，信息接受者通过传播活动收集、选择、整理、传送信息给心理系统，心理系统把选取的信息转化为心理能，再将心理能转化为社会行为，也就是我们能够看

---

① ［美］罗宾·洛克夫：《语言的战争》，刘丰海等译，新华出版社2001年版，第62页。

② 曾庆香：《新闻叙事学》，中国广播电视出版社2005年版，第188页。

见的传播效果，即“传播的两级效果论”[①]。可见，传播与心理的相互依存性，如果撇开心理，孤立地考察传播，或撇开传播，孤立地考察心理，都势必影响研究的全面性、准确性和系统性。[②] 认知心理学注意模式中的反应选择模型（Response Selection Model）同样符合媒体传、受者的注意心理过程。影响传者注意质量的因素很多，除传者的态度、兴趣、身体状况、知识、经验，还应该受限于受众的注意对象[③]，有些非言语传播符号具有动态性、新奇性，比言语符号更容易引起受众注意。

概言之，传播与心理相互联系，相互影响，输入信息刺激受众心理，并产生心理变化，形成心理能，再外化为行动。传、受关系外化为传、受行为的互动，内化为传、受心理的相互影响，是传、受双方心理与行为互动的交织，最终实现不同的传播功能。大众非言语传播符号丰富了传播手段，但是没有改变传播功能的实现模式，仍然是传播与心理互动产生传播功能。

一 受众的一般认知心理需要大众非言语传播

受众的一般认知心理需要大众非言语传播，如传播心理学的选择性理论（选择性接触、选择性理解、选择性记忆）凸显非言语传播的优势，再如集体无意识心理等也需要大众非言语传播。

（一）大众非言语传播更容易引起受众的注意

从心理学角度看，注意具有三个基本特征：注意的选择性、注意的持续性、注意的转移性。其中注意的选择性是指人只注意并选取众多刺激信息中的一部分信息；注意的持续性是指根据人的目的与意愿，对某刺激信息较长时间内保持不变，并且不受其他刺激信息的干扰而分心；注意的转移是指根据人的需要，将注意从某刺激信息转移到另一个刺激信息。[④]大众传媒需要吸引受众的注意力，如动态信息比静态信息更容易引起注意，声音的变化更容易吸引注意，彩色的材料比黑白的材料更具有吸引力等。这时候，大众非言语传播也许不一定传递实在信息，但是，可以通过增强

① 林之达：《传播的两级效果论》，《社会科学研究》2005 年第 2 期。

② 林之达：《传播与心理的关系考察》，《西南民族大学学报》（人文社会科学版）2009 年第 9 期（总第 217 期）。

③ 陈竹、张琦：《传受注意心理管窥》，《现代传播》2010 年第 8 期（总第 169 期）。

④ 梁宁建：《认知心理学》，上海教育出版社 2003 年版，第 86 页。

言语传播受吸引程度，或者保持相关言语传播信息的受众注意长度，提升言语传播的功能。如新闻学的“三步五秒”规律就是这个道理，报纸头版头条大标题、照片的视觉冲击力等的吸引力是言语传播影响受众的前提条件。

心理学研究认为，人在同时关注多个刺激信息的时候，人脑内部存在一个类似过滤器的功能，从而限制认知系统，使注意只接受某些刺激信息，拒绝另外一些刺激信息。[①] 正是由于注意过滤器的存在，使受众在特定时间内只能依次专注于一个刺激信息源，而刺激信息包括刺激的强度、刺激的新异性等物理特性，决定其能否通过这个注意过滤器的把关。这里所讨论的刺激信息的物理特征主要是色彩、造型、动态性、副言语等大众非言语传播符号。综上可见，大众非言语传播符号对于受众的注意效能具有重要影响。

当然，大众非言语传播符号刺激功能也存在一定的局限性。特瑞斯曼的注意衰减器理论认为，“注意的选择性不仅依赖于刺激信息的感觉特性，而且还依赖于刺激信息中的意义（语义）特征，而对刺激信息的意义分析是在信息加工的较后阶段进行的”。[②]所以，大众非言语传播符号可以吸引受众的注意。但是，真正长期吸引受众关注还要靠传播信息内容本身的重要性和受众的兴趣，这些主要由言语传播符号完成。

大众非言语传播符号的直观性特征可以适度降低言语符号信息的理解难度，提升吸引受众注意的特质。而对于一些特别直白的言语信息则可以通过大众非言语传播符号的隐喻性，增加隐蔽性，吸引受众注意。心理学研究表明，过于简单的刺激信息会让受众感到审美疲劳。而过于复杂的刺激信息则容易让受众产生畏难情绪而不予注意。[③] 这也给大众非言语传播带来更多启发：大众非言语传播需要保持适度的复杂程度，过分简单或复杂都不利于传播功能的实现。

感觉登记阶段需要大众非言语传播的参与，“当我们在感觉登记中储存时，刺激就受到前注意分析（preattentive analysis），前注意分析决定刺激的一些物理特征，如音高、强度等。作为前注意分析的结果，选择性过滤器决定哪些刺激接受进一步加工。未被选择的刺激基本上被关掉，不再

---

① ［美］贝斯特：《认知心理学》，黄希庭等译，中国轻工业出版社2000年版，第38页。

② 梁宁建：《认知心理学》，上海教育出版社2003年版，第93页。

③ 参见梁宁建《认知心理学》，上海教育出版社2003年版，第107页。

接受进一步精锐化”。[①] 在此过程中，包括视觉或听觉的刺激程度都会影响信息接受。进而言之，不仅是视觉形象登记，整体的感觉登记都需要大众非言语传播符号的参与。只有感觉登记才能够把环境中的刺激信息在人脑中保留一段时间，供人脑对其中的重要信息进行更精确的加工与处理。否则，一些信息在视觉登记环节就被屏蔽掉了。

大众非言语传播符号还影响相关信息的记忆过程（见图 2－1）。图像记忆和声像记忆都是感觉登记主要的信息编码形式，视像记忆又称为图像存储，“是指视觉器官识别刺激信息的形象特征并暂留与保持一个生动视觉图像的过程”。[②] 声像记忆又称为声像存储，“指在短时间内保持听觉信息的存储过程”。[③] 听觉非言语传播符号同样影响感觉登记，“语音具有四个物理特性：音调、音强、音长和音色”。[④] 即使同样的言语传播信息，由于不同的语音物理特性也可能导致感觉登记的不同效果。视觉和听觉信息的暂时储存都需要借助大众非言语传播符号的积极影响，才能够顺利通过感觉登记环节，为后面的知觉加工做好准备工作（见图 2－1）。值得注意的是，短时记忆存储听觉或视觉刺激只是几秒钟的时间，而且容量有限。而长时记忆主要存储语义信息，而且时间不限。所以，大众非言语传播和言语传播各有所长，需要互补，才能更好地实现传播功能。

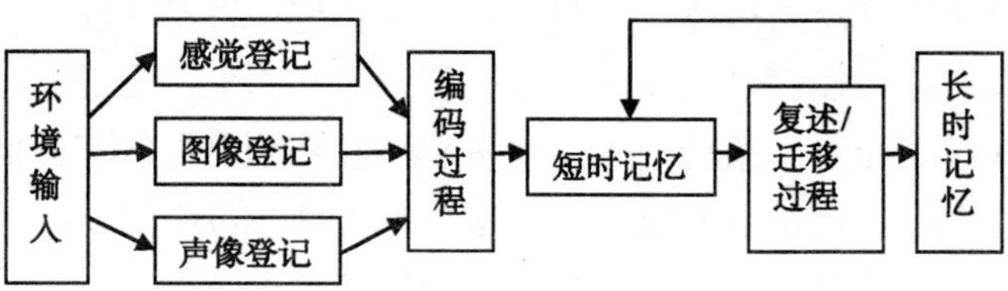

图 2－1　扩展的记忆信息三级加工模型

资料来源：梁宁建：《认知心理学》，上海教育出版社 2003 年版，第 128 页。

可见，即使接触同样的信息，不同受众心理在编码过程中也可能造成信息的改变。大众非言语传播信息在通过感觉登记、图像登记及声像登记这一环节时比较关键，影响和决定后面信息加工的内容资源。但是，大众

① ［美］贝斯特：《认知心理学》，黄希庭等译，中国轻工业出版社 2000 年版，第 38 页。
② 梁宁建：《认知心理学》，上海教育出版社 2003 年版，第 115 页。
③ 同上书，第 118 页。
④ 同上书，第 245 页。

非言语传播自身也存在不足或风险，即如何转入短时记忆以及长时记忆？在记忆编码过程中还需要言语符号积极参与，借助其承载的语义信息转入长时记忆。李阳的《疯狂英语》在一定程度上就是发挥听觉非言语传播符号的特殊传播功能，提高音量，强化对大脑皮层的刺激，提升受众英语记忆效果的。

（二）大众非言语传播影响受众的理解

大众非言语传播影响受众的理解，如色彩表意影响受众的理解。大众非言语传播提供适宜理解的环境。研究认为，红色使人情绪兴奋，而蓝色则使人情绪比较沉静。[①] 因此，播报重大突发事件新闻时，多使用红色新闻标题、修饰新闻画面或装饰演播室，让人情绪紧张，并对该新闻信息记忆深刻。如《今日说法》、《道德与法》等法制节目，经常借助拍摄镜头的快速抖动，突然出现的巨大音响等制造紧张气氛，增强节目的悬念感和紧张感。再如央视《2012 直通春晚》宣布成功晋级选手名单前，加入模拟心跳的音响增强现场紧张感。通过类似的非言语传播符号影响受众对传播信息的理解。

对色彩的冷色与暖色分类是一种心理错觉。红光和橙黄色光的波长比较长，让人感觉暖和。而紫色光、蓝色光和绿色光的波长比较短，给人寒冷的感觉。但是，这种心理的冷暖感并不是客观物体的真实温度，而是受众的视觉接受产生的心理联想所致。[②] 如《今日说法》等栏目的背景是蓝色调，给人冷静，催人思考。新闻传播过程中，结合报道内容的特点恰当搭配相应的颜色，会给受众不同的心理感觉，从而影响受众的信息接受效果。

大众非言语传播降低传播内容的理解难度。一些数字新闻通过大众非言语符号进行直观化处理，避免抽象的数字。如 2012 年 11 月 10 日的央视《新闻直播间》栏目的《聚焦十八大 · 数字十年：丈量国运　测量民生》报道就是变言语传播的抽象为非言语传播的具象形式。国运与民生之间的关系，以及民生状况让普通老百姓很难直观感觉到，也不容易理解。但是通过图示展示老百姓日常生活中的“两免一补”，以及通过黄色箭头向下虚行，直观地展示中小学减轻负担则形象生动，更容易为普通受

① 严峰、李川：《色彩传播在电视演播中的运用》，《东南传播》2007 年第 11 期。

② 同上。

众所理解。类似的数字新闻采用非言语传播形式，降低受众的信息接受难度，提升了传播效果。

（三）非言语传播影响受众的记忆

大众非言语传播影响受众的记忆，如加拿大认知心理学家托尔文（Tulving）提出了两类永久性记忆的划分方法，即情节记忆（episodic memory）和语义记忆（semantic memory）。“情节记忆是自传式的、个人性质的，对背景的影响比较敏感。”① 语义记忆与情节记忆相对，“通常按照类别或其他如类属、总括等抽象规则进行组织”。② 情节记忆需要更多非言语传播符号的参与，记忆更立体、生动。语义记忆则更多需要言语传播符号的参与，即大众非言语传播更利于提升情节记忆的效果。

首先，声音、图像比文字更利于短时记忆。非言语传播具有情境性，记忆效果更好。研究认为，图形、图像比文本阅读的智力门槛低，语言文字和影像之间因抽象语言符号和具象语言符号带来的信息记忆深度各不相同。同时，比起声音记忆，图像记忆的优点是短时记忆容量大，同时，转化为长期记忆的重复次数少，信息遗忘慢。③ 即视觉记忆比听觉记忆效果更好，而声音、图像比文字更利于记忆。可见，大众非言语传播符号对于刺激信息的记忆具有重要作用。

其次，记忆分三个不同阶段，大众非言语传播符号在此过程中，也影响传播功能的实现。认知心理学把记忆分为三个记忆系统：瞬间记忆系统（又称为感觉登记系统）、短时记忆系统和长时记忆系统。瞬时记忆也叫感觉登记或感觉记忆，是外界刺激信息通过感觉器官，以感觉痕迹的形式在人脑中暂时保存，由于是没有经过加工处理的原始状态，具有鲜明的形象性。④ 大众非言语传播符号，特别是视觉非言语传播符号更具有视觉表象特征，输入受众大脑，形成受众心理表象的过程相对简单，甚至直接转入表象记忆，而且不易变形，传播效果更好。所以，大众传播应该尽可能多地采用视觉非言语传播或者听觉非言语传播，这也是传媒文化非言语转向的理论依据之一。

从信息加工角度讲，人的思维活动过程是对信息加工与转换，产生新

---

① ［美］贝斯特：《认知心理学》，黄希庭等译，中国轻工业出版社 2000 年版，第 98 页。

② 同上。

③ 黄雅堃：《情色视像传播之心理污染动因探源》，《现代传播》（双月刊）2008 年第 6 期。

④ 梁宁建：《认知心理学》，上海教育出版社 2003 年版，第 111—112 页。

的心理表征，思维活动需要借助概念，也要借助表象来进行。“表象是人脑对以前感知过的事物形象的反映，是过去感知事物痕迹的再现，是感知到思维过渡的重要环节和桥梁。”[①] 受众对于大众传播信息进行思考分析的过程中，同样需要借助相关表象的参与，思维过程完成后也会形成特定心理真实的表象形式。如对上海世博会的认知是通过上海世博会相关报道的视觉表象构建自己内心的心理真实，形成自己对于上海世博会理解后的形象。

二　受众认知心理的变迁需要大众非言语传播

在印刷传播时代，人们的认知活动主要是通过书本学习、老一代的口口相传及其他多种途径。随着媒介技术的进步，视听觉传播提供的认知方式更能够让受众直观地认知相关信息，可以跨越时空界限，让受众真切地感受多种知识和信息。如凤凰卫视的纪录片《世纪老人张学良》，声情并茂地回顾张学良的人生轨迹，张学良及其夫人的言语表达及语气、语调、神态等多种非言语传播符号，让受众印象深刻，从而对张学良的认知更加准确。同样，《三毛死亡之谜》中的采访录音，让受众倾听作家三毛生前的谈话，借助听觉非言语符号让受众重温历史，认知相关事实。读图时代与视觉传播的兴盛强化了非言语传播的传播优势。媒体图像传播的过程也是社会文化传播的过程，受众在接收并感知这些图像与信息时，呈现出各种心理状态。

受众心理是说服性传播的“风向标”，传播环境的巨大变化导致受众接受心理的新变革。大众传播正被分众传播、小众传播乃至个人化的传播方式所取代。新时期受众心理变迁需要大众非言语传播。

马斯洛（Maslou）的需求理论也可以帮助我们理解大众非言语传播的现实需求。心理学家马斯洛认为人类存在两类不同的需求，“一类是低级需求，包括生理上的需求和安全上的需求。另一类是高级需求，包括情感、尊重和自我实现方面的需求。低层次的基本需求得到满足以后，其激励作用就会降低，优势地位将不再保持，这时高层次需求就会取代它，成为推动行为的主要原因”。[②] 现在基本生理需求等低级需求已经得到满足，需要相对高级的情感、尊重等需求，大众非言语传播更适合满足高级

① 梁宁建：《认知心理学》，上海教育出版社 2003 年版，第 253 页。

② 参见百度百科，http：//baike. baidu. com/view/690053. htm。

需求。

大众非言语传播迎合受众的审美心理需求，娱乐、好奇心理。新闻媒体从品牌标志到内容包装，无不体现审美趋向，而非言语传播符号起到至关重要的作用。视听符号的合理组合才能够有效刺激审美主体的感官，才能产生审美生理上的快感与精神情感的愉悦。生活节奏的加快，社会转型期的适应等都使人们承受很大的心理压力，相比传统媒体，网络空间的多元娱乐资源、自由的使用方式等更容易满足人们的心理需求，网络媒体释放心理压力的作用更加凸显。同时，受众对网络新鲜事物的敏感与好奇逐渐增强。文字、图片、色彩等各种形式的非言语传播更能够满足受众的娱乐好奇心理。明星照片、视频、漫画新闻等趣味横生。

当然，现代传播环境里，信息过剩和受众注意力的紧缺成为传播过程中的主要矛盾。为了利润的最大化，媒体必须吸引更多受众。于是，一些媒体选择了“超越种族、阶级、政治和意识形态背景的那些迎合普遍人性的东西，比如钱、性、血腥、犯罪、简单的感官享乐等”。[①] 这些内容的传播给受众带来畸形的满足感。

总体上，受众更趋于消费大众非言语传播，也推动大众非言语传播的发展。

（一）大众媒体的变迁凸显大众非言语传播的重要性

研究者认为中国电视媒体存在社会化、娱乐化、分众化及全球化的发展趋势。[②] 市场经济背景下，整个中国新闻传播媒体都具有类似特征，原来单纯的喉舌功能开始逐步增加了社会服务功能，包括舆论监督、服务大众、娱乐生活等多元社会功能。同时，市场竞争驱使娱乐类内容占据媒体的比例日渐攀升，非娱乐类内容具有娱乐化倾向。受众需求的多样性和多变性也推动传媒的分众化、时尚化、平民化与情感化趋势。[③] 在这一变化过程中，大众非言语传播使用的比例也在日益增加，使用方式也在不断创新。

有研究者从内容生产角度，将新中国成立后中国电视发展历程分为以“宣传品”为主导、以“作品”为主导和以“产品”为主导三个阶段。

---

① 李凌凌：《新时期受众心理变迁和舆论引导》，《新闻与写作》2005 年第 11 期。

② 李新民：《中国电视大趋势》，华夏出版社 2006 年版，第 75—206 页。

③ 郑欣：《变迁中的电视受众心理及其社会属性分析》，《南京师范大学学报》（社会科学版）2009 年第 6 期。

与之对应，电视媒体的受众也分为受教育者、观赏者、消费者。认为当前的电视受众已经不是仅满足于收看好电视，而是“用”好电视、“玩”好电视。“对收视行为的意义、价值有重新的考量，对节目内容的创新性有更多的要求，对电视的先进性、实用性有更全、更高、更强的需求。”①电视消费者消费的不仅是言语信息，也包括大众非言语传播信息。如30年以来《春晚》在舞台设计、灯光、服装、镜头……诸多非言语传播方面的创新更是吸引电视受众的关键点。

按照“使用与满足”理论分析，新时期大众使用媒体的方式和目的不同，期望得到满足的类型也存在差别。在这种情况下，对于大众非言语传播的需求日益强烈，如直播的需求，3D效果、互动传播等的需求都是对大众非言语传播向人际非言语传播回归的潜意识地期盼。

（二）受众需求的变迁凸显大众非言语传播的重要性

受众接受新闻信息的心理需求出现变化，这些变化也凸显大众非言语传播的重要性。

第一，自主选择意识增强，这就要求充分发挥大众非言语传播优势，尽量原生态地呈现新闻事件本来面目，让受众自主解读。即新闻传媒必须以“平视”的而不是“俯视”的姿态、必须以“益友”的而不是以“训导者”的姿态对待受众。②

第二，受众参与新闻传播的意识增强。传、受角色界限不是很明显了，受众有更多机会参与信息的采集、制作、播出等。信息采集、传播设备的大众化为受众参与新闻传播提供更多参与机会，大众非言语传播为受众提供便利，手机、DV等随时拍摄，记录生活中多姿多彩的情节。这时候，不需要专业的文字写作能力，更多的是现场的画面、声音，这些丰富的非言语传播符号经过大众传播，为大众提供参与新闻生产和传播的机会。

第三，受众容易接受微观叙事。微观叙事是相对“宏大叙事”而言的，宏大叙事是宏观关注事关社会整体发展的各种事件，强调对群体的关怀。但是，忽视对个人的细节关注。微观叙事则主要从细微处关注社会个体，或者微观层面的社会发展状况，显得琐碎。但正是这些让有些人看来

---

① 周建新：《中国电视受众角色嬗变及新时期电视受众收视需求分析》，《现代传播》2010年第6期（总第167期）。

② 陈立生：《当代受众的新闻接受心理》，《当代传播》2005年第1期。

显得“肤浅”甚至“庸俗”的叙事，才真正与普通大众的生活息息相关。微观叙事更注重大众非言语传播反映新闻事件的微观细节。如2012年两会期间，博文《晒一晒两会代表们的手提包》就是用特写镜头聚焦代表们的手提包，不过多评价，却意味深远。

第四，注重对新闻事件的近距离接触。媒体的新闻报道，需要近距离还原新闻事件的现场。大众非言语传播相对客观地呈现新闻事实，或者感觉上客观、相对全息地呈现新闻本来面目。需要大众非言语传播符号的参与，让新闻传播更具有细节性特征，更符合事件的真实环境和原生态。

第五，渴望轻松娱乐，追逐视听快感。现代社会具有的开放性、流动性、短暂性特征，也常常令人焦虑，需要释放和消解。需要大众媒体以通俗化、娱乐化的方式，呈现新闻叙事的“视觉化”和“现场感”。

中国电视受众收视需求研究认为，“处在这个特定时代和特定社会关系中的中国电视受众，其收视需求也因此与以往有所不同，他们在精神层面、意义层面、价值层面、文化层面、科技层面等有更多更高的要求”。[①]十七届六中全会提出文化体制改革，注重文化产业的发展，凸显了文化产业的独特优势，大众媒体的商品属性、产业属性日益受到重视。文化产业的发展依靠“创新力”，提升“新鲜感”。而在此过程中，大众非言语传播是重要手段和发展路径。

电视具有贴近性、关联性、真实性和亲切感等优势主要也是依靠大众非言语传播实现的，而且报纸、广播等媒介同样可以实现这一功能。如2008年北京奥运会前期，世界关注中国奥运的一个焦点就是刘翔。美国《时代周刊》封面刊登刘翔的照片，无疑牵动世界体育爱好者的注意力，也让中国受众倍感亲切。

在当前开放、多元的文化生态中，外来文化与本土文化、传统文化与现代文化、雅文化与俗文化、主流文化与大众文化等交织在一起。大众传播需要帮助受众找到文化归属感，体验到文化认同感。[②]“媒介即讯息”，不同的传播媒介本身都给受众带来不同的信息。如电视屏幕从黑白到彩色，信号从模拟到数字，传输手段从无线到有线再到卫星传播，技术进步给媒体塑造更加逼真的“拟态环境”提供技术保障，特别是大众非言语

① 周建新:《中国电视受众角色嬗变及新时期电视受众收视需求分析》,《现代传播》2010年第6期（总第167期）。

② 同上。

传播的合理使用。

同时，传统媒体存在时间或空间的局限，受众参与大众传播的机会很少。而网络媒体突破这些限制，受众自主选择自己喜欢的新闻内容。由过去被动地接受信息，转变为主动地、有选择地使用媒体信息，具有强烈的参与心理需求，对新闻信息的判断能力也逐渐增强。受众更加强烈的主体意识需要大众非言语传播。新媒体环境下，言语表达存在一定难度，编写麻烦。而非言语传播采集、复制、转发都比较简单，容易操作。如上海静安区大火等突发事件，草根群体的照片、视频报道十分重要。

当然，大众非言语传播也存在负功能的情况，裸体京剧就是一个案例。2012 年 10 月，某摄影师以戏曲造型为载体而创作了系列摄影作品“裸体京剧”。在网上有《三打白骨精》、裸体京剧《盘丝洞》、《薛仁贵征西》、《牡丹亭》等图片。《牡丹亭》整个画面充满暧昧和挑逗的色彩。《空城计》、《杨门女将》的照片与其说是裸体京剧照，倒不如说是性爱图片。① 这是大众非言语传播负功能的体现，是利用大众非言语传播的优势实现变异的传播意图。

第二节　跨文化传播心理需要大众非言语传播

美国学者马丁·雅克在《当中国统治世界时》中认为，如果说英国曾经是海上霸权，美国是空中和经济霸权的话，那么，中国将是一个文化霸权的国家。且不说此观点备受争议，至少提醒我们应该重视中国文化及其影响力。全球化趋势推动跨文化传播（intercultural communication）的盛行，即指来自不同文化背景的人之间所进行的交际，包括言语传播（verbal communication）和非言语传播（nonverbal communication）两种途径。跨文化传播趋势也凸显大众非言语传播的重要性，非言语传播作为跨文化传播的一个重要组成部分，与言语传播互为补充，共同推动跨文化传播的健康运行。从心理学的角度讲，“跨文化沟通就是在跨文化交流过程中，沟通双方传递和共享意义、信息、感情的过程”。②

霍尔在《无声的语言》中感叹：“我们在和外国人交往中遇到困难的

① 《裸体京剧玷污国粹　遭网友狂吐槽》（视频），http://sc.sina.com.cn/fashion/wanggo/2012-10-26/114337138_2.html。

② 彭凯平、王伊兰：《跨文化沟通心理学》，北京师范大学出版社 2009 年版，第 4 页。

原因往往是我们对跨文化交际的了解甚微……进行有关别国的语言、历史、政治和习俗方面的培训只是整个培训计划的第一步，介绍世界各国非言辞性语言（nonverbal language）也具有同等重要的意义。它存在于世界各国和各种群体之中。大多数美国人只是隐约意识到这种无声的语言，尽管他们每天都在使用这种语言。"[①] 其实"我们除了用有声的语言来表达思想外，还经常使用无声的语言——行为的语言来交流自己的真实情感。对这种语言，其他民族有时也能够给予正确的解释，但更多的时候解释是错误的"。[②] 非言语传播在跨文化传播中的重要性和现实困境可见一斑。

非言语传播具有生物性，也即各文化之间的共性特征，同时具有文化性特征，即人们在特定的社会环境中后天学习养成的独特性。为了避免在跨文化交流中因为互相不了解而造成障碍，考察不同文化间非言语行为的差异性成为重要研究对象，同时也增加了文化的多样性。准确而恰当地运用非言语传播可以达到三个方面的目的：（1）保持交际完整。（2）丰富交际情感。（3）树立良好的交际形象。[③] 大众非言语传播在跨文化传播中可以降低跨文化传播障碍，彰显文化软实力，并且可以塑造传播输出国的国家形象。

一 大众非言语传播降低跨文化传播障碍

非言语传播具有生物性和文化性特征。从生物性特征看，基于人类的共同生理机制，不同文化背景的非言语传播具有一定的共性和普遍性。非言语传播"涵盖了某种交流情境下的所有非言语刺激因素，这些刺激因素是通过信源及其对环境的利用产生的，并且对信源或信宿具有潜在的信息价值"。[④] 如心情愉快时都会面带微笑，而悲伤时都会情不自禁地哭泣；遇到危险或威胁时都会流露出恐惧的神情；听到哀乐都会产生悲哀、沉痛感觉等。在最初的跨文化交流中，语言传播无法进行，这种非言语传播的

---

① ［美］霍尔·爱德华：《无声的语言》，刘建荣译，上海人民出版社 1991 年版，第 2—3 页。

② 同上。

③ 张丽娜：《探析非言语交际的文化意义及在跨文化传播中的差异》，《现代传播》2010 年第 10 期。

④ ［美］拉里·A. 萨默瓦、理查德·E. 波特：《跨文化传播》（第四版），闵惠泉、王纬、徐培喜等译，中国人民大学出版社 2004 年版，第 146 页。

共性和普遍性构成了跨文化传播进行的基础和前提。[①] 所以，“非言语传播对于那些旅居陌生文化环境之中、外语能力又有限的人显得尤为重要”。[②]

由于地域不同、文化和语言的不同，非言语传播符号在跨文化交流过程中起重大作用。特别是随着传播符号的人性化、简约化、准确化趋势，视觉非言语传播符号在跨文化传播中的作用日渐明显。“不同的国家、地域、肤色、年龄、不同语言的人们，通过进行视觉信息的传播、观察及体验，跨越语言不通的障碍、打破彼此禁锢、消除文字不同的阻隔，凭借对‘图’（包括图像、图形、图案、图画、图法、图式）的视觉共识获得理解与互动，最终达到情感沟通和文化交流。”[③]言语传播和非言语传播作为跨文化传播的两种手段，相互补充，缺一不可。非言语传播可以传递丰富、复杂和微妙的信息，甚至可以起到言语传播所不可能起到的作用。非言语传播信息传输是全方位的，除了对言语传播具有辅助和补偿功能外，也最能真实反映传播者的内心思想意愿，和言语传播相互补充、相得益彰。

跨文化传播中的非言语传播可能导致跨文化传播障碍和人际关系不和谐。因此，只有重视非言语传播，充分认识不同文化圈在非言语传播方面的共性和个性特征，才能增强跨文化传播中的非言语传播能力。非言语传播需要基本的文化背景为基础，同样的非言语传播符号在不同文化领域存在很大差别。因此，对于不同文化的基本认知是非言语传播的前提和基础，大众非言语传播同样如此。

伴随着全球化的不断深入，跨文化传播已成为摄取信息的一条重要渠道。跨文化传播能力培养的重要性已获得了广泛认同。虽然，并不是所有非言语传播符号都是各国通用，存在部分差异，“一般人认为‘副语言’，即非词汇性的话语成分，例如声高、语气。伴随语言的手势、表情等，像似性很强，各国通用。其实其中有很大的规约性”[④]。但是，还是存在很

---

① 徐小明：《跨文化非言语交际论析》，《贵州师范大学学报》（社会科学版）2010 年第 4 期。

② 刘双、于文秀：《跨文化传播——拆解文化的围墙》，黑龙江人民出版社 2000 年版，第 81 页。

③ 穆阳、王丰、王家民：《视觉符号在跨文化传播中的价值研究》，《艺术与设计》2009 年第 1 期。

④ 赵毅衡：《符号学原理与推演》，南京大学出版社 2011 年版，第 86 页。

大程度的相通性。

如中国网络电视台“德班气候大会”专题采用蒙太奇手法，将中国和国外的环境情况对比，隐喻中国环境保护工作卓有成效，中国对环境问题的解决方案具有合理性和可行性。[①] 同时，配发一张世界各地的环境恶化图景，环境问题的重要性不言而喻。而中国的绿色图，塑造中国注重环保而且效果明显的国家形象（见图 2 -2）。

图 2 -2　中外环境对比

会议的结果至关重要，预测三种可能的结果，配上一幅烟囱污染下的一群秃头的树林（见图 2 -3），喻指会议在少数发达国家的阻挠下的结果，传递出对会议结果的担忧。中国立场和各国立场的对比，传递出中国的美好形象。让各方立场对比，促使受众联想各国在会议幕后的利益之争。

跨文化传播中的大众非言语传播符号存在不一致性，这是不容回避的客观存在。针对这种情况的策略是，回避影响交际的一些非言语传播，使非言语传播的差异性控制在双方都能接受的范围内。同时，不必太在意对方非言语传播策略和本土非言语传播的差异。并有意识地调整自己的非言

① 《为了明天——2011 南非德班世界气候大会》，http://news.cntv.cn/special/2011dbqhdh/shouye/index.shtml。

图2-3　“德班气候大会”结果预测

语行为，使之趋近于对方。[①] 这些非言语传播的原则类似于周恩来提出的处理国际问题的“求同存异”原则，其最终目的是实现非言语传播在跨文化传播中积极意义的最大化。

上述案例充分发挥各国对色彩的比较相近的认知规律优势，以及对各种地区动物面临生存危机时的状况的认知等，直观地反映世界环境问题的严重性，以及中国的立场，即利用大众非言语传播符号的相通性降低跨文化传播的障碍。

二　大众非言语传播彰显本土文化的软实力

最早提出“软实力”一词的美国学者约瑟夫·奈认为，“软力量是通过吸引而非强迫或收买的手段来达已所愿的能力。它源于一个国家的文化、政治观念和政策的吸引力”。[②] 同时，新闻传播强调全面、客观、真实，对外传播更是如此。文化背景的差异可能使不同受众之间的相互了解存在一定的难度。如何做到新闻传播的全面、客观、真实？至少需要大众非言语传播符号的有效参与。如果言语传播存在明显偏见，实在让人难以接受，而大众非言语传播则可以彰显文化的软实力。

韩振峰认为提升国家文化软实力，需要十项措施：“发展文化生产力、增强文化凝聚力、强化文化感染力、增进文化传承力、拓展文化吸引力、激发文化创造力、提高文化竞争力、提升文化传播力、扩大文化影响

① 马征、徐海宁：《非言语行为与跨文化交际》，《中外社科论丛》2006年第1期。

② ［美］约瑟夫·奈：《软力量：世界政坛成功之道》，吴晓辉，钱程译，东方出版社2005年版，前言第2页。

力，以及加大文化保障力等。”① 而如何提升文化的感染力、吸引力、传承力、竞争力等需要大众非言语传播符号有效参与：没有视觉非言语传播符号如何用语言描述长城的宏伟？没有听觉非言语符号的参与如何展示京剧唱腔的魅力？所以，大众非言语传播能够比较全面地彰显本土文化的软实力。

（一）大众非言语传播的“隐蔽性”提升文化软实力

多夫曼和马特拉在《如何解读唐老鸭：迪斯尼卡通的帝国意识形态》一书中认为：“迪斯尼卡通能够成为美国帝国主义的强大意识形态之工具，原因也在于它在小孩观赏之际显得无害而有趣。”② 影视文化传播研究者认为多夫曼和马特拉的分析在一定程度上也正揭示了美国对外文化软实力的真谛，即借助图像语言的编码来实现的，而且这种经过图像语言再现后的美国是一个天真无邪、美轮美奂的世界，而整个符号建构过程是在无声无息中进行的——这就是软实力的威力之所在。③ 这种“无害而有趣”特征不仅仅体现在视觉非言语符号的参与，还应该体现在听觉非言语符号的参与。美国文化软实力在很大程度上得益于大众非言语符号的参与并营造出“无害而有趣”的氛围，即具有隐蔽性特征。潜移默化中对他国观众施以文化影响。这是传媒文化软实力的优势所在，也是提升国家文化软实力的最佳选择策略。④ 大众非言语符号的参与，才更加具有“自然性”和“隐蔽性”优势。

（二）大众非言语传播的“逼真感”提升文化软实力

赛义德认为：“文化所普遍流通的并不是‘真实’而是再现，是运用许多手法表现、指示、交流信息、再现等。在至少是书面语的任何一种情况下，被传达的在场是没有的，有的只是重现的在场，或曰再现。”⑤ 这些表现手段不仅是视觉符号，还应该包括听觉非言语传播符号，是大众非言语传播符号的有效组合，塑造逼真的“真实感”。

在多元文化并存的语境下，跨文化传播应根据不同地域的文化特征，

---

① 韩振峰：《提高国家文化软实力的十大举措》，《理论导报》2008 年第 4 期。

② ［英］汤林森：《文化帝国主义》，冯建三译，上海人民出版社 1999 年版，第 81 页。

③ 参见肖帅《论影视传媒的文化软实力》，《求索》2011 年第 1 期。

④ 肖帅：《论影视传媒的文化软实力》，《求索》2011 年第 1 期。

⑤ ［美］爱德华 · W. 赛义德：《赛义德自选集》，谢少波等译，中国社会科学出版社 1999 年版，第 21 页。

发挥非言语传播优势，体现自己民族的特色，彰显本土文化软实力。差异性的符号更具有国际性，比如用龙、京剧脸谱、长城、功夫、熊猫等标志中国；用风车、郁金香标志荷兰；牛仔、自由女神指示美国；相扑、樱花指示日本等。这些都具有指示性和民族性，让具有浓郁民族特色的非言语传播内容成为跨文化传播的闪光点。如大型动感激光秀《徽州千古谜》2012 年 7 月 17 日在安徽省黄山市花山谜窟风景区激光秀剧场首演（见图 2-4)。这是一台将全彩激光、裸眼 3D、多媒体、升降舞台等科技手段与歌舞有机结合的现代大型综合秀，历时两年创作，总投资约 1.2 亿元。用大量的大众非言语符号合理组合，营造出神秘而美妙的徽州文化内涵。

图 2-4　大型动感激光秀《徽州千古谜》演出现场

《人民日报·海外版》2012 年 7 月 10 日第 8 版报道旅游，是宣传中国的文化软实力，配发图片展示《印象·刘三姐》的视觉魅力和中华文化的软实力（见图 2-5)。

第三节　传媒文化转向心理需要大众非言语传播

20 世纪 60 年代以来，文化研究出现了诸多“转向”思潮，诸如“后现代转向”、“美学转向”、“批判转向”、“解释转向”、“文化转向”等，其中“图像的转向”（the pictorial turn）有人归纳成“视觉的转向”（the visual turn)，即以语言为中心的文化，日益转向以视觉为中心的文化。南京大学周宪教授援引米尔佐夫的观点认为，“后现代的日常生活已经被彻底视觉化了，是一个海德格尔所说的‘世界图像时代’，或是德波所概括

图 2－5 《印象 · 刘三姐》剧照

资料来源：《人民日报 · 海外版》2012 年 7 月 10 日第 8 版。

的‘景观社会’。在这种社会，日常生活的方方面面都被视觉化了”。[①] 所谓视觉文化是指“文化脱离了以语言为中心的理性主义形态，日益转向以形象为中心的感性主义形态，以影像媒介实施传播而形成的一种文化形态和传播形态”。[②] 视觉文化时代的传媒不可避免地需要适应大环境的变化，调整自身的发展轨迹，适应受众审美及接受心理的变化。而视觉传播基本上隶属于大众非言语传播，一定意义上，可以理解为大众非言语传播的转向。

美国学者米歇尔认为西方文化“历来把语言活动视为心智活动的最高形式，是理性的活动；相反，视觉图像和视觉感知则是一种对观念进行阐释的次等形式，是低一等和靠不住的。因此，‘图像的转向’实际上是向‘语言学转向’提出了挑战，它深刻地动摇了语言（尤其是言语）的霸权地位”。[③] 但是视觉传播的影响力日渐强大是一个不容忽视的事实。

当代传媒文化开始从言语主因型向图像主因型转变，传媒文化也深受影响。1990 年，中国新闻界提出的“图文并茂，两翼齐飞”的办报方针，是对新闻照片的重视，更是对传媒文化的视觉转向的应和。视觉转向对主体的认知方式产生了重大影响，人们依赖图像来理解和解释世界的趋势日

① 周宪：《反思视觉文化》，《江苏社会科学》2001 年第 5 期。

② 孟建：《视觉文化传播时代的来临——对一种文化形态和传播理念的诠释》，首届中国传播学论坛论文，2001 年 12 月。转引自唐大勇《文化转移：申奥陈述片的视觉传播》，《现代传播》2003 年第 1 期。

③ 周宪：《视觉文化的转向》，《学术研究》2004 年第 2 期。

益明显。当代视觉文化转向的趋势主要表现为："视觉性已成为文化的主导因素……图像压倒文字的发展趋向，视觉文化与感性的、直观的和快感的文化存在内在联系……随着视觉技术的进步，人的视觉在不断延伸，可视性要求不断攀升，新的视觉花样层出不穷。"①

本书认为，可以将言语与图像化为两类。但是，认为文字是理性的符号，而图像是非理性符号，还是有些武断。比如，早些时候的象形文字其实是由图像慢慢演化成的，这一过程其实是由图像向文字逐步抽象演变的过程。如毛泽东重庆谈判时候的照片《挥手之间》所代表的内涵非常丰富，远远不是简单的一幅肤浅的照片。而如今一般的博文，虽然洋洋洒洒，却也可能只是肤浅的生活琐事。所以，文字或者图像都具有意指关系，其所指的内涵深刻性与传、受者所处的环境，以及传播语境关系巨大，理论上都可以具有丰富的内涵。图像传播的肤浅性不是图像本身的不足，还涉及图像传播者及受众的媒介素养。因此，简单地断言图像传播甚至其他大众非言语符号感性或肤浅显得还比较武断。前文讨论大众非言语传播的隐喻表意功能，同样可以说明大众非言语传播的深刻性特征。

一　传媒文化的视觉转向趋势明显

视觉文化转向优势明显。首先，视觉文化简洁的图形是快速识别与认知的基础。将信息内容转化为人们熟悉的简洁图形更适合人们的认知。信息时代，受众接收的信息数量剧增，如何让受众在短暂时间内认知事实，需要简化的视觉图形吸引受众并很快传递事实的基本内涵。

其次，视觉文化生动的图像是引起关注产生记忆的条件。生动的图像容易吸引视觉器官，并作用于思维，产生对物质的记忆。图形图像作为视觉符号，"以感性主义形态呈现了视觉文化传播的直观形式"，"与文字符号相比，视觉符号的直观性、易读性、生动性等特点使它更具视觉冲击力"。② 刺激受众眼球是信息传播的第一步，也是关键一步。人类传播文化的符号方式繁多，但是，总体上都归属于言语符号和非言语符号。两者各有优势，应相互补充，协调表意，共同实现传播功能。

再次，视觉技术催生视觉符号的变迁。有些学者总结了视觉技术经历

---

① 周宪：《视觉文化的转向》，《学术研究》2004 年第 2 期。

② 胡家宁：《现代传播中的视觉符号探讨》，《扬州大学学报》（人文社会科学版）2006 年第 6 期。

的四个重要的发展阶段：第一阶段是15世纪透视技术和观念成熟以前的古代艺术阶段；第二阶段是机器时代之前的透视阶段；第三阶段是机械化和工业革命的现代时期，照相技术的发明，形象的大批量生产和复制成为可能；第四阶段是20世纪60年代以来，计算机、数码影像和虚拟空间的出现。[①] 认为视觉技术的进步或变革趋势是从实在论（美学上的模仿论、再现论或现实主义）向超实在论的转变。数码技术推动下的“虚拟现实”提供给受众一个全新的视觉世界，也冲击人们对视觉理念的彻底改变，即各种图像合成和复制技术使传统视觉的本真性和权威性荡然无存。[②]

最后，受众可视性需求与视觉快感欲望不断攀升。视觉技术的进步不断地延伸人的视觉范围，可视性要求与视觉快感欲望不断攀升催生层出不穷的视觉传播方式。图像传播速度的提高不仅及时快捷地呈现着世界各地的场景和事件，而且空前地提高了人们对视觉图像把握的速度，也改变了我们关于时间和空间的观念和感受，各项新的技术发明极大地提升我们眼睛的感受能力，即麦克卢汉提出的媒介就是“人的延伸”。[③] 视觉传播的需求在不断增强，视觉传播研究已进入正轨，如2002年6月，复旦大学建立复旦大学视觉文化研究中心（Research Center for Visual Culture of Fudan University），视觉传播及视觉传播教育在全国范围开始发展。

二 传媒文化的非言语特征日趋强势

前文分析可见，传媒文化的视觉化趋势已经明显，其实，受众除了开始更加喜欢视觉文化，对于听觉非言语信息也日益重视和喜爱。虽然还不敢断言说当前文化已经进入非言语传播转向，至少文化的非言语传播特征日趋明显。具体到传媒文化同样如此，如网络神曲《忐忑》的盛行，表明受众不仅满足言语传播的内容，更注重非言语符号的听觉非言语传播和视觉非言语传播的交相呼应所塑造的冲击效果。网络神曲《忐忑》的火爆不仅是演唱者的夸张表情等视觉非言语符号所传递的丰富内涵，更是因为听觉非言语传播符号的刺激效果。媒介文化的载体不仅是视觉上的，更需要听觉非言语符号的积极参与，传媒文化非言语转

---

① Marita Sturken and Lisa Cartwright, *Practices of Looking: An Introduction to Visual Culture*, Oxford: Oxford University Press, 2001, p. 116.

② 参见周宪《视觉文化的转向》，《学术研究》2004年第2期。

③ 周宪：《视觉文化的转向》，《学术研究》2004年第2期。

向的趋势初露端倪。

（一）传播技术推动非言语传播形式创新

3D 电影《阿凡达》、《泰坦尼克号》，3D 电视等的出现让大众媒介更具人际非言语传播的真实感。视听复合、动静结合的非言语传播符号构筑更加逼真的拟态媒介环境。甚至静态的报纸也在做大胆的尝试，3D 报纸的出现就是很好的例证。2010 年 3 月 9 日，比利时一家日报在其世界版向读者推出“3D”版面，在名为 La Derniere Heure 的报纸 3D 版上，所有的图片和广告经处理形成三维效果，读者可以透过眼镜看到千变万化的版面，就像看 3D 电影那样。同年 4 月 16 日，中国首份“3D 报纸”《十堰晚报》问世。2010 年 6 月 1 日，《安徽商报》推出中国第一份 3D 报纸广告。2010 年 6 月 9 日，《扬子晚报》针对 2010 年南非世界杯推出 3D 号外版，戴上 3D 眼镜可以感受梅西就向你冲了过来，以及足球宝贝仿佛触手可及的视觉效果。就目前情况看，“3D”报纸高昂的制作费用很难进行市场推广，但是至少显示出传统媒体对非言语传播方式的多种尝试，是一种媒介补救理论推动下的发展趋势。

再如，网上世博会虚拟空间给网民带来的实际感受。世界博览会 150 多年历史一直是以实体场馆的方式进行展览。但是，世博会场馆分布广、展示内容多、时间跨度大等特点限制其不可能通过电视直播的方式对现场进行连续的实况转播，世博会的价值还需要进一步开发利用。中国 2010 年上海世博会推出“网上世博会”项目，发挥三维虚拟技术优势，在网上展示世博会场景，实现宣传、引导、展示、教育等多种功能。同时，其体验馆可以进行旋转、放大、缩小展项等操作，以生动形象的方式对实体世博会进行“延伸”和“补救”，全球网民网上即可体验世博会盛况，从而拓展了实体世博会的价值链。

同理，网上红色旅游的盛行也是发挥大众非言语传播的拟态性优势，扩大红色旅游的影响效果。2011 年 5 月 16 日，由中宣部宣教局、中央党史研究室宣教局、团中央宣传部、中国文明网、中国网络电视台共同组织的“寻访革命足迹，弘扬民族精神”网上红色旅游活动拉开序幕。

广电媒介文化的非言语转向体现在如连线采访、多演播室联动的播报形式的多种创新，让受众真切感受到事件及事件报道时空距离的拉近。同时，非言语传播转向还体现在自媒体的突发事件视音频现场报道。草根视频、音频的大量使用，使现场真实的、原生态的非言语信息更具有冲击力和现场感。如CNN的“I Report”，社交网络的火爆，微传播的盛行，自媒体非言语符号的日渐丰富和传播功能的强化等也都喻示着传媒文化的非言语传播转向趋势。

（二）受众需求拉动非言语传播内容的增多

“报纸消亡论”是受众需求心理变迁的外在表征，也是传统印刷大众非言语传播弱势的体现。传媒报纸如何更好地满足新时期受众需求？从大众非言语传播角度思考对策更有新意。如报纸照片使用量与日俱增，版面语言日益丰富，编辑手段的鲜活多变，以及3D报纸等创新形式都是从大众非言语传播角度的积极探索。

广电媒体现场同期声的使用量与日俱增，电视媒体具体、生动、逼真的动态视听形式具有通俗化和娱乐化特征，使观众在轻松自然的状态中获得视听享受。网络媒体深入生活的程度超前，深度影响受众的生活和工作。从符号传播方式看，言语传播在能指与所指之间具有很大的复杂性，还需要受众解读传者传播符号的丰富意义，在这一复杂的信息解读过程中还可能存在诸多偏差。而视听觉非言语传播让受众直接感受新闻现场的环境要素，无须过多的信息解读过程，不仅简化信息传、受过程，更降低了传播过程的信息误差。

电视媒体强化传输文本的图像化和视听觉快感，也催生印刷媒体新闻叙事尽可能地“视觉化”、“现场化”。大量采用非言语传播符号成为现实，并将趋于强化。湖南卫视“超女”火爆，多元的唱法，个性的才艺表演，奇怪的装束等所谓的“视觉盛宴”都是吸引受众的筹码。所以，传媒文化的非言语转向日渐明显。其他相亲类节目、选秀类节目，甚至包括春晚都显示出浓厚的非言语传播特色。再如美国“第二人生”等网络游戏更是依靠大众非言语传播符号塑造更加逼真的“拟态环境”，以吸引网民的积极参与。

综上所述，传媒文化的视觉转向已经为理论界所认可，并且，已经付诸实践。进言之，从传播符号看，当前的传媒文化不仅是视觉非言语传播符号大行其道，其他非言语符号同样备受追捧，即传媒文化的非言语转向趋势渐趋明显。

第四节　受众其他特殊心理需要大众非言语传播

前文所述，受众心理是传播的“风向标”，受众心理决定传播的方向。特定语境下，如突发事件报道、监督性报道、群体性事件报道、重大仪式化景象的传播，以及常见的体育报道、娱乐报道等受众心理存在变化，传播也应该有所调整，而大众非言语传播的独有优势，可以提升传播效果。

一　突发事件报道需要大众非言语传播

第一，突发事件的受众容易形成群体心理，需要大众非言语传播。所谓群体心态，即“群体成员特有的自我意识和判断力的丧失、注意力的窄化、力量和信仰的强化这样一种心理经历”，“聚集成群的人会完全丧失自己的意志，本能地转向一个具备他们所没有的品质的人”。①而大众非言语传播的直观性、声情并茂等更容易为此时的受众所接受。

第二，突发事件期间受众的“心理应激”需要大众非言语传播。公共危机的高度关联性和不确定性使危机状态下的信息接收和传递特点容易导致流言传播。心理应激是指“个体在特定的情景中被引发出来的具有较高激动水平或持续紧张的情绪状态”。而公共危机时的公众心理需要危机信息，信息的公开畅通是安定人心的关键，也是消除流言爆发的重要手段，更是缓释受众心理的重要渠道。此时的心理引导要以事实为基础，信息的及时、有效地公开是缓解危机心理冲击的关键因素。②人们面对危机时容易感到不知所措，需要相关信息来告知并解释危机状况，恢复心理平衡，控制焦虑和情绪紊乱，从而使社会个体积极寻求各种解决问题的方法。而大众非言语传播更具有新闻的真实感，更容易说服受众。如地震报道，新传播技术使受众不但主动地寻求信息，自主地解读信息，还积极利用自媒体传播信息。同时，大众非言语传播迎合了受众的信息解读需求，“人们不愿意再去解读文本文字，而是更加偏爱于视觉符号。在相同的时间空间，视觉符号所传达的信息量远远多于文本文字”。③其他非言语传

---

① 何晶：《从群体心理的视角看媒介说服》，《中国青年政治学院学报》2003 年第 6 期。

② 蔡静：《公共危机中的心理需求与流言传播》，《当代传播》2011 年第 4 期。

③ 李仁臣、曾庆香、高世屹：《论新闻图像与受众的对话》，《新闻大学》2006 年第 1 期。

播莫不如此。受众思维方式和认知方式的转变，影响舆论引导方式的选择和引导效果。

第三，我国社会转型期的各种社会矛盾导致群体性事件频发，影响社会稳定和可持续发展。而媒介技术的迅猛发展给群体性事件传播提供了丰富的传播渠道，致使传统把关功能失灵，自媒体以及现实人际传播成为群体性事件信息传播的主渠道。多元的社会舆论更容易激化社会矛盾，形成媒介事件。并且，非言语传播手段的使用深度影响受众的事实认知、情感体验和态度观点，并最终影响社会舆论运行。这样的传播模式给政府的舆论引导带来巨大挑战，同时也为舆论引导提供一定的启发和借鉴意义。

二 监督报道需要现场大众非言语“噪声”证实

监督报道需要确凿的证据，才更具有说服力。监督报道应该讲求真实性原则。真实是新闻的生命，舆论监督事关社会稳定，尤其需要真实，有理有据。而且应该让受众感觉到真实特征，即具有“真实感”。而大众非言语传播的直观可证性更具有真实感，说服力强。

一方面，监督报道需要借助大众非言语传播证实监督问题的真实性。如环境2012年7月新闻报道，福建省上杭紫金山铜矿湿法厂污水池发生渗漏，造成汀江流域局部污染。配发图2－6，形象直观，现场可证，利于发挥监督功能。

图2－6 紫金矿业污水池渗漏致汀江局部污染

资料来源：《中国十大恶性“环保杀手”事件》，《21CN财经》2012年7月3日。

另一方面，监督报道需要大众非言语传播进行后续的情感抚慰报道。《焦点访谈》节目在播出一些监督报道后，在后续报道中会跟进报道，反映有关部门或个人针对报道问题的处理情况。这样，借助大众非言语传播直观展示整改效果，也是给受众一个交代，安抚受众由此产生的不安情绪。如果说监督报道是引起社会关注，推动问题解决，那么跟进报道则是给受众以信心，重树对有关部门、整个政府甚至国家的信任。此阶段大众非言语传播的证实作用同样不容忽视。

三　仪式传播需要大众非言语传播营造神话环境

约翰·费斯克认为，仪式就是“组织化的象征活动与典礼活动，用以界定和表现特殊的时刻、事件或变化所包含的社会与文化意味”。[①] 仪式传播是“通过仪式表达象征意义和传递信息的传播活动”。[②] 而仪式传播过程不仅是言语传播，更是大众非言语传播构建仪式过程的独特氛围。仪式本身就传递丰富的文化意义，因为仪式本身也是文化媒介，“其本身传递着丰富的隐喻、象征意义和该地域内群体的文化心态、价值规范等信息”。[③] “仪式传播”关注仪式本身的传播现象，哈布瓦赫认为“仪式是由一套姿势、言辞和以一种物质形式确立起来的崇拜对象构成的”。[④]

有研究者认为仪式传播具有“凝聚社会、融和情感、增进团结、传承文化、提供意义、确认秩序、构建和谐等功能”[⑤]。本书结合大众非言语传播特点分析认为，仪式传播具有如下功能。

（一）大众非言语传播呈现仪式的现场感，传承文化

现实的仪式活动过程具有全景式的展示特征，在进行媒介化过程时，仪式符号由仪式的主办方或发起者进行符号化过程，“这个层次的符号系统主要表现为符号象征意义的定义和表达”。[⑥] 如2012年春晚开始部分以家庭为单位的演唱环节，营造“家和万事兴”的象征意义；被人称为“淡定哥”的邓鸣贺手提大红灯笼、唱着童谣为晚会开场；零点敲钟时，“小福娃”“开门纳福”以及众多的锣鼓、龙、金黄色、大红色等都隐喻

---

① ［美］约翰·费斯克：《关键概念：传播与文化研究辞典》，李彬译，新华出版社2004年版，第243页。

② 樊水科：《乡村仪式传播初探》，《新闻知识》2009年第8期。

③ 同上。

④ ［法］莫里斯·哈布瓦赫：《论集体记忆》，毕然，郭金华译，上海人民出版社2002年版，第195页。

⑤ 张兵娟：《全球化时代的仪式传播与国家认同建构——论国庆阅兵仪式的传播意义及价值》，《郑州大学学报》（哲学社会科学版）2010年第9期。

⑥ 汤筠冰：《国家仪式的视觉转向及其传播的路径转型》，《江苏行政学院学报》2010年第4期。

中国春节仪式的现场感。

仪式传播过程中，视觉、听觉非言语传播符号的选择、组合、编排都在以不同的方式突出和强化仪式过程的传统知识，起到传承传统仪式知识的功能。视听符号的直观展示给后人提供模仿的机会。仪式传播借助视听大众非言语符号烘托真实感十足的现场气氛，而电视媒体视听复合的传播特性更能满足这一需求。如音乐、音响等听觉非言语符号在仪式传播过程中具有重要作用，“声音符号不仅与视觉符号一同构成了仪式传播的重要载体，也成了象征文化意义、结构仪式篇章、激发受众情感的重要载体”。[1] 如春晚的威风锣鼓，提升过年的热闹气氛；2008 年中国北京奥运会开幕式的烟花则凸显大国的太平盛世，场面宏大的群体演出展现了悠久中华文化的魅力以及新时期的国力强盛。

（二）大众非言语传播赋予仪式过程的神圣感，彰显实力

如央视春晚安排零点钟声的活动，时钟走动的声音、全场倒计时的喊声等让人在充满神秘感的紧张气氛中等待；国庆阅兵仪式上国家领导人的神圣感、奥运会开幕式国际奥委会主席宣布开幕的过程，以及运动员入场等都是赋予仪式传播一种神圣感。下面分析一下央视新闻频道《国庆 60 周年特别报道》中以大众非言语传播塑造神圣感的策略。

首先，多变的镜头赋予仪式过程的神圣感。多次仰拍，使拍摄对象如人民英雄纪念碑等在广阔的蓝天映照下，倍感高大雄伟，彰显了神圣感。仰拍仪仗队官兵，并特写军靴着地的过程，与稳健、有序的踏步声搭配，官兵的威严得到有效塑造。胡锦涛主席乘坐的检阅车出现，采用仰拍镜头聚焦胡主席严肃的表情，凸显仪式的神圣感。俯拍镜头的使用则囊括更多的拍摄对象，体现仪式的宏大场面，赋予仪式的神圣地位。

其次，选择不同色彩烘托仪式的神圣感。节目的片头是金黄色字体“盛典”以烘托仪式的神圣感。在中华文化的语境下，金黄色象征皇家、华贵等内涵。现场的红地毯、鲜艳的花朵等烘托出现场的神圣气氛。

最后，不同听觉及视觉非言语传播符号烘托仪式的神圣感。仪式开始的轰鸣的礼炮声拉开仪式的序幕，三军仪仗队指挥官高亢的指挥声，坚实

---

① 张谦：《论电视媒介仪式传播中的音乐话语实践》，《现代传播》2011 年第 11 期。

而稳健的脚步声等无不彰显军人的威严，从而烘托了仪式的神圣感。升国旗时全场唱国歌，通过镜头聚焦国家领导人及现场官兵等严肃的表情，阅兵总指挥房峰辉以高亢的声音向胡主席汇报并请检阅，这些都凸显了仪式的神圣感。节目主持人的解读也是高亢昂扬，充满激情，凸显神圣氛围。而且，即使是无声也能够很好地烘托神圣气氛，如胡锦涛主席开始阅兵前，有一段时间现场一点儿声音都没有，安静的现场更让人体会到仪式的神圣感，并期待这一时刻的到来。

（三）大众非言语传播增强仪式的社会认同感，凝聚社会

仪式传播是一次集中回顾和强化社会认同感，增强社会凝聚力的机会。国庆阅兵仪式是对一个国家国力，特别是军事实力的展示，是激发和强化国家向心力的过程。大众媒介选择其中典型性的视听觉非言语传播内容，能够振奋人心，形成具有凝聚力的“集体效应”，即“在价值离散、观念多元的流动社会中，仪式往往被认为带有意识形态传播意图”。[①] 当然，也存在一些异化现象，如对“传统”、“秩序”的守护以及过分依赖流程的严密性来形成权威的实践特点，使得媒介庆典容易变成“附庸化形式”，以及庆典的过度商业化开发，也会消解其应有的社会公益价值，过度强化“集体效应”容易忽略“个体化的发展”等，但是，大众非言语传播整体上仍具有上述功能。

四　体、娱报道需要大众非言语传播凸显现场感

受众接受体育、娱乐类信息的重要目的就是一种精神享受，需要大众非言语传播烘托现场气氛。如针对中国选手易思玲摘得伦敦奥运会首枚金牌的报道，印刷媒体多配发相关静态照片展示比赛现场及获奖者胜利时的表情，帮助受众建构鲜活的心理真实。但是，听不见获奖者激动的表情和声音，及比赛现场的气氛和颁奖现场的环境信息等。真实性毫无怀疑，但是真实感明显不足。

广播媒体则选择性地加入听觉非言语符号，塑造新闻真实感。如《新闻和报纸摘要》的相关报道加入比赛现场的呼喊声，颁奖时的国歌声，采访对象的真实谈话，以及国际奥委会主席罗格对易思玲夺金

① 麦尚文：《仪式传播视野中的“媒介庆典”——以 CCTV〈感动中国〉节目为例》，《现代传播》《中国传媒大学学报》2010 年第 4 期。

的评价，以及赛后国务委员戴秉国看望中国队运动员，与中国射击队总教练王义夫的谈话实况等。① 这些讲话不仅利用言语传递新闻事实，其语速、语调，甚至声音本身更是凸显新闻的真实感和现场的真实气氛。

而电视媒体的相关报道更具有真实感，如上海东方卫视等报道中加入比赛过程、现场观众等众多非言语信息。解说员说，“现在让我们屏住呼吸，来看看最后一枪”，传递了现场的紧张氛围。获胜后现场的欢呼声、飘扬的红旗……更是激起人们的积极情绪，新闻的真实感强。

网络媒体相关报道加入新闻照片，也有用视频报道，都以不同方式凸显现场真实感。中国新闻网《易思玲：有种当明星的感觉　但不考虑进娱乐圈》，配发图片，传递易思玲比赛时的现场表情。网易体育《易思玲射落奥运首金　最美第一金“改变创造奇迹”》报道，在赛后采访中，易思玲坦承“知道自己拿了冠军，就没能忍住眼泪，实在是控制不住，之前的压力太大了”（见图2－7）。相比之下，视频类报道所使用的非言语符号特别丰富、全面。

图2－7　易思玲比赛现场，夺得首枚金牌现场，赛后喜极而泣的场景

象征符号的作用在于“使不能直接被感觉到的信仰、观念、价值、情感和精神气质变得可见、可听、可触摸”。② 上述报道中，中华人民共和国国歌声、国际奥委会主席罗格、国务委员戴秉国、中国射击队总教练王义夫等都可以理解为象征符号，凸显易思玲这枚金牌的重要性。上述报道抓取射击、成功的喜极而泣、观众的情绪、颁奖现场等不同场景帮助受

① 《中国选手易思玲摘得伦敦奥运会首枚金牌》，“新闻和报纸摘要”，中国广播网，2012年7月29日。

② ［英］维克多·特纳：《象征之林》，赵玉燕，欧阳敏，徐洪峰译，商务印书馆2006年版，第48页。

众建构相对完整的心理真实。静态非言语符号的不足是只能选择少数非言语符号传递现场信息。优势在于选择典型瞬间，可以片面化代表事件的全过程，给受众留下深刻印象，所谓“瞬间永久”。电视媒体的非言语符号传递信息比较丰富，是报纸、广播等媒体无法完整传递的，不同媒介都凸显各自的优势及劣势。

体育、娱乐活动中类似的视觉、听觉非言语传播符号尤其丰富，这些也是受众关注的重点。新闻报道中利用“噪声”制造真实气氛，体育、娱乐新闻正是借助各种大众非言语传播符号塑造逼真的“拟态环境”，才会让受众体验到现场的娱乐氛围，这也是体育、娱乐新闻的“卖点”所在。

娱乐类新闻同样如此，如《中国好声音》节目中四位导师的现场相互逗乐，增加节目的娱乐色彩，不同选手表演时的各种表情等都需要借助大众非言语符号进行传递，提升现场的视听效果。再如龚琳娜表演《忐忑》的夸张而丰富的表情及各种声音的演绎，加上镜头的处理及音乐的配合，这样的视听效果更能够让受众得到娱乐的享受。相反，很难想象印刷媒体如何报道，才能凸显其特色。本书分析大众非言语传播相关案例也只能展示视觉静态的非言语符号，相关的表述同样倍感无能为力，这也验证了大众非言语传播功能的独特性。

第三章　肖似与扭曲：大众非言语传播参与塑造媒介真实

——大众非言语传播视角挖掘“拟态环境”的隐蔽性

针对新闻真实，学界一直有不同的见解和表述，按照不同的标准可以分成不同类别，如现象真实与本质真实、宏观真实与微观真实、整体真实与局部真实等。如果按照新闻传播流程可以将新闻真实分为三个前后衔接的阶段：一是客观存在的社会真实；二是媒介对社会事实反映的媒介真实；三是受众对社会真实的认知得出的主观真实，即受众的心理真实。[①]与此相类似，杨保军将新闻真实过程分为：本源真实、再现真实、理解（解读）真实[②]，即社会真实是新闻真实的本源，是本源真实；媒介真实是一种再现的真实，是用媒介符号对本源真实的一种反映；受众真实则是受众对媒介真实的一种理解所得。同样，安东尼（Adoni）、梅耶（Mane）提出客观真实、符号真实和主观真实。“客观真实：不容置疑的真理，不需验证、也无法验证；符号真实：以符号来描述的真实；主观真实：个人对真实的了解与信仰。”[③] 这三者关系紧密，“符号真实所代表的就是媒体的内容，而新闻从业人员是把社会真实（新闻事件）转换成符号真实（媒体内容）的生产者。影响受众对外在世界的认知。由此，我们可以知道一般受众都是透过符号的建构来了解客观真实”。[④] 值得注意的是，新闻工作者制作新闻时是否能够忠实反映事实，还涉及新闻记者的能力和态度。

---

① 钟蔚文：《从媒介真实到主观真实》，台湾正中书局 1992 年版，第 1 页。

② 杨保军：《新闻真实论》，中国人民大学出版社 2006 年版，第 107 页。

③ Adoni and Mane, *Media and the Social Construction of Reality*: *Toward an Integration of theory and research* , *In Communication Research*, 1984 , p. 327. 转引自李永健《大众传播心理通论》，中国传媒大学出版社 2008 年版，第 37 页。

④ 李永健：《大众传播心理通论》，中国传媒大学出版社 2008 年版，第 39 页。

既然新闻传播是用符号再现不在场的新闻事件，而传播符号包括言语符号和非言语符号。大众非言语传播对于新闻真实同样具有很大影响。讨论新闻真实也不能忽视非言语传播的作用。事实的言语表述在事实流转过程中存在很大变化，非言语符号同样几经增删和扭曲。所以，从非言语传播视角审视新闻真实的本源真实、再现真实、理解（解读）真实三阶段特征，将对理解新闻真实具有独特的启发。

新闻真实的对立面是虚假新闻、新闻失实以及拟态环境等。其中拟态环境是针对媒介真实比较典型的批判理论，而拟态环境对现实环境存在偏离，不仅因为内容制作的言语偏差，也可能是新闻作品制作过程中非言语传播符号的扭曲。

本章将先整体梳理新闻真实的基本内涵，然后从新闻真实的实现过程，分析非言语传播在不同过程中的特征和作用。再具体到媒介真实阶段，阐述大众非言语传播符号在构建真实感和真实性过程中的独特作用。并在上述分析基础上，思考从大众非言语传播视角，探讨提升新闻真实的对策。

第一节　显性肖似：大众非言语传播显性影响新闻的真实感

新闻真实需要一个实现过程，即社会事实转化为新闻媒介的真实、再由受众接受新闻传播信息，转变成心理事实。通常情况下，大众传播者比一般受众更容易直接接触到社会真实，大众媒体新闻人的职责是将自己接触到的新闻事实转化为媒介真实。这时有两种手段可以为社会事实转化为媒介真实服务，即大众言语符号和大众非言语符号。其中，言语符号比较抽象，概括能力强，更适合全面、深入反映社会真实的本质特征。而大众非言语传播符号更容易反映局部的、微观的现象真实，营造新闻的真实感。

大众媒介遮蔽了部分非言语传播，如报纸遮蔽了听觉非言语符号和视觉动态非言语符号，广播遮蔽了所有视觉非言语符号，电视媒体遮蔽了体触等直接人际传播符号。但是并不影响传媒界对于传播技术进步的追求，通过媒介进化增加部分大众非言语符号，借助大众非言语符号的“噪声”构建肖似的媒介“拟态环境”，烘托新闻的真实感。研究认为，信息传播过程中存在两种噪音：一种是传播过程中迫不得已存在的噪声，当然应该尽量避免；还有一种噪声"是一种重要的风格因素，有些艺术家就有意暴露制作痕迹中的'非内容'因素"体现真实感。[①] 新闻报道中利用这种"噪声"制造真实气氛，凸显新闻报道的真实感。

一　视觉静态非言语传播符号烘托新闻的真实感

视觉静态非言语传播符号多数在印刷媒体中使用，电视、网络媒体中也存在，如印刷媒体常用的非言语传播符号包括编辑的版面语言、色彩、图片、留白等，其中图片包括新闻照片、绘画、图示、图饰等，图示包括统计图表、示意图和新闻地图等。如果版面编辑图片运用得当、设计完美，充满个性、富有特色，能给人美的享受，形成强烈的视觉冲击力，提升整体内容的传播效果。

2012 年夏季，世界各地受暴雨影响的场景，新闻媒体无须太多的言语，通过镜头定格不同地区暴雨场景：红色的雨衣，浑浊的雨水，雨中的各种不同身体姿势等（见图 3－1）。虽然这些画面是静止的，但是通过对暴雨中不同典型行为的瞬间抓取，采用提喻手法，依然能够让受众想象出不同地区经受暴雨的场景，受众在心理真实建构过程中，能够体验到真实的感觉。这时候的言语表述显得很苍白。

图 3－1　暴雨中世界各地众生相

资料来源：新华网首页截图，http：//www. xinhuanet. com。

① 赵毅衡：《符号学原理与推演》，南京大学出版社 2011 年版，第 76 页。

二　视觉动态非言语传播符号烘托新闻的真实感

大众媒体对于新闻事实的反映，也可以借助动态非言语符号进行动态呈现，视觉动态非言语传播主要运用于电视媒体。借助这些大众非言语传播符号增加新闻的真实感。

（一）真实的非言语符号塑造新闻的真实感

电视用画面说话，真实感来自画面的真实和可信，而画面的真实源于非言语符号细节的真实。生动的细节不仅可以提示人物复杂的心理状态，描述人物的感情变化，还会带来很大的感染力和冲击力。如长镜头再现本真的生活场景，展现原生态的真实，提高新闻的真实感。特别是电视采访，“可以通过动态无声的目光、表情动作、手势语言和身体运动，静态无声的体态语、空间距离及着装，以及重音、语调、停顿等非语言符号传递信息”。[①] 这些非言语符号是采访的手段，也是采访的重要内容之一，非言语符号的采访能够凸显新闻报道的特色和真实性。

不同的拍摄方式同样可以烘托新闻的真实感，突发事件的报道中镜头的摇晃也许视觉效果不是很好，却更能够增强真实感。如上海东方卫视“7·5 事件”报道，采用记者从门缝里拍摄暴徒殴打一普通市民的场景。视频很不清晰，但是足以反映不法分子借机打、砸、抢暴行的真实性。类似的草根记者拍摄的突发事件视频、照片以及录音等在新闻传播中的使用日益增多。虽然，很多材料拍摄技巧并不专业，视听效果不好，但是真实感和可信度较好，体现出非言语传播优势，增强相关报道的真实感和感染力。

再如航拍手段也是一种特殊拍摄形式，如云南彝良地震核心重灾区，地震引发山体崩塌，通往灾区的道路不断被堵。视频报道的画面不清晰，但是视频真实感和视觉冲击力特别强。

（二）模拟非言语符号增强新闻的真实感

从符号学角度思考新闻真实，新闻传播是对不在场的新闻事件的再现，即对于新闻事件符号化的过程，赋予感知以意义的过程，也就是用符号（例如心像）来表达一个不在场的对象或意义。[②] 也就是说，新闻符

---

① 刘朝霞：《浅析电视采访中的非言语沟通》，《现代视听》2007 年第 6 期。

② 赵毅衡：《符号学原理与推演》，南京大学出版社 2011 年版，第 36 页。

号和新闻事件本身不同时出现。新闻真实应该兼具真实性和真实感，这是新闻真实所追求的理想状态。对于新闻真实的最好反映是具有真实性的符号反映。但是，一些抽象、概括性信息无法借助真实的非言语符号传播，这时，如果借助模拟的非言语符号展示真实的言语传播事实依然是真实的新闻。因为这里模拟的非言语符号不是为了虚构事实，而是为了帮助受众更直观地认知事实，其出发点并不存在欺骗性，并不影响新闻的真实性。

而且，此时的非言语符号具有简约性特征，却并不影响表意功能，恰恰是更有效的表意方式。因为“片面化是符号之必需：无关品质可以甚至必须忽视，不然解释效率太低”。[①]视觉非言语符号作为符号载体必须被感知，但被感知的只是物的某些品质，更利于表意需要。因为电视媒体的大众收视习惯具有随意性，注意力容易分散，要求媒体符号使用上应该简约，才能够让主要符号进入受众注意范围，从而实现传播功能。

前文讨论认为，五十多年的中国电视大概可以分为以“宣传品”为主导的阶段、以“作品”为主导的阶段和以“产品”为主导的三个阶段。[②] 受众角色从受教育者、观赏者到消费者的转变，不再只是满足于收看到和收看好电视，而是“用”好电视、“玩”好电视，对收视行为的意义、价值需要重新考量，对节目内容的创新性有更多的要求，对电视的先进性、实用性有更全、更高、更强的需求。[③] 受众能够明显判断这些大众非言语符号的模拟性，并没有因此怀疑该新闻言语信息的真实性，反而认为可以增加新闻的真实感。

电视受众需要真实感和电视受众的分布特点有关。电视受众社会阶层地位居中、下等占多数，文化程度偏低，年龄偏中、老年，可谓是众味难调，应该考虑普通大众的信息接受能力的差异（见表 3－1）。

① 赵毅衡：《符号学原理与推演》，南京大学出版社 2011 年版，第 37 页。

② 胡智锋、周建新：《从“宣传品”、“作品”到“产品”：中国电视 50 年节目创新的三个发展阶段》，《现代传播》2008 年第 4 期。

③ 周建新：《中国电视受众角色嬗变及新时期电视受众收视需求分析》，《现代传播》2010 年第 6 期。

表 3－1　年龄、文化程度、阶层与收视频率　单位：%

每周收看频率		每天都看	3—5 天	1—3 天	几乎不看
年龄	25 岁及以下	46.2	11.7	26.9	15.2
	26—35 岁	52.6	14.7	19.0	13.7
	36—45 岁	63.5	17.0	15.1	4.4
	46—55 岁	79.5	14.1	5.4	1.0
	56 岁及以上	84.4	12.5	3.1	0
文化程度	小学及以下	100.0	0	0	0
	初中、中专、高中、技校	68.8	12.9	11.9	6.4
	大学专科	49.1	19.7	20.2	11.0
	大学本科	50.0	12.0	26.0	12.0
	研究生及以上	48.1	14.8	11.0	25.9
阶层地位	上层	66.7	12.5	14.6	6.2
	中、上层	56.0	15.7	18.5	9.8
	中层	59.5	17.2	15.5	7.8
	中、下层	57.1	17.3	13.3	12.3
	下层	72.3	14.9	9.5	3.4

资料来源：邢虹文：《电视受众的社会分化与价值认同分歧——基于上海市民实证研究的分析》，《上海大学学报》（社会科学版）2012 年第 2 期。

新闻报道也可以模拟视觉动态非言语传播符号，营造新闻的真实感。如 2012 年 10 月 6 日中央电视台《共同关注》栏目报道云南昭通市彝良县“10·4”山体滑坡事故，通过三维动画模拟事故发生过程（见图 3－2），让受众直观认知新闻事实。类似的示意图明显是模拟的，但是，它降低了受众接受信息的难度，帮助受众构建心理真实，使受众清楚认知真实情况，从而提升了报道的真实感。

但是，新闻传播技术不断进步，借助非言语传播模拟新闻事件现场，仍然只是部分地呈现客观世界。刘建明认为各种新闻总是以某些自然因素反映新闻事件，“构建新闻的形式，再现事实的复合性、运动性和可感性，将其纳入一定的时空与过程，成为新闻的自然因素”。① 所以，“非言语传播的复合性和可感性更能够展示新闻的自然因素，使其更具有‘拟态环境’的肖似性特征。媒介进化趋势将是协调多元传播符号，为受众构建更加肖似的现象真实”。②即非言语传播符号在增强新闻的真实感方面比较具有优势。

① 刘建明：《当代新闻学原理》，清华大学出版社 2005 年版，第 59 页。

② 王亿本、蒋晓丽：《媒介进化视野下的非言语传播——肖似与扭曲、延伸与遮蔽、补救与乏力》，《现代传播》2012 年第 9 期。

图 3－2　三维动画模拟云南彝良“10 · 4”山体滑坡事故过程

三　听觉非言语传播符号烘托新闻的真实感

广播媒介的非言语传播符号主要由音乐、音响和无声组成。针对新闻节目中音乐的使用，研究者认为，要十分慎重，在一般的新闻节目中很少用音乐，除了现场同期声外。[①] 音乐在广播节目内容中体现为符号性、暗示性和影像性三种作用的结合。[②] 如果不是现场音乐，新闻报道加入音乐的倾向性比较明显，容易影响新闻的真实性。而同期声是伴随画面声源的声音，是还原现实场景的一种方式，新闻报道运用同期声解说画面，传递信息，观众从心理上更容易接受和信服。新闻的解说词是电视新闻的重要因素之一，和现场的语调一致可以增加节目的真实感。新闻报道的现场感需要新闻事件现场的视觉非言语符号，同样需要大量采集和呈现听觉非言语符号，以共同烘托出鲜活、真实的新闻现场，也使新闻报道更具真实感。

如 2010 年中央人民广播电台《新闻纵横》报道山西王家岭煤矿救援的稿件《生命之声》，运用听觉非言语传播符号也十分成功。

（回声现场音响压混〈敲了，敲了〉）昨天在垂直钻孔的 2 号钻井打通后，下午 2 点 12 分，救援人员听到了井下传来的两声敲击钻

① 赵怀艳：《影响电视新闻真实感的因素》，《视听界》2005 年第 4 期。

② 孟伟、梅琼林：《论广播非语言符号系统的传播价值》，《中国广播电视学刊》2011 年第 12 期。

杆的声音，（出钻杆声音）这是生命的信息。一瞬间在抢险现场的各个角落传递开来。但是他按捺住了自己的情绪：

“听到有敲击声音，敲击钻杆，说明里面有生命迹象，我们敲两下，他敲两下，说明和他们有了联系了，让他说你再敲两下，他就再敲两下。”

3点10分，救援队员在出井的最后一根钻杆头上发现了一条缠绕的铁丝。2号钻机的现场指挥，山西省地质勘探局潘增祥：

（钻机声音）“这个铁丝是钻机上去了，矿工们在钻杆的最底部拿一个铁丝绕到钻杆里面把它稳住带上来的，他也是给咱们发一个信息。”

这时候，距离事故发生已经过去了整整五天五夜，一直坚守在现场的救护队队员和勘探钻井队队员太想把这个消息告诉所有的人：

“我们很兴奋，心情很激动，我们在场的人都很激动，不断地呼喊。”

“第一时间感到惊讶，都五天了啊，所有人看到生命传递上来的信息，瞬间眼泪湿润了，大家情不自禁地在一起互相拥抱。”

时间就是生命。下午4点开始，300多袋100mL的葡萄糖营养液，通过钻杆传递到井下。6点02分，地面一名救援人员对着钻孔用尽全身的气力大声喊道：

“喂……钻杆里面有吃的……把钻杆头子砸开……”

“喂……把钻杆头子砸开……里面有水……有吃的……”

“钻杆头……有吃的……”

“钻杆头……砸开……”

但是，井下没有回应。人们有点紧张，现场的空气开始凝固。现场指挥示意大家安静下来。下午6点10分救援人员再次开始敲击钻杆希望得到回应。

（地面敲击钻杆音）

随后，救援队员几次细微地调整了钻杆高度。6点30分，井下终于再次传来了“生命之声”。

（井下敲击钻杆音）地面呼喊声：听到了，听到了。[①]

这篇报道巧妙地运用了救援现场大量现场音响这一非言语符号，为报

① 《生命之声》中央人民广播电台《新闻纵横》，2010年4月3日。

道增加了真实感，营造出紧张氛围，这是文字所无法描述的。但是，即使这样仍然存在不足，即缺乏电视等视觉媒体的“眼见为实”优势。缺乏视觉认知，造成认知不完整、不生动。

听觉非言语传播应该注意，脱离新闻现场的音响、音乐、副言语不利于营造新闻的真实感。如有研究者认为，“给新闻配上音乐，是对电视新闻的糟蹋和侮辱，音乐本身是传播者情感和意见的表达，而不是事实本身的信息”。[①] 新闻报道只能在本源真实的基础上，做适当的“减法”，有选择地反映新闻事件本源真实要素。而不应该添加其他要素，减少解说，避免音乐，更显客观、真实。如鉴于记者专业素养所限，一时还不适应在新闻现场进行新闻解说或报道，需要采集现场视频信息后，写好发言稿，再对着讲稿进行解说或报道。这样，记者的报道声调和新闻现场的声调不一致，造成新闻真实感受损，类似现象在地方台普遍存在。

四 大众非言语传播符号隐喻新闻的真实感

大众非言语符号不仅直接表意，还可能隐喻表意。研究认为，“隐喻不仅仅是一种语言现象，它更重要的是一种人类的认知现象。它是人类将其某一领域的经验用来说明或理解另一类领域的经验的一种认知活动。在人类其他的文化和艺术活动过程中，我们到处都能看到隐喻的存在”。[②] 大众非言语符号的隐喻表意功能是拓展其表意空间的重要方式，比如一种判断、一种观点等，理解起来比较抽象，可以通过特定符号形象化传递，因为“像似性使符号表意生动直观”。[③] 可以降低受众的接受难度。

（一）真实大众非言语符号隐喻新闻的真实感

Lackoff 在《我们赖以生存的隐喻》（*Metaphor We Live By*）中将隐喻大致分为三类：结构隐喻、方位隐喻、实体隐喻。实体隐喻（Ontological Metaphor）“是用表示实体的词来表示某一抽象概念，用有形的实体去理解那些比较抽象的经验，如行为、感觉、观念等”。[④] 是借具体存在的事

① 杨保军：《新闻真实论》，中国人民大学出版社 2006 年版，第 145 页。
② 束定芳：《隐喻学研究》，上海外语教育出版社 2000 年版，第 28 页。
③ 赵毅衡：《符号学原理与推演》，南京大学出版社 2011 年版，第 87 页。
④ 束定芳：《论隐喻的认知功能》，《外语研究》2001 年第 2 期。

物在“形状”、“特征”、“状态”、“功能”等特性去隐喻抽象概念。[①] 大众传播中借助实体的体态语隐喻深刻的深层次含义，也具有实体隐喻功能。如美国前总统克林顿和前第一夫人希拉里在“拉链门”事件后，借助恩爱场面的图片回应外界对于这一对夫妻感情的种种猜测（如图3－3），隐喻丰富的内涵，属于实体隐喻。

图3－3　克林顿夫妇“拉链门”事件后秀恩爱

（二）模拟大众非言语符号隐喻新闻的真实感

新闻传播活动需要真实性，但是，仅有真实性还不一定能够实现传播功能，还需要受众从感觉上体验到新闻内容的真实感。新闻的真实感是感觉上的一种体验，和新闻的真实性还不是一回事。所以，在保证新闻真实性的基础上，可以借助模拟符号传递真实的新闻信息，特别是一些抽象的观点、态度等需要借助视觉或听觉非言语符号隐喻真实感。

如搜狐财经《十八大后的经济政策展望》[②]，报道“民生问题”比较抽象，于是通过社会保障卡和银行卡具象化展示这一政策的实际内涵。报道收入分配改革强调分配公平，采用天平画面让受众直观感受社会财富分配改革的目的。同样，报道“治理贪污腐败主要是与政府的职能界定有关。当前国内经济生活中，政府官员贪污腐败严重、收入分配不公、社会流动性固化、国有企业垄断等现象都与政府职能界定不清有关。因此，重新界定政府职能应该是十八大后中国经济制度改革的重点与难点”。该报道配发一幅“界定政府职能”的图片（见图3－4），矫正扭曲的图形展示政府职能改革的思路。另一报道显示，2020年我国中产阶层人数将占

① 朱盛娥、李芳：《实体隐喻——新概念的源泉》，《湖南人文科技学院学报》2008年第1期。

② 《十八大后的经济政策展望》，搜狐财经，http：//business. sohu. com/s2012/wljj/？pvid＝tc_ news。

到总人口的48%以上。要通过累进税制对收入进行再分配，以缩小收入差距，用投资的金元宝图形，外加两个人民币图案辅助支撑中产阶级大碗的稳定更具有形象化特征。

图3-4 搜狐财经《十八大后的经济政策展望》配图

当然，大众非言语传播的隐喻表意也存在一定的局限性，比如，隐喻不够准确，容易导致误解。如1989年，摄影师奥里维埃洛·托斯卡尼拍摄引发争议的广告《黑人妇女给白人婴儿喂奶》。该公益广告试图改善黑人和白人的关系，其本意是想隐喻黑人和白人血脉相连，但是，黑人社会却理解为是白人的歧视意图，喻示黑人社会地位低贱，沦为给白人当奶妈，该广告在北美地区引起强烈的反响。黑人和白人对同样照片隐喻意义的理解差异和美国黑人与白人平时的生活境遇息息相关，不同的生活境遇产生不同的意义投射。

第二节 隐性扭曲：大众非言语传播隐性影响新闻的真实性

如前文所述，大众非言语传播可以增强新闻的真实感，而新闻的真实感和真实性有时并不一致。大众非言语传播可以直接反映新闻的真实感，还可以间接影响新闻的真实性。非言语传播研究认为，"虽然人可以避免讲话，他们无法回避非语言行为"。[①] 所以，每个人或说谎，或不解，或焦虑都是以不同的非言语传播方式向外界展示。研究人员已经确定了一些

① Ronald E. Riggio, Robert S. Feldman, *Applications of Nonverbal Communication* London: Lawrence Erlbaum Associates, 2005. pp. 66—67.

区分谎言和真话的非言语行为，但这些行为并不是在任何情况下都符合规律的，只是针对特定个人有效。至少一定程度上，大众非言语符号成为检验新闻真实的重要方式之一。

当然，非言语符号也可能存在欺骗。研究者认为新闻真实是认识论意义上的真实，是指新闻与“事实真相”的符合，不是一般意义上的与“事实现象”的符合。也就是说新闻现象的非言语符号也许反映“事实真相”，也许偏离“事实真相”。“新闻真实论所讲的‘符合’，是可以检验的、可证明的符合。片面的符合、忽视事实客观逻辑的符合，是典型的不符合的表现，具有极大的欺骗性。”① 所以，片面地强调大众非言语传播反映新闻的现象真实，容易导致对于新闻事件本质真实的偏离。也有研究者提出“视觉欺骗”的观点。第一，发生在照相机镜头前的事件可以是有意安排的。第二，在照片制作完成后，可以进行剪辑、粘贴以及其他图片处理方式，如果没有告知受众这些更改，同样是一种欺骗。第三，对若干摄影照片依照某种次序加以编辑时，不同的排序可以形成不同的错误印象，也将是一种误导，或者说是一种欺骗。第四，在摄影阶段，取景角度、取景范围等也可能造成失实或欺骗。第五，照片的文字说明也可能引起欺骗。②

进言之，大众非言语传播同样可能存在欺骗性，因为“本质的真实不过是人的主观标准。进一步要做的就是调整本来准确无误的事实，使它们达到当事人主观标准的那个‘本质的真实’的程度，凡不符合这个标准的，便可以斥之为假象、偶然性现象等等”。③ 大众非言语传播的不同环节都可能影响新闻的真实性，具体分析如下。

一　大众非言语符号采集过程的倾向性

新闻真实是新闻人对社会真实的反映，力求忠实于本源真实是新闻的基本标准，而大众非言语传播符号相对文字符号更具有真实感，但是，并不都能反映新闻的真实性。实际上，从大众非言语传播符号的采集阶段就可能存在偏差，导致不能准确反映新闻的真实性。

---

① 杨保军：《如何理解新闻真实论中所讲的“符合”》，《国际新闻界》2008 年第 5 期。

② 参见［美］保罗·梅萨里《视觉说服——形象在广告中的作用》，王波译，新华出版社 2004 年版，第 144 页。

③ 陈力丹：《新闻观念：从传统到现代》，复旦大学出版社 2004 年版，第 34 页。

首先，大众非言语传播符号的选择具有倾向性。符号学认为，“所谓‘绝似符号’（absolute icon）包括非常肖似的绘画、照片、录音、摄影、电影、高清电视等，这些符号与对象外形非常接近（例如3D电影），几乎可以完全误认为合一。但是，符号与对象并非同时在场，因此它们明显是代替对象的符号。而且，无论如何‘绝似’的符号，都有框架套出对象的一部分”。[①] 诚然，用部分代表整体符合符号“片面化”原则，但是选择哪些“部分对象”可以代表整体并不是那么简单，选择的倾向性必将带来反映新闻本质的差异性。所以，从符号学角度看，很难做到新闻的真实性，即使大众非言语符号带有较强的真实感，但是，本质上仍很难具有真实性。如十年西部大开发带来西部经济的大发展，但是，也不可避免地带来西部环境的破坏等负面影响，是选择哪一种景象代表十年西部大开发带来的社会影响？所选择的社会景象都是真实存在的，但是选择不同对象，构成的媒介真实却可能天壤之别。

广播媒介的非言语传播符号主要由音乐、音响和无声组成。由于客观世界的无限性和新闻媒介容量的有限性之间存在矛盾，新闻人需要有选择地反映社会真实中“有新闻价值”的信息。但是，放映过程中如果添加一些要素，则容易附加新闻人的倾向性因素，可能影响新闻真实。

其次，新闻报道的音响搭配具有主观性。如现场同期音响增加新闻的真实感。新闻音响是本源真实的证据，新闻人在反映新闻真实过程中，选择特定现场音响，能够烘托新闻真实的现场感，真实感更强。但是，新闻现场的音响复杂多样，选择不同类别的现场音响，可能塑造不同的真实感，在此过程中，新闻人的立场不经意间植入新闻作品，媒介真实隐蔽地受到深度影响。如2012年美国“鱼鹰”战机入驻日本，相关报道如果选择战机所在军事基地的场面，则凸显美国军事力量的强大，给日本军事力量注入新鲜血液。但是，如果选择日本民众抗议美国过分干扰日本的抗议现场音响，则使受众感受到一种负面信息。传者选择不同的现场音响，塑造的媒介真实，以及受众塑造的心理真实都是截然不同的。

再次，印刷媒体选择典型瞬间具有片面性。新闻照片的瞬间永久只是现象真实，不一定反映事物的本质。新闻事件发展过程有很多瞬间，其中有些能够反映事件的本质，有些则和事件本质相差很远，甚至是背道而

① 赵毅衡:《符号学原理与推演》，南京大学出版社2011年版，第63页。

驰。即使纪实照片，反映的媒介真实能否代表本质真实，关键要看选择什么样的瞬间。

最后，拍摄镜头具有欺骗性。社会真实是独立于新闻人而存在的，但是，对于新闻真实的反映过程中却时刻充满着新闻人的自主行为。其中，镜头的运用可以展示新闻人的目的性。一般认为，广角、长镜头拍摄提高新闻真实性。同时，不同的拍摄方式，将产生不同的视觉和心理效果：特写（脸部）显示亲密关系；中景（大半身）显示个人关系；远景（整个人）显示社会关系。镜头角度也与意义有关联：仰拍凸显权力、威严；俯拍强调渺小、微弱；推进表示注意、集中；淡入表示开始；淡出表示结束；切彰显同时、兴奋。[①] 可见，新闻事实是客观存在的，但是，采用不同的镜头、拍摄方式却是拍摄者的主观行为，最终产生的视觉和心理效果将千差万别，其真实性也就受到影响。

而且，视频类新闻也需要蒙太奇手法，碎片化呈现事物的发展历程。即使是现场直播，拍摄的角度不同，反映事物的本质特征也存在差别。同时，事物发展是渐进的过程，现场直播也只是事物发展的一部分，不一定代表事物的本质。如国庆60周年庆典的新闻报道，电视记者采用广角镜头，大景别展示国力的强盛，军队的威武。长镜头、广角镜头、照片保留足够背景，和标题及文字叙述配合，保证新闻的真实性。这样的拍摄策略其实就是利用质量互变的哲学思维，通过提供更多的大众非言语信息，期待更加接近新闻事实的本质。但是，仍然存在选择大众非言语符号，选择过程也不可避免地存在倾向性。

新闻本源事物繁多，景别体现报道立场。如汶川地震报道，中国媒体不会忽略不同级别领导人指挥救灾的行为，而《纽约时报》等西方媒体更多关注草根群体面临灾难的表现。两者不同的媒体使命和立场，所使用的景别，选择报道的对象存在很大差别，其塑造的媒介真实更是相去甚远。不同的媒介真实，其实体现着不同的报道目的和立场，但是，都使用真实的新闻本源素材，即都具有真实感，却隐性扭曲新闻的本质真实，而且不易察觉，更具影响效果。

二 大众非言语符号加工环节的目的性

新闻记者采集的本源真实的新闻素材不是直接报道，还需要加工成媒

① John Fiske & John Hartley, *Reading Television*, New York: Routledge, 2003. p. 48.

介真实，即新闻作品。在此过程中，需要去掉一些传者认为不重要、不能报道、不值得报道的信息，也就是一般意义上的“把关”。新闻信息在做“减法”的同时，还需要加上一些内容，如印刷媒体要加上标题的字号、图片、图表等，电子媒体需要加上音乐、音响以及记者的叙述等。在此过程中，本源真实的非言语符号就可能存在不同程度、不同形式的变形，并影响到新闻真实的实现。

（一）非言语符号“减法”的目的性

真实事件现场的非言语符号丰富多样，全方位呈现事实特征。但是，新闻传播只是选择其中一部分信息进入受众视野，传者减去哪些非言语符号具有倾向性。如美国 CNN 针对“3·14”事件的报道，配发照片显示的是军车在街上行驶，前面则有人在奔跑。而有网民找到的原照片，显示的却是图片右面本来还有一些参与打、砸、抢、烧的人向军车投掷石块，空中的石头清晰可见，但这些却被剪裁掉了。中国网民纷纷站出来指责 CNN 网站及其他西方媒体在新闻报道中歪曲事实，偏袒打、砸、抢、烧的暴力分子。在《惊！西方媒体竟然是这样做西藏事件的新闻!》一文，天涯社区的一位网友整理了一些西方媒体歪曲报道西藏事件的新闻照片（见图3－5），在 Youtube 网站上，《西藏骚乱：西方媒体的真实面孔》的视频报道，列举了美国华盛顿邮报、英国 BBC 等十多家西方媒体的错误报道。这些报道大多采用这种“加法”或“减法”的手段塑造新闻的真实感，并潜在影响新闻的真实性。

图3－5　CNN 照片处理前后对比

图片来源：《惊！西方媒体竟然是这样做西藏事件的新闻!》，天涯社区 http：//bbs. tianya. cn/post－no04－689367－1. shtml

（二）非言语符号“加法”的目的性

新闻报道只能在本源真实的基础上，做适当的“减法”，有选择地反映本源真实要素。而不应该添加其他要素，减少解说，避免音乐，更显客观，真实。如“神九”飞天的报道，整个版面的天蓝色作背景喻示蓝天，使人更容易联想到新闻的真实环境。再如 2012 年 7 月 18 日《南方都市报》几则新闻都将传播事实或观点进行形象化处理，更显直观。这些符号并不真实存在，是抽象事物的隐喻，使抽象的观点具象化。其中《献血新国标，被指不严谨》报道“禁止有男性行为者献血也被认为不具可操作性”，为了形象表达，用虚拟大众非言语符号降低受众的解读难度。报道楼市上涨版面配向上的大箭头、以雨伞隐喻公安局局长的保护伞功能等（见图 3－6）。

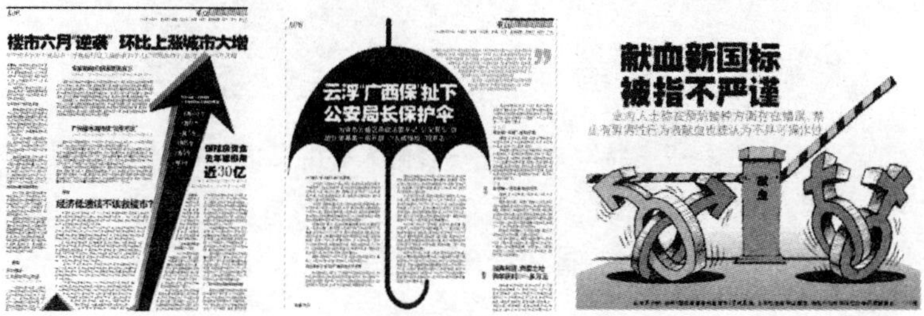

图 3－6　大众非言语符号的隐喻表意

资料来源：《南方都市报》2012 年 7 月 18 日第 22 版。

（三）非言语符号“变形”的目的性

如果大众非言语符号是真实存在的，但是通过特定的技术处理，为新闻失实报道服务，这样的新闻失实更具欺骗性和影响力。首先，选择特定大众非言语符号，以偏概全，影响受众对新闻事实本质的正确认知。其次，对特定真实的非言语符号进行有目的的处理，为特定报道意图服务。经常采用的非言语传播手段如快/慢镜头、拍摄角度、拍摄高度、聚焦等有违新闻真实。

如中国新闻网《特写 2010——震撼人心的新闻瞬间》报道[①]，8 月 18 日，报道巴基斯坦，苏库尔一名小男孩在难民营地领救济食物（见图

① 《特写 2010——震撼人心的新闻瞬间》（组图），中国新闻网，http://energy.people.com.cn/GB/13608728.html。

3－7）。采用俯拍手法，凸显难民身份的卑微和可怜，隐喻战乱给人类带来的巨大伤害。非言语符号“变形”不是简单的唯美，更投射出报道者的目的性。

图3－7 特写2010——震撼人心的新闻瞬间

三 大众非言语符号编排的欺骗性

大众非言语符号呈现的欺骗性，如言语、非言语符号协同表意，影响“本质真实”。据 Kaufmann、Drevland、Wessel、Overskeid、Magnussen 等研究认为，甚至在其他方式已经获得足够证据时，司法判决有时会基于非言语传播做出决定。他们描述了挪威的庭审，虽然有力证据证明其是有罪的，被告被无罪释放的部分原因是因为他的非言语行为没有任何形式的眼神回避动作。[①] 在这种情况下，非言语传播可能比言语传播更暴露。人可以避免讲话，却无法回避非言语传播。整个庭审过程中，他都将展示非言语传播，即使保持沉默。所以，“如果同时考虑讲话的内容和非言语行为，而不只是讲话内容或只是非言语沟通时，我们可以更准确地判断真理还是谎言”。[②]

很多情况下大众非言语传播同样具有这样特征，如灾难事件中很多采访和报道没有太多言语，或者不需要太多言语，而是突出非言语传播，营

① Ronald E. Riggio, Robert S. Feldman, *Applications of Nonverbal Communication* Mahwah, London: Lawrence Erlbaum Associates, 2005, pp. 66—67.

② Ibid..

造灾难现场气氛。

（一）非言语传播强化言语传播观点

言语传播固然重要，但有时候，言语传播需要非言语传播强调其重要性，如《纽约时报》2008 年中国汶川地震报道中，5 月 13 日头版头条大图报道遇难学生家长痛哭场面，强化其传播意图。15 日头版头条文章《幼小的身躯在太平间，无法言说的悲伤在中国——对于独生子女家庭，失去一个孩子就意味着失去全部》。2009 年 5 月 6 日题为《中国地震一周年，新生与旧伤》，图片显示丈夫手拿死于地震的 11 岁儿子的照片，妻子怀抱刚出生 45 天的小儿子等，通过版序强化对中国汶川地震中问题学校的严重性和社会关注度，引发对于中国腐败问题的关注和批判。非言语传播与言语传播相互配合强化报道者的立场。

（二）非言语传播弱化言语传播观点

非言语传播还可以反向弱化甚至否定言语传播的观点，为特定传播立场服务。如《纽约时报》无法回避中国政府积极组织救灾，特别是温家宝总理在汶川地震期间指挥救灾的积极态度。但是，可以通过非言语传播手段弱化这一影响，较少关注政府指挥救灾行为，以弱化政府的积极影响。所有针对这一次地震的报道，仅 5 月 14 日第 A13 版一次报道中国政府官员救灾的新闻，标题是《这一次，北京全力以赴，责无旁贷地展开营救工作》，并且是小版面，靠后的版序以及小照片等非言语传播方式弱化言语传播效果。

也许有人会说，美国媒体注重微观叙事，灾难报道更注重灾难事件本身。所以，不报道中国领导人救灾行为是理所当然。可海地地震却密集地报道美国三位历任总统积极参与救援，发起援助网站，奥巴马多次讲话，国务卿希拉里在海地的救援行动等，无不凸显美国政府和人民的强大和友好。[①] 却鲜见海地政府救灾的相关报道。可见，这样的编排和叙述方式的差别无关，主要是借助非言语传播传递报道者的立场和观点。

（三）非言语传播补充言语传播观点

言语传播也存在“言不达意”的情况，需要大众非言语传播补充。“文字和图像本来各具特色，图像以其直观性和形象性见长，而文字以其

---

① 参见蒋晓丽、王亿本《〈纽约时报〉对他国灾难报道的话语分析——基于最近四次地震报道的思考》，《国际新闻界》2011 年第 9 期。

抽象性和联想性著称。"[①] 如果从非言语传播角度比较，也可以说文字没有图形的非言语传播功能，或者说图像的非言语传播才使其具有直观性和形象性优势。如果将文字与图像搭配，"形成了一种独特图像与文字之间的'互文性'"[②] 则能够增强两者单独表意的丰富性。

其实，图文配合早在中国古代就已存在，苏东坡论王维诗画关系，"味摩诘之诗，诗中有画；观摩诘之画，画中有诗"。[③] 诗画差别在于其外在的表现形式，也即非言语传播的差异，"画偏向于有形，而诗则倾向于无形；诗呈现为有声，而画则表现于无声。……诗画不仅相似、互渗，而且有一种互补关系"。[④] 这样，诗可以发挥听觉非言语传播的优势，画则可以凸显其视觉非言语传播的优势。新闻报道同样可以发挥言语传播与非言语传播的不同优势，协同表意，拓展表意空间。

如 1984 年 4 月 30 日《时代周刊》报道《中国的新面貌，里根将会看到么?》借助大众非言语传播补充言语传播的不足。一个普通中国人手里拿着可口可乐，面露微笑，背景是中国长城（如图 3－8），将这一照片置于刊物封面，突出中国正在开放的现实。"中国的新面貌"很多，但是，从中抽取这一简单符号，与言语表达相互配合，兼具真实性和真实感，说服力强。

（四）非言语传播否定言语传播观点

言语传播与非言语传播也存在不一致的情况，可能是疏忽造成新闻失实，但很多情况下，却是有意否定某一错误观点，间接展示报道立场。特别是国际报道，既避免引起一些不必要的麻烦，又必须传递报道者的立场观点，通常就运用大众非言语传播，隐蔽显示报道立场，引导受众认知新闻真实的本质。

如 2012 年 7 月 16 日，美国国务卿希拉里访问埃及时，抗议者向希拉里车队投掷鞋子和西红柿，抗议其访问埃及。希拉里回应称美国无意干涉埃及内政，她将这种抗议视作埃及环境更加自由的标志。报道配发希拉里会见佩雷斯总统见面时贴脸的照片，借以否定希拉里言语传播观点的真实性。

---

① 周宪：《视觉文化的转变》，北京大学出版社 2008 年版，第 179 页。

② 同上。

③ 同上书，第 189 页。

④ 同上。

图3－8　1984年4月30日《时代周刊》封面

资料来源：《西方图片上中国的形象变迁》，新华网·发展论坛，2012年12月13日。

第三节　质量互变：大众非言语传播累积影响新闻的真实度

针对新闻真实的讨论很多，争论也很多，很多源自思考问题的不同角度。首先，存在现象真实与本质真实之争。现象真实观认为，“真实报道事实现象是新闻传播的首要任务。对新闻事实本质的认知和揭示，不属于新闻真实的范畴”。“事实的本质存在于现象之中，因而真实地报道了事实的现象，也就在一定程度上真实地反映了事实的本质。因此，现象真实就是本质真实，并不存在现象真实之外的本质真实，也不存在本质真实之外的现象真实。”认为新闻传播的特殊性决定了一些新闻只能达到现象真实，真实报道事实现象，无法实现本质真实。[①] 本质真实观认为，“新闻真实既要实现现象真实，也要追求本质真实，只有达到现象真实和本质真实的统一，才算真正实现了新闻真实”。“提倡新闻报道应当透过现象看

① 参见杨保军《新闻真实论》，中国人民大学出版社2006年版，第36—37页。

本质，全面、深刻地认识和把握事物，不为表面现象所迷惑。”[①] 这样，实现新闻真实就不是简单记录新闻事实的现象，而在于揭示现象背后的本质真实。

其次，还存在具体真实和整体真实之争。具体真实是一种“点”上的真实，并不一定反映“面”上的真实，是有限度的真实，因此具有局限性。所以，新闻真实不能停留在具体真实的范围内或层次上，还要追求和实现整体真实，也有人称为“总体真实”、“全局真实”、“广义真实”、“宏观真实”。新闻传播要反映目标报道领域甚或事实世界的整体面貌，特别是反映事实世界主导的、主流的真实面貌。[②] 大众非言语符号反映有限、公开、具体的现象真实。新闻真实是即时、公开的真实，新闻需要时效性，不可能等到事件的整个结果都出来后才开始报道，属于即时、公开的真实，而无法实现整体真实。

最后，新闻真实包括真实性和真实度。通常，新闻的真实性比较容易辨别，而真实度不容易测量。从质上看待新闻真实，只有真实（符合）与虚假（不符合）两种；从量度上可以分为完全真实、基本真实、部分真实、部分或局部真实和完全失实等层次。新闻真实的对立面不一定都是虚假新闻，也可能是失实新闻，如果失实的程度进一步加深就可能导致虚假新闻，可以说，假新闻是失实新闻进一步恶化或加深的极端表现。[③] 这其中，非言语传播以不同的方式影响新闻事实的“质”与“量”，并且通过量变累积消解本质真实和整体真实（见图 3－9）。

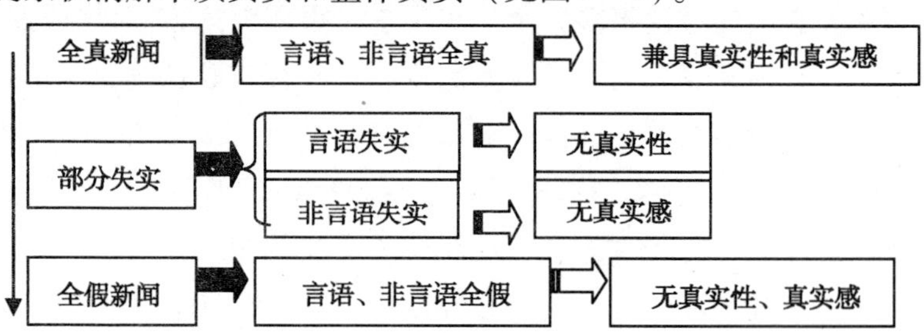

图 3－9　新闻真实层级演变的非言语符号特征

① 郑保卫：《当代新闻理论》，新华出版社 2003 年版，第 272—273 页。

② 参见杨保军《新闻真实论》，中国人民大学出版社 2006 年版，第 36 页。

③ 杨保军：《认清假新闻的真面目》，《新闻记者》2011 年第 2 期。

一　全真新闻：言语、非言语协调反映新闻的真实性和真实感

从符号学角度思考，新闻真实应该兼具真实性和真实感，这是新闻真实所追求的理想状态。

当然，如果言语符号是真实的，而非言语符号是虚拟的，用虚拟的非言语符号隐喻事实，依然是全真新闻。其虚拟的非言语符号不是为了虚构事实，而是为了帮助受众更直观地认知事实，并不存在欺骗的嫌疑，所以并不影响受众对于新闻真实的认知，即没有影响新闻的真实性。同时，借助非言语符号展示新闻事实，更具真实感。这也是很多新闻需要努力改善和提高的地方。

二　部分失实：大众非言语失实，真实度不够

新闻的真实性和真实感兼具，是新闻真实所追求的理性状态，只有新闻的真实性，可信度低，部分含有新闻的真实性和真实感。按照失实的不同程度，即“在新闻中被遗漏的事实片断、侧面、事项等对整个新闻完整性、准确性影响的程度”①，把失实新闻分为一般性失实新闻和严重性失实新闻。不同程度的失实不仅是言语传播的差别，也涉及大众非言语传播的差别，具体分析如下。

（一）缺乏非言语符号的新闻可信度低——以典型报道为例

缺乏真实感的真实新闻可信度低。如典型报道，浙江卫视的《时代先锋》专栏报道鑫华新光、丽水元立集团等，不停地在不同的宣传栏、宣传标语、奖牌、获奖证书等地方流动，却看不出所倡导的“以人为本”等企业文化，显得缺乏真实感，宣传气息有点浓。

首先，缺乏非言语符号的典型报道，抽象性强，直观性不足。如果从大众非言语传播角度分析典型报道，存在“千人一面”的抽象概括，缺乏感人的细节和生活场面。仍然处于“高、大、全”状态，与普通群众离得太远，不可信、难模仿。如有人问郭明义：“现实中的郭明义和电影《郭明义》中的主人公，你更喜欢哪一个?”老郭答：“电影《郭明义》

① 杨保军：《认清假新闻的真面目》，《新闻记者》2011年第2期。

常常让我自己感动落泪，因为那不是我一个人，而是千千万万个雷锋的代表。"① 诚如郭明义所言："我们的社会和百姓最需要这样的人！"但是，社会需要，是否就必须将很多人的优点集中到一个典型人物身上？这样的报道脱离生活实际，不可信，难模仿，让很多普通人望而却步。

其次，缺乏非言语传播符号的典型报道，可信度低，影响力弱。如典型报道容易存在非言语符号的缺失，导致受众感觉不可信，传播意图被消解。2012 年 7 月 23 日《新闻联播》报道李方洪抗击洪水的英雄事迹，多次用群众的画面展示其英雄事迹，显得真实可信。同样，浙江卫视的《时代先锋》专栏报道阿里巴巴集团的"最美妈妈"吴菊萍等一批优秀共产党员，插入一段视频，亲切、感人、真实，使得这样的报道有血有肉，真实感人。

（二）虚拟真实感的虚假新闻欺骗性强——以虚假为例

大众非言语传播只是一种传播手段和方式，具有言语符号所不具备的"普遍性、形象性、隐含性和多维性"等特点和优势②。这些特点可以提高传媒"拟态环境"的肖似程度，清晰展示新闻事实，让受众更准确认知新闻事实，也增加了报道的客观、公正性和说服力，可以正面塑造真实新闻的真实感，也可以为虚假新闻烘托真实感。大众非言语视角分析新闻失实的类型。

1. 伪造非言语传播导致新闻失实

更具有欺骗性的虚假新闻是借助伪造非言语符号，营造虚假新闻现场，凸显"新闻事实"的真实感。如《南方都市报》报道，一则题为《武汉领导出行四人"抬轿"》的帖子开始在网上热传。帖子有两张照片，第一张是一条救援船载着多人在相关人员的护送下，驶出武汉市质监局黄陂分局，图说是"被淹的武汉质监局，很讽刺"。第二张则是两名干部模样的男子，撑伞端坐在一块木板上，在齐腰深的水中被五个小伙子护送前行，发帖者称为"武汉领导出行，恢复四人大轿"。其实，从非言语传播角度看，两幅图中的救援工具不同，第二幅乘船者的衣着、伞具也与第一幅不同，而流传在网上的原始图片说明也仅简单交代为"7 月 13 日，武汉遭遇特大暴雨袭击，几名男子乘船解困"，未透露图片中的场景是否摄

① 《郭明义：做社会主义核心价值观的践行者和传播者》，新华网，2012 年 9 月 18 日。

② 张放：《非语言符号在信息传播中的特点与功能》，《东莞理工学院学报》2006 年第 10 期。

自武汉质监局。

该案例是传播者利用蒙太奇手法将两个本不相干的照片拼在一起，利用非言语传播符号伪造新闻现场，塑造新闻的真实感，利用部分受众对官场腐败的思维定式，引发受众联想，实现特定传播意图。可见，利用非言语符号塑造新闻真实感具有很强的欺骗性，识别这样的假新闻需要相应的媒介素养，这也给媒介素养教育提出新要求。

2. 真实的非言语符号的不同编排造成新闻失实

言语表述存在偏差，非言语传播同样可能出现扭曲，造成新闻失实。特定的大众非言语符号是真实存在的，但是通过特定的技术处理，为新闻失实报道服务，这样的新闻失实更具欺骗性和影响力。如《纽约时报》中国汶川地震报道，选择多起遇难学生家长痛苦的场面置于头版头条，强化由问题学校引发的中国腐败问题。即使类似问题确实存在，但是，至少不是地震报道的主要话题，这样的处理手段是一种隐性失实现象。借助真实的大众非言语传播的真实感优势，以偏概全，影响受众对特定新闻事实的本质的认知，就属于这种新闻失实范畴。其次，是对特定真实的非言语符号进行有目的处理，为特定报道意图服务，造成新闻失实。非言语符号选择失误造成新闻失实，经常采用的非言语传播手段如快/慢镜头、拍摄角度、拍摄高度、聚焦等有违新闻真实。

三　全假新闻：缺失真实性和真实感，真实度最低

新闻真实是现象和本质的统一，需要新闻事实现场场景的展示，以及事件本质的叙述。并不是所有新闻都必须具备新闻照片、现场音响、现场视频等，但是，很多虚假新闻因为现场非言语符号的缺失明显降低了可信度。

兼具新闻的真实性和真实感是新闻真实所追求的理性状态。具备新闻的真实感，但缺乏真实性，是最具欺骗性的虚假新闻。如2009年6月7日，《新闻联播》播出新闻《高考第一天　考场内外贴心服务》，报道社会各界为保证高考考生顺利应考所作的各种努力，江西电视台选送的新闻中出现了一年前的过期资料画面，引起观众和网民的质疑。[①] 这样的新闻具备真实感，但是，其真实性不存在，很具有欺骗性。被观众识破后受到

① 参见《中央电视台〈新闻联播〉就6月7日误编画面向广大观众致歉》，央视网，2009年6月9日。

质疑和批评也就不足为奇了。

同时，不含新闻的真实性和真实感，是最低级的虚假新闻。如“金庸被去世”、“白岩松被辞职”等众多假新闻，既缺乏言语传播的真实性，也缺乏非言语传播传递的真实感，是最不可信的新闻。“金庸之死”的虚假报道缺乏其死亡相关的视觉报道，或者是其亲友的痛心哭泣等非言语传播的展示，其真实感的缺乏也就无形当中引起对其真实性的怀疑。类似虚假新闻由于缺乏基本的非言语传播属于低级失实现象，只是一种“标题党”的低级做法，只能博得短时的眼球刺激，很快就会不攻自破。

第四节　大众非言语传播视角思考新闻真实的提升对策

新闻是大众传媒对客观世界的反映和报道，从哲学角度分析，新闻报道是一种现象反映本质，质量互变的过程，完全的新闻真实有难度，尽力提高新闻真实度是新闻从业人员努力的方向；从符号学角度分析，新闻报道是用符号反映客观新闻事实，反映过程中存在能指与所指不协调、不一致现象，完全做到新闻真实有难度；从心理学角度分析，传者、受众的不同心理都可能影响新闻真实的实现。因此，新闻的真实性是传者坚持的底线，而新闻的真实感是传者努力的方向。受众需要新闻的真实性，更需要真实感，并且需要两者结合达到一定的“度”。

一　新闻真实的哲学思考：言语、非言语符号的对立与统一

如果将新闻的真实性理解为本质，新闻的真实感理解为现象，则新闻的真实感和真实性是一对矛盾统一体，两者对立统一，互为补充。本质和现象互相依存：本质决定现象，是现象的根据；现象受本质影响，总是从不同侧面反映事物的本质，两者相互依存，不存在脱离现象单独存在的本质，也没有脱离本质而独立存在的纯粹现象。

有些新闻报道在言语传播和非言语传播方面出现不一致现象，有些是有意为之，目的在于制造矛盾，激发受众思考，有意暴露一些不易直接说出的本质真实；还有一些则是无意间暴露了虚假事实的虚假新闻。前者是力图展示现象背后的本质真实，值得提倡。后者则是新闻失实的表现，需要避免。

（一）言语传播与非言语传播协调助推全面真实

很多电视新闻记者可以在新闻现场进行报道，其报道的语调、音高和现场的音响浑然一体，显得真实感比较强。而有些地方台记者限于表达能力等因素，则是先现场采集视音频材料，回来后再加上记者的报道语言。这样的语言组织比较有条理，逻辑性强，但是，记者报道的语调、语速等非言语符号明显和现场的音响不一致，真实感不足。应该认识到，受众接收类似节目的需求是通过记者在现场的播报，展示时间、地点的标出性，更显真实感。

新闻记者面对镜头应该具有镜头意识，其实就是强调应该想象成记者正面对受众进行“一对一”的面对面交流意识，这样才更具有交流的真实感。这时的记者或者节目播音员其实是在将大众传播拟态成人际传播，是借助非言语符号塑造更具有真实感的交流环境，即大众传播的“拟态环境”。

节目的逻辑结构和内容。“纪实性的画面，能保证的只是表象的真实，而无法保证本质的真实。”[①] 主持人、出镜记者和被采访对象面对镜头和观众进行直接交流时的非言语符号同样也会影响节目的真实感。如2011年日本福岛地震期间，日本播音员笑谈的视频被切换出来，引起受众质疑其播音的情感真实。

传播技术影响传播的真实感。比如SNG实现了现场直播，大大提高电视新闻的真实感，它给观众带来最原汁原味的信息，最原生态的新闻，极大地满足观众的知情权。[②] 和广播新闻相比，电视媒体具有可视性优势，应该将新闻具象化。类似于《有报天天读》的读报节目比报纸直观、生动，但是，只是有声语言加相关报道的圈点强化受众对特定报道信息的关注，还没有发挥电视媒体的视觉传播优势，视觉呈现的材料还可以进一步丰富。

（二）言语传播与非言语传播的不协调造成虚假新闻

非言语传播使用不当会影响新闻的真实感，如报道2008年5月12日深夜，重庆99名医护人员冒着危险在第一时间进入映秀重灾区。每个队员身上都背着一个装着医疗器械和药品的大包袱，重三四十斤，堆得比头

① 何苏六：《真实高于月亮》，《现代传播》2003年第1期。

② 赵怀艳：《影响电视新闻真实感的因素》，《视听界》2005年第4期。

都要高。可是没有看到相关照片。配发图 3 - 10 无法反映当时的状况，影响了新闻真实感，也反映出类似报道的不足。

图 3 - 10 《救人！百名天使穿越生死线》

资料来源：《救人！百名天使穿越生死线》，《华西都市报》2008 年 5 月 21 日第 11 版。

一般情况下，言语传播与非言语传播协调一致，共同反映新闻真实，否则就造成新闻失实。《华西都市报》报道，2011 年 6 月 16 日，凉山州会理县人民政府公众信息网上刊登一篇题为《会理县高标准建设通乡公路》的图片新闻，该照片有着明显的 PS 合成痕迹，三位领导的身影被抠了出来，然后贴到了一条公路上面（见图 3 - 11）。由于 PS 者技术不高，三人看上去就像是悬浮在空中。[①] 受众通过言语传播与非言语传播的不协调，开始怀疑新闻的真实性。类似的虚假新闻也多存在言语传播与非言语传播不协调现象，不经意间泄露了新闻的本质真实，从而可以帮助受众验证新闻的真实性。

综上，言语传播与非言语传播以及现象真实与本质真实可能存在不一致的情况，这时需要借助对立统一规律，厘清新闻的本质真实。这样的规律既可以是新闻传播活动可资利用的传播手段，也可能成为验证新闻真实

① 徐湘东：《县领导“悬空”视察 政府网站用 PS 照片？》《华西都市报》2011 年 6 月 28 日第 9 版。

图 3－11　会理县网站新闻图造假　领导被 PS 悬浮在公路上

的有效方式。

（三）言语传播与非言语传播的不协调拓展表意空间

言语传播与非言语传播存在不协调的时候不一定都是坏事，相反，有时候可以拓展大众非言语传播的表意空间。2003 年 1 月 24 日，《读卖新闻》题为《萨达姆号召军官戒烟》的报道，伊拉克执政的阿拉伯复兴社会党机关报《革命报》23 日报道，萨达姆表示，伊拉克军队将抵抗美军的进攻，誓死保卫领土，“军人必须保持身体健康，随时准备战斗。戒烟有利于健康”。但是，伊拉克国家电视台 22 日播放了身为伊拉克最高统帅的萨达姆悠闲自得地抽哈瓦那产高级雪茄的镜头（见图 3－12）。日本《读卖新闻》通过蒙太奇的手法，不着一词就把萨达姆“言行不一、严于待人、宽于律己”的负面形象展露出来。[①] 再如菲律宾总统阿基诺三世在针对中国香港人质事件受害者道歉过程中不经意的诡秘一笑，则透露出其道歉的虚伪性，新闻的本质真实暴露无遗。所以，大众非言语传播符号参与构建新闻的现象真实，同时也暗示现象背后的本质真实。

① 曾庆香：《新闻叙事学》，中国广播电视出版社 2005 年版，第 172 页。

图 3－12　萨达姆抽烟的隐喻表意

二　新闻真实的符号学思考：非言语符号具有能指与所指特性

符号学“把物质要素（词、意象、声音）叫作‘能指’，把在特定的语言编码中由物质符号所引发的在我们大脑中形成的概念叫作‘所指’”①，符号学研究认为“意义不在场才需要符号”②，所以，新闻报道离不开传播符号（包括言语符号和非言语符号）。既然符号反映的意义本身不在场，符号就不是反映对象本身，只能反映事物的部分特征，这些特征能否代表事物全部特征就存在风险。比较而言，言语符号的表意主观性特别强，因为言语符号是需要经过传者对于客观事物特征的认知，然后进行表达，在这样的信息输入与输出过程中，已经深深地植入传者的主观倾向性。非言语符号是客观事物特征的直观反映，人为因素相对比较少，更具有真实感。

当然，非言语符号反映新闻真实也存在不足，非言语符号是客观事物的直接反映，但是，“许多图像都是提喻，因为任何图像都只能给出对象图景的一部分。所以所谓‘纪实’摄影或纪录影片，提供的只是‘真实感’而不是‘真实性’，关于世界的符号，只不过是世界的符号表现，而

① 丹尼斯·麦奎尔：《麦奎尔大众传播理论》，崔保国、李琨译，清华大学出版社 2006 年版，第 263 页。

② 赵毅衡：《符号学原理与推演》，南京大学出版社 2011 年版，第 46 页。

不是世界”。[1] 可见，从符号学角度看，新闻报道的真实性并不现实，即使是所谓“绝似符号”（absolute icon），包括非常肖似的绘画、照片、录音、摄影、电影、高清电视等，其实质仍然只是符号，符号与对象并非同时在场，因此它们明显是代替对象的符号。而且无论如何“绝似”的符号，都有框架套出对象的一部分，是用部分代表整体。还不一定准确反映事物的本质特征。[2] 所以，符号学角度思考新闻真实具有悲观色彩，新闻媒体所能够做到的是如何塑造媒介真实的真实感，让受众从心理上感受到真实，信以为真。其实，受众需要的新闻真实并不一定是本质真实和现象真实的完美结合。很多情况下，就是简单的本质真实基础上的真实感。于是，如何更全面真实地反映本质真实，成为大众非言语传播进一步研究的重点话题。从符号学角度思考新闻真实，分析其失实的原因、方式及对策等，是新闻真实研究的一个重要切入角度。

（一）大众非言语符号的能指与所指一致影响新闻真实

新闻报道中，大众非言语传播符号的选择需要结合事物的本质特征，配合言语传播的需要，非言语传播符号的选择是隐性表达传播立场和观点的有效手段。如电视文化批评者认为体育报道中，“经常是败下阵的从屏幕上消失，再也不被提起。……但是夺冠者的光彩被人为遮蔽的时候真是少而又少”。[3] 所以，新闻传播实质上是传播者有目的的选择特定符号（包括言语符号和非言语符号）传递有倾向性的信息，以实现某种传播意图。选择的“片面化”才能够提高“解释”的效率，如《南方都市报》2013 年 1 月 7 日头版头条“闯黄灯暂不罚”，而且将“黄”字处理成黄色，聚焦最近一直备受关注的，闯黄灯处罚问题（见图 3－13）。这则新闻安排在头版头条，且用大字号，色彩突出，意义明显。

（二）大众非言语符号的能指与所指不一致增加表意空间

符号化过程中存在三种不同“意义”，“发送者（意图意义）→符号信息（文本意义）→接受者（解释意义）”。[4] 无论如何具有真实感的新闻，其本质上都附带传播者的传播意图。但是，传播者的意图应该具有隐

---

① 赵毅衡：《符号学原理与推演》，南京大学出版社 2011 年版，第 193 页。

② 同上书，第 63 页。

③ ［英］古德温、惠内尔编：《电视的真相：电视文化批评入门》，魏礼庆、王丽丽译，中央编译出版社 2000 年版，第 90 页。

④ 赵毅衡：《符号学原理与推演》，南京大学出版社 2011 年版，第 52 页。

南方都市報

闯黄灯暂不罚

公安部要求目前以教育警示为主，正在细化和明确相关规定

图 3－13 《南方都市报》2013 年 1 月 7 日头版头条

蔽性才更容易让受众接受。言语传播对于传播者的观点和立场表达旗帜鲜明，显然不适合增强意图的隐蔽性。比较而言，非言语传播具有真实感，更容易植入传者意图。新闻报道中利用新闻现场的“噪声”制造具有现场感的气氛，凸显新闻报道的真实感，隐蔽体现报道立场和观点。大众非言语传播符号具有自然的在场性。其中，“图像虽然是符号，但它看起来似乎是对象自然而直接的显现”。其实，这是一种假象。“像似不一定是图像的，可以是任何感觉上的。”而“如果接收者无法辨认同时在场的两个感知，何者是符号、何者是对象，符号本身就消失了，两者之间互相成为‘重复’（double）”。[①] 这也是大众非言语传播更适合建构传媒“拟态环境”的秘诀。有些歪曲报道就是试图让受众混淆符号与对象之间的区别，植入报道立场，产生强大的影响力，非言语传播的这些特点尤其值得舆论引导等说服传播者去关注和探索。

如 2013 年 1 月 13 日《南方都市报》题为《错位的中国困境儿童福利机制》，报道认为，困境儿童意外死亡事件一再发生的原因涉及家庭、社会，还有政府。在中国，家庭监护的责任没有制度化，政府刻意回避对父母履行监护职责的监督，也有很多热心人发现困境后，想跟政府沟通，但是缺乏配套机制等。困境儿童的保障系统建设最应该强化政府的责任。如果政府角色缺位，社会爱心的作用是有限的，可持续性也弱。很多孩子处于监护真空状态。[②] 儿童福利机制谁来拉动？报道配发图 3－14，一个坐满孩子的车子由一个虚拟的人影拉动，凸显中国困境儿童福利机制缺失实在的拉动主体。

---

① 赵毅衡：《符号学原理与推演》，南京大学出版社 2011 年版，第 81 页。

② 《错位的中国困境儿童福利机制》，《南方都市报》2013 年 1 月 13 日第 A26 版。

图 3－14　《错位的中国困境儿童福利机制》配图

三　新闻真实的心理学思考：大众非言语传播符号的演变与扭曲

针对新闻真实研究的对象及范围，是“介于客观真实和受众之间、由大众传播媒介所选择、解释、转述后的另一种真实”。[①] 这就是通常意义上的“媒介真实”。当然，媒介真实的构成包括文字传播、口语传播以及丰富多彩的大众非言语传播符号。同时，讨论媒介真实还需要追根溯源，考察本源真实的非言语传播符号的构成情况，并进一步考察媒介真实向心理真实的转换，新闻真实的落脚点是受众的心理体验。

钟蔚文按照新闻传播流程将新闻经历的真实分为三个阶段：一是客观

① 余丽蓉：《“图的真实”、“媒介真实”与“宏观真实”——浅谈新闻图像传播的隐性失实及其对策》，《新闻界》2007 年第 1 期。

存在的社会真实；二是媒介对社会事实反映的媒介真实；三是受众对社会真实的认知得出的主观真实，即受众真实。[①] 这样的分类和杨保军的分法很相似，即本源真实、再现真实、理解（解读）真实[②]，其转化过程是：社会真实（现象、本质真实）→传播者（媒介真实）→接受者（心理真实）。所以，新闻真实是受众对客观世界认知过程所需要的真实，新闻真实的实现需要一个过程，传播过程中任何一个环节的虚假都会导致新闻失实。在本源真实、再现真实、解读真实的转换过程中，言语符号可能发生很大变化，非言语符号同样几经增删和扭曲，所以，新闻真实就只是言语符号与非言语符号共同构成的媒介真实，与本源真实和受众的心理真实可能存在不一致性。

新闻真实主要是围绕媒介真实阶段的新闻真实，如果从认识论角度分析，就是新闻记者将自己认识到的本源真实，借助不同的传播符号形成媒介真实，影响受众对新闻事件的认知（见表3－2）。在此过程中，如果按照“编码—解码理论”理论分析，新闻记者的编码过程以及受众的解码过程都可能出现不同程度的偏差。所以，即使受众通过接受大众非言语传播符号构建的媒介真实，也只是现象真实，能否真正反映事物的本质真实还存在很多不确定性因素。新闻真实的实现过程具有不同的特征，可以归纳如下。

表3－2　　新闻真实实现过程中非言语符号的变化过程

真实过程	社会真实	媒介真实	心理真实
主体构成	事件的多重主体	新闻传者	新闻受者
客体特征	现象真实/本质真实	肖似与扭曲	直观、碎片
过程特征	NVC的全方位呈现	NVC的选择性暴露	NVC的选择性保存

人们认知世界有多种渠道，新闻媒介只是其中一种。杨保军认为新闻真实的本质是“认识论意义的真实”，是一种“记述”、“再现”（也称作“陈述”、“叙述”等）的真实性。[③] 大众媒介的言语“记述”和“再现”，同样需要非言语传播符号的参与，才能更全面、更准确地反映客观事实，

① 钟蔚文：《从媒介真实到主观真实》，台湾正中书局1992年版，第1页。

② 杨保军：《新闻真实论》，中国人民大学出版社2006年版，第107页。

③ 同上书，第5页。

这也是保证受众对客观本源事实准确认知的条件。

新闻真实是新闻媒介对客观世界的反映，帮助受众认知世界。而认知世界需要一个过程，因此不应苛求新闻媒体的具体报道能够一次性准确反映客观世界的本质真实，新闻真实是通过多次报道的现象真实，试图反映新闻的本质真实，准确反映本质真实只是一种理想状态。所以，心理真实的形成需要多次接触和理解媒介真实，当然，不同受众对于同一媒介真实的理解也存在差异，造成受众心理真实的差异性。

这样，从不同事实之间的转换过程考察新闻真实，是新闻媒介对客观世界事实的反映，并进一步影响受众解读媒介真实，构建心理真实的完整过程。如果从大众非言语传播角度分析，从非言语传播视角审视新闻真实的本源真实、再现真实、理解（解读）真实等三阶段特征，发现非言语符号在此过程中处于逐渐减少并扭曲的趋势，这样就给新闻失实提供更加隐蔽的机会。完整厘清新闻真实的实现过程，有助于后文逐步阐述媒介真实、现象真实、本质真实、本源真实以及心理真实等新闻真实相关概念的内涵及相互关系。

（一）本源真实：非言语符号全方位呈现的社会真实

在社会真实阶段，非言语符号全方位、多角度呈现，充分展示真实、具体的社会真实。需要说明的是，在这一阶段还不是大众非言语传播，更多的是人际非言语传播，这些非言语传播符号展示新闻事件的现象真实，也从不同角度，不同程度地反映新闻的本质真实。

如十年西部大开发，社会生活的各个方面出现翻天覆地的变化，这些变化具有多姿多彩的非言语符号特征，老百姓的笑脸、服装的变迁、住所的翻新、交通工具的变化等，太多的非言语传播符号，并不都值得一般受众关注，需要大众媒介选择性反映，成为值得受众接受的媒介真实。

再如群体性事件爆发，把关导致大众媒介的失语或缺位。于是，网络人际传播和现实人际传播成为主要传播渠道。草根群体见证了事件的社会真实。如什邡事件的游行场面、伤员血红的伤口，以及警民对峙场面等都无法遮蔽。如有微博“@柠檬蔷薇”称：“昨天特警们拿的是盾牌和警棍，今天换成枪了。我们真的感觉恐惧了。”还有爆炸物场面等。这些非言语传播符号全方位、多角度展示新闻事件的现象真实，现场目击者通过人际传播渠道，从不同角度，不同程度地认知新闻事件的本质真实，拍摄成新闻照片，通过自媒体传播或者人际传播，很难把关。传统的把关无法从源头上切断相关信息传播的"源"，加上新的传播环境下的传播渠道多元，无法控制信息传播的"流"，给新媒体环境下把关或舆论引导增加难度。

（二）再现真实：非言语符号选择性暴露的媒介真实

新闻事件发生后，新闻传播者开始报道新闻事件，通过有选择地暴露事件过程中的部分非言语传播符号塑造肖似的媒介真实，这时候的媒介真实具有肖似的特征，但是，也可能是对社会真实的扭曲。雅各布森认为："能指必然可感知，所指必然可翻译。"① 这里，"可感知"的是传播者接触到的第一新闻现场，而"可翻译"的是新闻的本质真实。信息编码过程中的传者容易受到完型趋向、残缺闭合、心理预设等心理因素的影响。这样，新闻人在"感知"客观新闻真实时可能产生偏差，继而在将"可感知"的新闻现象真实编码成新闻文本或新闻作品时受到当时复杂心理的影响，也容易产生偏差。受众接收到这样新闻作品后在"翻译"时同样可能出现偏差。这样，新闻现场的真实暴露的言语符号与非言语传播符号经过三关转换，可能已经面目全非了，新闻真实的实现难度可见一斑。

传统的把关多是针对传统媒体，对于自媒体，特别是人际传播却无能为力，自媒体及人际传播也参与塑造真实。如什邡事件发生后，传统媒体只是报道什邡钼铜项目取消，其他细节报道很少。但是，由于草根群体参与传播，增加了信息控制的难度。在新闻现场的草根群体有强烈的表达欲望，想向外界传播此时、此地的真实情况，释放此时心里的观点和情绪，但是不一定都具备专业的传播技能，无法写出吸引眼球的文字稿件，而简单地拍摄现场照片和视频成为首选。草根记者拍摄的群体性事件的照片、视频等通过微博转载、各种论坛、其他各种网上人际传播、线下人际传播的广泛流传，增加信息控制的难度，也消解了传统媒体塑造的媒介真实。

同时，言语符号比较抽象，概括能力强，更能反映社会真实的本质特征。而非言语传播符号更容易反映局部的、微观的现象真实。借助非言语传播符号的像似性特征使其表意生动直观，构建肖似的媒介"拟态环境"，制造真实气氛，凸显新闻的真实感。特别是新闻照片等视觉符号生产比较简单，事发现场的群众通过手机、一般摄像机、摄影机都很容易拍摄。而且视觉冲击力强，现场可证，可信度高，受众也容易接受和解读。

---

① 赵毅衡：《符号学原理与推演》，南京大学出版社 2011 年版，第 2 页。

当然，传播者通过有选择地暴露事件的非言语信息，塑造肖似的媒介真实，但是，也可能对社会真实的隐性扭曲。因为“图像是一种伪称为不是符号的符号，从而假装成（或者对相信者来说，事实上能取得）天然的直接性和存在性。词语则是人为的，是人类按照自己的意愿武断地生产的”。[①] 这样，受众容易偏信非言语传播符号。而从符号学角度看，“图像虽然是符号，但它看起来似乎是对象自然而直接的显现”。其实，这是一种假象，即使纪实摄影或纪录影片提供的只是“真实感”而不是“真实性”。这些非言语符号只不过是世界的符号表现，仍然不是世界本身。[②] 如什邡事件中，有一张照片是一个婴儿满脸是血，很具有煽动性。且不说照片的真伪，其能否反映事件的本质就值得思考。因为事物存在很多瞬间，特定新闻照片只是选择其中一个瞬间，属于现象真实，能否代表本质真实，关键看选择什么样的瞬间。

有些虚假新闻根本没有本源真实，完全虚构媒介真实的非言语符号，构成新闻现场。没有本源真实的媒介真实只能通过虚构新闻事件现场的非言语传播符号，远比言语符号虚构的难度更大，因此，也更容易出现漏洞，如部分西方媒体对“3·14”事件报道，陕西“虎照”事件报道等最终都因为非言语符号失实而受到质疑和批判，直至真相大白于天下。

（三）理解真实：非言语符号选择性保存的心理真实

媒介真实阶段是传播者“选择”传播本源真实的非言语信息，理解真实阶段则是受众“选择”性保存心理真实。两阶段的选择主体不同，选择对象的范围不同，产生的结果也不同。理解真实阶段，新闻真实传播后，新闻受众开始接收媒介真实，对媒介真实的言语信息以及非言语信息进行选择性接受和保存，输入受众心理，构建属于自己内心的心理真实。这一阶段同样存在选择性，受众从媒介真实的信息中自主选择部分言语信息和非言语信息。研究新闻真实认为，“传播形态的新闻是新闻认识的结果，是主观反映、再现客观存在的新闻事实的产物，因而新闻真实的本质只能是认识论意义上的真实”，是指认识结果与客观存在对象之间的符

---

① W. J. T. Mitchell, Iconology. *Image*, *Text*, *Ideology*, Chicago: The University of Chicago Press, 1986, p. 43. 转引自［斯］阿莱斯·艾尔雅维茨《图像时代》，胡菊兰、张云鹏译，吉林人民出版社 2003 年版，第 26 页。

② 赵毅衡：《符号学原理与推演》，南京大学出版社 2011 年版，第 193 页。

合。[①] 是对事物本质的反映，也就是新闻的本质真实。认识新闻的最终结果是构建受众的心理真实。在这一环节，大众非言语传播的作用与大众言语传播存在很大差别。

心理真实是新闻真实的落脚点，新闻真实的最终目的是影响受众对社会的认知。受众从媒介真实的信息中自主选择言语信息和非言语信息，构建自己认可的心理真实。受众获取信息的主要渠道包括文字、声音、图像等，三者对于受众的文化准入门槛不尽相同，“较之于文字、声音，图像的文化准入门槛最低”，而且因抽象语言符号和具象语言符号带来的信息记忆深度不同。而“图像记忆”的短时记忆容量大，转化为长期记忆的重复次数少，信息遗忘慢[②]，更适合塑造受众的心理真实。

受众从客观真实到媒介真实（即媒介所描述的现实）再到受众心理真实（即受众所理解的真实）的认知过程。现象真实展现于外，但是本质真实深藏于内，对于本质真实的认知需要一个过程。而且很多对于真实的探索已经超越新闻的职责范围，而新闻要求时效性，这样就无法等待对于特定事件的本质真实认知准确后才进行相关报道。所以，新闻工作者能够做的就是展示新闻的现象真实。

四　如何协调新闻的真实感、真实度与真实性

大众非言语传播参与构建肖似的“拟态环境”具有真实感，其背后隐藏的意识形态更具有影响力。人类传播技术进步的趋势是无限接近客观事实的“拟态环境”，丰富的非言语传播符号是有助于构建肖似的现象真实，但是，应该提防大众媒介利用非言语传播符号扭曲本质真实的隐蔽方式。

（一）区别人际非言语传播与大众非言语传播，破除信任迷信

研究认为非言语传播“最能反映一个人的真实态度、心理活动和价值观念”，[③] 也有研究者认为非言语传播符号是“发出者有目的地发出

① 杨保军：《新闻真实论》，中国人民大学出版社2006年版，第5、7页。

② 黄雅堃：《情色视像传播之心理污染动因探源》，《现代传播》（双月刊）2008年第6期（总第155期）。

③ 毕继万：《跨文化非语言交际》，外语教学与研究出版社1999年版，第10页。

或被看成有目的地发出”。[1] 这两种观点似乎存在矛盾，其实并不矛盾，在面对面人际传播中非言语交际更容易“反映一个人的真实态度、心理活动和价值观念”，而在大众传播中，职业传播者更容易“有目的地发出或被看成有目的地”发出非言语传播符号。这些肖似的非言语传播符号在构建新闻的现象真实方面日趋成熟。但是这些符号与其所代表的对象并非同时在场，因此它们仍然是代替对象的符号。大众传播者有针对性地选择非言语传播符号，构建肖似神话，传递脱离新闻现象，扭曲事实本质。

非言语传播学研究的早期代表人物霍尔（Edward T. Hall）在《隐蔽的一维》（*The Hidden Dimension*，1966）一书中很注重解释非言语传播的隐蔽性（invisible aspect），认为非言语传播常常捉摸不定，难以觉察，这也验证了非言语传播扭曲事实本质且不易发觉的巨大影响。

首先，大众非言语传播传者身份的隐蔽性，导致其动机具有隐蔽性。受众接受新闻信息时多想到新闻记者的文字信息，却可能忽视新闻编辑的编排艺术。这样，编辑意图表面上是传递事实，满足受众的信息知情权，但是，报纸编辑不仅仅是“为别人做嫁衣”，在编辑过程中，也经常夹带私货，兜售自己的观点和立场。而且说是“夹带”，是因为不为人所注意，所以影响深远。如报纸“开天窗”也是一种非言语传播手段，不报道也是一种态度的表现。如《纽约时报》对汶川地震报道仅有一次报道中国领导人指挥救灾事迹，这种忽视中共领导人的积极救援行为也是一种报道立场的体现。

其次，专业传者的非言语传播符号具有真实感，但在真实性方面不及人际非言语传播符号，因为大众非言语传播者更多的是“有意为之”，具有很大的倾向性和目的性，而不是人际非言语传播的“下意识”特征。但是，一般受众仍然信以为真，这是电视媒体的出镜记者、播音员或节目主持人的非言语传播具有强大影响力的重要原因。

最后，大众非言语传播的选择性更强。人际非言语传播是传播者没有选择的余地，全方位呈现自身的非言语符号。但是，大众非言语传播不同程度、不同类型地延伸和遮蔽了人际非言语传播符号，传播者主观选择的空间更大。如 1960 年总统大选报道中，约翰·肯尼迪因为善于在公众面

---

① Malandro, Barker, et al., *Nonverbal Communication*, 2nd ed. Newbery Award Records, 1989, p. 7.

前展示其良好的视觉形象，于是选择电视媒介传递其和竞争对手的辩论信息。结果，所有观看电视辩论的人都认为肯尼迪是胜者，而听收音机的人则认为尼克松将获胜。这种反差不是言语传播的不同所致，而主要是不同媒介的非言语传播优势所致。

（二）区别言语传播与非言语传播，破除信任迷信

言语是人为的，是人类按照自己的意愿武断地生产的，中断了自然的存在性。[①] 而非言语传播符号表面上和其指示对象具有一定的相似性或联系，但是也可能已经在本质上偏离指示对象。所以，批判大众媒介构建现象真实的“拟态环境”，以致误导受众，需要探索大众媒体利用非言语传播符号具有隐蔽地扭曲本质真实，误导受众的特点，这样才能厘清虚假报道的深层次欺骗性。

具备真实感的虚假真实更具欺骗性，因为虚假新闻之所以能够欺骗受众，是因为大众非言语符号使其“看上去很真实”。相反，缺乏真实感的典型报道缺乏影响力。新闻真实性是传者的底线，新闻真实感是受众的主观体验。大众非言语传播符号扭曲真实的隐蔽性在于其传者在很多情况下是隐蔽的。报纸的读者只看到报纸内容，却看不到报纸的编辑，容易忽视报纸编辑对报纸内容加工的影响。

第五节　案例分析：媒体使用虚拟非言语传播符号增强新闻真实感

——基于《十八大特别报道：数字十年》的分析

从符号学角度思考，新闻传播是对不在场的新闻事件的再现，新闻真实应该兼具真实性和真实感，这是新闻真实所追求的理想状态。但是，即使是纪实性的画面，“只是表象的真实，而无法保证本质的真实”。[②] 但是，受众需要真实感，却不容易或者不愿意去考察新闻的真实性。所以，受众直观需求就是新闻的真实感。

同时，从电视媒体自身特点看，电视受众具有大众化特征，应该考虑

---

① W. J. T. Mitchell, Iconology, *Image*, *Text*, *Ideology*, Chicago: The University of Chicago Press, 1986, p. 43. 转引自［斯］阿莱斯·艾尔雅维茨《图像时代》，胡菊兰、张云鹏译，吉林人民出版社 2003 年版，第 26 页。

② 何苏六：《真实高于月亮》，《现代传播》2003 年第 1 期。

普通大众信息接受能力的差异，即直观、简单的传播符号更具有市场。党的十六大以来的十年，我国经济社会发展取得举世瞩目的成就，人民生活明显改善。为全面反映过去十年，中国经济社会取得的巨大成就，中央电视台从2012年8月21日起推出系列报道《数字十年》，大量采用大众非言语传播符号，使报道形象直观，降低了受众接受难度。

一　化抽象为具象

新闻报道的难点在于如何传递抽象的信息，而电视媒体需要视觉叙事，这就需要将抽象的信息具象化，帮助受众认知信息，并有效构建心理真实。如2012年11月7日《喜迎十八大·数字十年：我国能源自给率十年保持90%》。配上轻快的音乐和卡通图像的动态画面，轻松，有趣（见图3－15）。报道中国最近几年的经济发展状况，通过不同国家国旗代表国家，在跑道上进行赛跑，动态展示中国经济赶超世界强国的过程（见图3－16）。

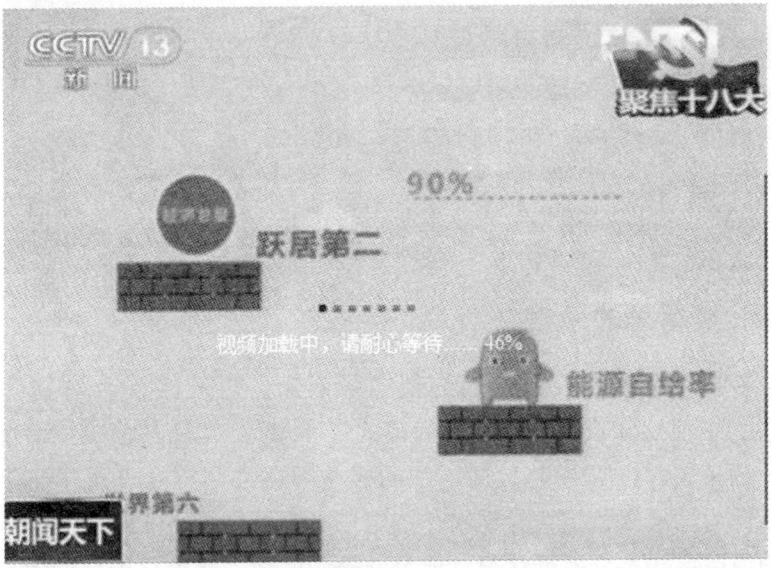

图3－15　我国能源自给率的十年对比

2012年11月10日《新闻直播间》播出《聚焦十八大·数字十年：丈量国运　测量民生》，“国运”和“民生”都比较抽象，节目选择具象化对象，用“两免一补”，即免除义务教育阶段的学杂费、对贫困家庭学生免费提供教科书，并且给寄宿的贫困学生补助生活费等。减轻负担则通

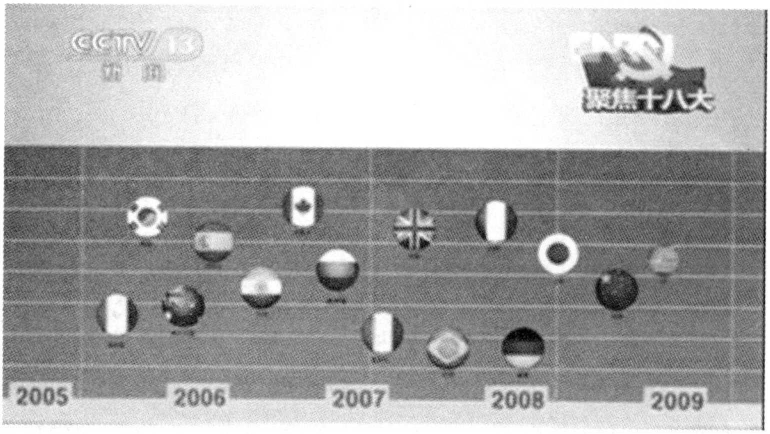

图 3－16 《聚焦十八大·数字十年：丈量国运 测量民生》报道截图

过黄色突出的“140 元”和“180 元”，黄色箭头向下，直观展示给学生家庭减轻的经济负担程度，让受众真实感受到“国运”推动“民生”的实效（见图 3－17）。

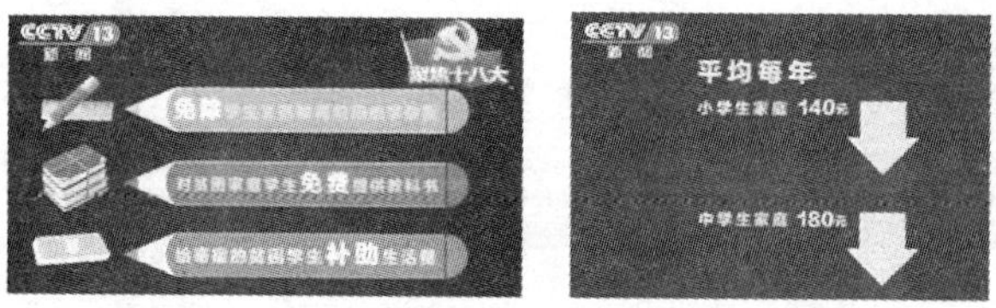

图 3－17 《聚焦十八大·数字十年：丈量国运 测量民生》报道截图

二 化繁杂为简单

符号学研究认为“符号因为要携带意义，迫使接受者对物的感知‘片面化’，使感知成为意义的‘简写式’承载”，“只有感知片面化，才能保证意义放大化”。[①] 赵毅衡老师的这些阐述强调符号表意需要化繁为简，有针对性选择特定符号，表达特定意义。电视报道有时候需要一些数据准确说明一些事物发展状况，但是，繁杂的数据让电视受众的随意收视习惯无所适从，需要化繁杂为简单，让受众直观解读信息。

① 赵毅衡：《符号学原理与推演》，南京大学出版社 2011 年版，第 37—38 页。

三　化说教为隐喻

大众非言语传播的优势在于不仅传递新闻事实的现象，更隐蔽传递传播者的观点或立场，常用手法就是隐喻表意。隐喻表意很大程度上可以避免受众逆反心理，比直白的说教更具有说服力。2012 年 11 月 5 日，《喜迎十八大 · 数字十年：非战争军事行动彰显军队宗旨》，青海玉树地震、甘肃舟曲的泥石流灾害发生 10 分钟后，当地驻军就展开了生命救援工作，出动了飞机 7000 架次，救援机动车辆 160 万台次……模拟非言语符号隐喻中国国力强盛、人文关怀，让受众直观感受新闻信息，并隐蔽受其报道价值观的影响。说服传播强调说服对象的心情影响说服功能的发挥，类似新闻配上轻松的音乐，采用动态卡通图例（见图 3 – 18）展示新闻内容，让受众在愉快的心境下接受新闻信息，更容易接受说服观点。

图 3 – 18　《喜迎十八大 · 数字十年：非战争军事行动彰显军队宗旨》截图

总之，电视是用来“看”的，这些报道将抽象的数据新闻变为生动的卡通画面，适合不同文化层次的受众理解，提高了传播效果。电视媒体应该充分发挥视觉传播符号的传播优势，将数字、抽象理念等进行具象化处理，让受众直观感受到新闻的视觉效果。

第四章　抚慰与异化：大众非言语传播参与媒介的情感传播

——大众非言语传播视角探索传媒的宣泄、抚慰与激发功能

前文所述，传媒功能包括传递事实、传递观点，还需要传递情感。新闻传播的情感信息是指“当传播的事实信息是新闻事实信息时，附着于其上并随之进行有关情感方面信息传递的，则是新闻情感信息”。① 蒋晓丽教授还认为传媒具有宣导抚慰功能，即“传媒对民众的宣传、引导、安抚、慰藉功能……对社会的不满情绪得以释放，不理解和不平的负面情绪得以宣泄，从而使媒介完成对大众情绪的按摩与抚慰，使得广大民众能在压力释放的状态下和谐共处，实现社会整合功能”。② 其中宣导功能，也就是传媒的观点传递，相关内容在引导说服章节详细阐述，此处的抚慰功能再放大一点范围，可以理解为传媒具有情感传播功能，即大众传媒应该影响受众情感体验的功能。传媒抚慰功能可以追根溯源到古希腊，亚里士多德在论述悲剧的审美作用时使用“卡塔西斯”（katharsis），当时是指医学上的“净化”和“宣泄”，也指宗教意义上的“净涤”，是一种精神治疗手段。③

当今社会日趋全球化、信息化、多元化，而中国正处于社会转型期，由农业社会向工业社会转化；由乡村社会向城市社会转化；由封闭半封闭社会向开放社会转化；由同质性社会向高度分化的社会转化；由宗教、准宗教社会向世俗社会转化。④ 社会转型期的社会矛盾日益增多，受众需要大众传媒的情感传播缓解、疏导心理上的不适和压抑等负面情绪，并刺激

---

① 若文：《面对新闻情感信息“新闻”概念应该重新界定》，《今传媒》2007 年第 3 期。

② 蒋晓丽：《传媒的宣导抚慰功能》，四川大学出版社 2008 年版，第 23 页。

③ 参见蒋晓丽《传媒的宣导抚慰功能》，四川大学出版社 2008 年版，第 6 页。

④ 吴忠民：《20 世纪中国社会转型的基本特征分析》，《学海》2003 年第 3 期。

积极情绪，推动社会和谐、进步和发展。

情感传播一般是依靠其外显形式依附于事实信息，随着事实信息的传递而传播。附载于新闻事实中的情感信息是丰富多彩的，一般在其外显形式或依附于事实变化发展时，才能直观地记录与传播。[①] 这里的“外显形式”可以理解为非言语传播或大众非言语传播，是“附载于新闻事实中的情感信息”。

面对瞬息万变的生存环境，受众开始感受到生存环境、安全保障、生活变故、就业竞争等各方面压力。与此同时，整个社会逐步进入传媒化社会，传媒深刻影响人们的生活、学习以及工作，大众传媒责无旁贷地负担着情感传播，宣泄、疏导、抚慰以及激发受众的不同情感。

第一节　大众媒体情感传播的内涵与特征

一　大众媒体情感传播的基本内涵

大众媒体情感传播具有自身的独特内涵，研究认为：“新闻强调客观、理性、中立只是强调新闻中不能加入个人的主观影响，并不等于电视新闻报道就不能传递情感、营造共鸣。”新闻报道中的情感传播就是“情感信息在传播通道内的传递、叠加和作用的过程”。[②] 新闻传播为了实现传播意图，往往将情感作为承载特定传播意图的媒介或者载体，作为一种表现手段而存在。“情感作为表达手段、传播策略是开始于传者的；而情感作为表达内容、传播目的则是归结于受众的。”[③] 新闻传播活动中的情感传播是传、受者的情感互动，对于传者与受众都发挥着积极的作用。

情感是人对客观现实的反映形式，是人对客观事物是否符合自己需要所做出的一种心理反应。大众传媒的情感传播影响受众产生相关的情感体验，并实现减轻心理压力，调整情绪促进心理和谐，强化价值观念，规范社会行为等效果。如研究者认为，新闻图片的情感传播功能体现在“被摄者在图片中的情感表现、摄影者在拍摄过程中的情感构建、受众在阅读

① 林奇：《西方新闻报道的情感信息传播》，《现代传播》（双月刊）2009 年第 6 期。
② 储符琳：《电视新闻报道中的“情感传播”》，《青年记者》2006 年第 16 期。
③ 崔莉：《媒介之媒介：论电视情感传播的工具性价值》，《现代传播》2010 年第 9 期。

中的情感再现这三个不同的范畴，让三者的情感产生了共振并最终实现传播”。[①]

另有研究者强调电视参与情感传播的优势，认为“精准有效的情感传播策略、不断变化的情感传播形式、充满隐喻的情感传播体验、富于感染力的情感传播效果”，[②] 使得电视新闻传播具有情感传播的优势。而大众非言语传播的情境性优势潜移默化地影响受众的情感体验，是情感观念现实化和具体化必不可少的重要手段。如“最美女教师”张丽莉近况如何？视觉非言语传播直观再现其痛苦坚持与坚强乐观的精神面貌（见图4－1），引导社会人群积极向善，友爱互助。

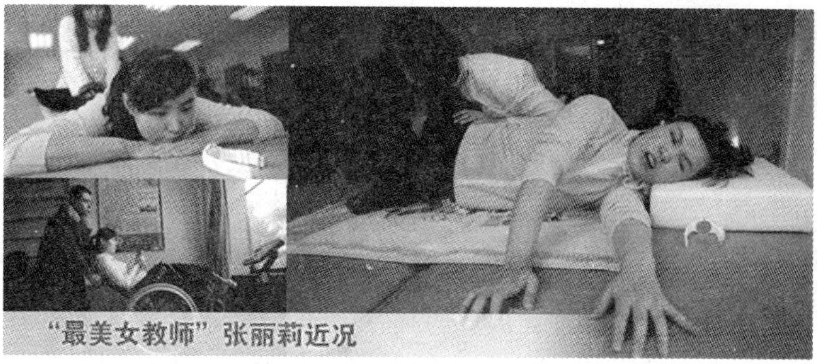

图4－1 新华网报道《“最美女教师”近况》

资料来源：《“最美女教师”张丽莉近况》，新华网，http://news.xinhuanet.com/photo/2013－01/07/c_ 124199530_ 2.htm

形象对比也是情感传播的一种重要手段，即对比展现事实，使受众在鲜明的事实对比中看到差别，并自己得出结论。一方面，比较形象直观地展示依附于事实的情感信息，可视性强，符合人们的审美要求和阅读心理；另一方面，记者为了显示其报道的客观性不直接抒发，而是把可比性的外显性情感信息在对比中凸显出来，把情感信息置于对比冲突之中，让受众领会其中的含义。[③]

如中国网络电视台“德班气候大会”专题，将“中国期待”和“各国立场”对比，让各方的立场和观点公开对比，促使受众联想幕后各国

---

① 张辉东：《注重灾难报道中新闻图片的情感正效应》，《湖南社会科学》2010年第3期。

② 崔莉：《媒介之媒介：论电视情感传播的工具性价值》，《现代传播》（双月刊）2010年第9期。

③ 参见林奇《西方新闻报道的情感信息传播》，《现代传播》（双月刊）2009年第6期。

的利益之争，让受众体验到对中国立场的赞赏和对其他国家不作为的不满，通过对比表达报道者的情感倾向（见图4-2）。

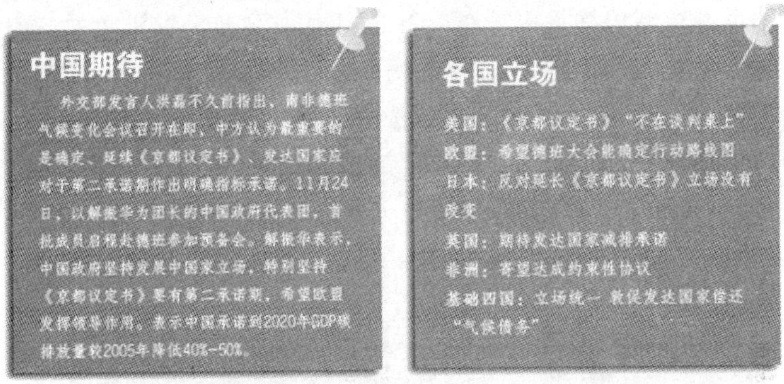

图4-2　中国网络电视台中外各国对气候大会的态度对比

二　大众非言语传播参与情感传播的特征

兹拉威克（Watzlawick）等人认为：因为我们描述别人情感的词汇是相当有限的，感情表达受到限制时，需要非言语传播。布朗认为非言语传播比简单讲假话更难以欺骗别人。不管我们喜欢与否，我们有时会通过非言语渠道，特别是语音质量，泄露对别人的感情。当非言语传播与言语传播一致时，强调说话内容的可信度，摩拳擦掌，拂袖而去，五体投地，捶胸顿足，趾高气扬，袖手旁观，愁眉苦脸，呆若木鸡，瞠目结舌，垂头丧气，满面春风，昂首阔步……我们通过各种非言语信息含蓄表示对关系的看法，如手势、交流时的空间距离、面部表情等语调表达。① 大众非言语传播具有现场可证性、传播符号的丰富性和传播的拟态性赋予其更多传播优势。"在电视传播中，言语的音调、音量、音高、音速等都是一些表情手段；作品中人物由于情绪激动，发出各种不同的富有表情的声音。"② 这些都可以证明新闻传播事件的真实感，以及新闻人物当时的情感状态，也是影响受众相关情感的必要手段。

（一）静态视觉非言语传播符号参与情感传播，瞬间永久

静态视觉非言语传播具有瞬间永久性特征，如不同的色彩给人的感觉

---

① Ronald E. Riggio, Robert S. Feldman, *Applications of Nonverbal Communication*, London: Lawrence Erlbaum Associates, 2005, p. 98.

② 李玉琴：《电视传播中听觉性非语言符号与情感的关系》，《艺术广角》2005年第2期。

是不同的，心理学家认为，红色能促使人的心跳加快，具有激励作用，给人以一种热情、积极向上的情感反应；而黑色给人一种压抑、肃穆乃至恐怖的情感反应；蓝色给人以深沉，绿色具有生命力、生机勃勃，白色给人洁白，或者是苍白和没有生命力的情感反应等。中国网络电视台“德班气候大会”专题的非言语传播比较成功，该报道很少文字叙述，而是通过一组视觉信息，传递中、西方不同国家对于环境问题的立场（见图4－3）。

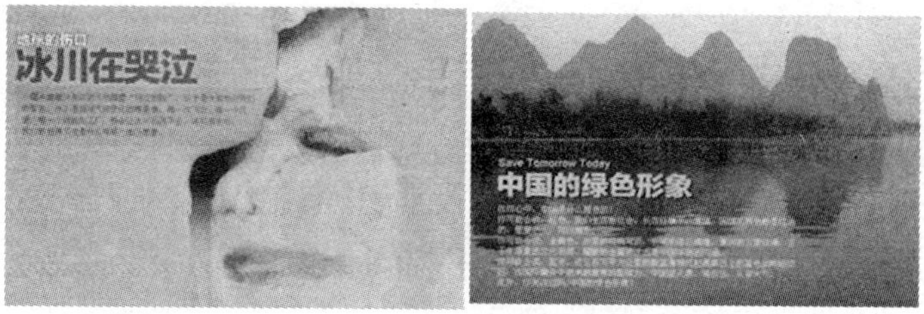

图4－3 “德班气候大会”报道中色彩传播情感

资料来源：中国网络电视台“德班气候大会”专题，http：//news. cntv. cn/special/2011dbqhdh/shouye/index. shtml。

（二）动态视觉非言语传播符号参与情感传播，生动直观

电视媒介的视听觉非言语传播符号多角度延伸人际非言语传播，如电视主持人的体态语、装饰性非言语符号、主持的空间非言语符号等，生动，鲜活，让受众足不出户就能体验到现场的热烈气氛，宣泄情感。电视情感传播具有表现性优势，情感本身就极具表现性。同时，不断发展的媒介技术为电视提供了丰富多样的视觉表现手段，这些都极大地增强了电视情感传播的表现性。[①]

2012年《中文国际》、央视《新闻30分》等电视媒体在11月6日都播放亚欧峰会期间，当温家宝总理从野田佳彦身边走过时，野田佳彦面露笑容，但温总理则面朝一侧径直步入会场。特写镜头聚焦野田佳彦的尴尬表情，让中国受众宣泄因钓鱼岛引发的诸多不满情绪（见图4－4）。

（三）听觉非言语传播符号参与情感传播，声情并茂

自然界的各种声音是一种中性的符号，和人类情感传播存在形式上的差异性，前者是一种物理现象，而后者是一种心理现象，两者如何相互联

① 崔莉：《媒介之媒介：论电视情感传播的工具性价值》，《现代传播》2010年第9期。

图4-4　《亚欧峰会温家宝与野田佳彦"擦肩而过"》

资料来源：《亚欧峰会温家宝与野田佳彦"擦肩而过"》，搜狐视频，2012年11月6日，http：//tv. sohu. com/20121106/n356759096. shtml

系起来的呢？本书认为，由于受众受以往的生活经验影响，不同的声音可以催发受众想象，联想到以往类似声音的相关场景，从而使受众心理产生各种不同的情感体验，并实现情感宣泄功能。美学家苏珊·朗格曾论述了听觉性非言语符号中音乐与它所表现的感情之间的关系，认为"音乐的样式正是用纯粹的、精确的声音和寂静组成的相同形式，音乐是情感生活的音调摹写"。[①] 大众非言语传播符号单独或组合传播，唤起受众的各种联想，催生出不同的情感体验，实现情感宣泄功能。

比如听觉非言语传播符号同人类感情间的内在联系，是由于以往类似声音所关联的情感已经在受众的记忆中，类似声音的出现唤起以往的记忆和情感体验。比如听广播报道车祸时，伤者声嘶力竭的哭声让受众很容易联想到以往见过的车祸场面以及当时的情感体验，所以，这一次的情感体验其实是唤起以往类似体验的记忆。

副言语传播符号适合传达人的情感信息是基于它的可感性、持续性和

① ［美］苏珊·朗格：《情感与形式》，刘大基、傅志强、周发祥译，中国社会科学出版社1988年版，第36页。

下意识性（潜意识）特征。副言语传播符号传送的信息是可以被感知的变量，可以被人的感官捕捉，形成视觉、听觉、触觉等刺激，最后形成综合的感知信息。同时，副言语传播是一个持续不断的过程，即使在语流暂停的过程中，副言语传播仍然在持续进行。大部分副言语都是人的下意识或潜意识行为，两者都是人在长期生活中的经验、心理作用、本能反应以及心理和情感的暗示等不同的精神状态在客观行为上的反映。因此，人的内心情感状态或变化往往通过副言语行为本能地、不自觉地传达出来，在人际交往中，有时人们甚至根本没有意识到他们正通过副言语传达着内心情感。①

2008 年 5 月 19 日央视“爱的奉献”赈灾晚会上，周涛对四川籍演员岳红说：“我不知道怎么安慰你，我拥抱你一下，好吗?”在此过程中，泪眼婆娑，声音哽咽，无声的间歇无不传递丰富的情感。北川中学的三名高中学生，讲述他们死里逃生的经过，哭诉的声音很容易让观众联想到自己曾经经历过的悲伤场面，联想到失去亲人、朋友的感受。

推而广之，大众非言语传播所表现出来的感情，实际上是由观众自己体验新闻作品中人物的各种感情，音响符号、视觉符号能唤起丰富感情常常是观众依靠自己的生活、感情经验主动地体验传播信息中蕴含的场面或情感。

（四）视听复合非言语传播符号参与情感传播，刺激联想

前文讨论视觉、听觉非言语传播符号都具有刺激受众联想的作用。但是，视听复合非言语传播符号更能刺激受众联想，这也可以从精神分析学角度找到科学依据。如移情（transference）是精神分析的一个用语，是指在以催眠疗法和自由联想法为主体的精神分析过程中，求助者将自己过去对生活中某些重要人物的情感投射到咨询师身上的过程，借咨询师宣泄积压的负面情绪，再经咨询师的分析，逐渐化解心理症，实现心理平衡。大众非言语传播的视听效应更适合受众移情效应的发挥。诚如丹尼尔·贝尔所言：“广告所起的作用不只是单纯的刺激需要，它更为微妙的任务在于改变人们的习俗，教会人们适应新的生活方式。广告突出了商品的迷人魅

① 成越洋：《折射情感的三棱镜：对电视传播中副语言功能的再认识》，《中国广播电视学刊》2009 年第 9 期。

力，它的诱惑力无处不在。"[①] 正是借助多种大众非言语传播符号，才完整营造符合广告意图的社会环境，以及生活方式等，凸显广告商品对于消费者的重要意义，大众非言语传播使广告说服具有隐蔽性和说服力。

人们从传媒图像中获取的也是各种各样的快乐、梦想、欲望及幻想等情感体验。普通大众实际的日常生活也许并不都是这样幸福美满，但是，这样的视觉效果很容易达到一种移情的心理效果。同时，关于历史、名人逸事、传统生活的老照片、老电影等是历史文化的延伸，视觉传播也可以让生活在现代大都市的受众从心理上寻找宁静、维持心灵平和、促进反思等积极心理。

大众非言语传播的拟态性更凸显传播优势，在电视传播中，"情感往往被传者当作一种表现性工具加以使用"，"是连接传者与受众的内在纽带，是实现传播过程、传播效果的主要工具"，认为电视传播，"是从传者到受众的过程，是传者主观意图与受众客观体验的结合。在传播过程中，传受双方的情感参与共同构成了情感作为电视传播的媒介性特征"。[②] 电视媒体视听复合传播的方式更容易构建拟态环境，也更适合实现受众的情感宣泄功能。

大众非言语传播符号之所以能够影响受众的情感体验，还可以从心理学角度寻找依据。日本心理学者提出色彩疗法，是"利用色彩对患者施以心理治疗的一种医疗手段"。[③] 色彩只是非言语传播符号的一种，但是，从中可以看出大众非言语传播符号影响受众的情感体验。认知心理学认为，情感有生理和认知两个组成部分，"当我们的情感被激发出来时，我们的身体有一定的变化，如心跳加快、出汗，以及皮肤电（皮肤）变化等。同时，我们也在思考我们的情感和情感发生原因以及如何诠释。例如，如果你得到一份新工作后很激动，你会发现，你此时的身体兴奋状态不同于你刚刚喝掉 10 杯咖啡或刚刚从一个杀人狂魔手中逃脱的感觉。因

① ［美］丹尼尔·贝尔：《资本主义文化矛盾》，赵一凡、蒲隆、任晓晋译，生活·读书·新知三联书店 1989 年版，第 116 页。

② 崔莉：《媒介之媒介：论电视情感传播的工具性价值》，《现代传播》（中国传媒大学学报）2010 年第 9 期。

③ ［日］滝本孝雄、藤沢英昭：《色彩心理学》，成同社译，科学技术文献出版社 1989 年版，第 42 页。

此，我们的情感体验是我们的身体状态和认知评价的共同产物”。[①] 这里的“认知”显然包括言语认知和非言语认知，受众接触适当的非言语符号可以调节身心，影响受众的情感体验。

非言语传播符号影响受众的心理体验，因为不同非言语传播符号可能引起受众的相关联想，从而影响受众的情感体验。如色彩的冷暖，实际上不同色彩本身并不具有温度特征，只是引起受众心理感受的变化，而心理感受的变化是由于不同色彩使人联想到不同的物体，这些物体曾经给人某种温度的感觉，即色彩的冷暖是受众联想带来的一种情感体验。各种色彩给人的轻重感迥然有异，也是这个道理，如“浅色的西服给人明朗、轻快的感觉；深色西服则给人沉着、稳重的感觉”。[②] 其他一些颜色也分别具有不同的象征意义（见表4－1）。

表4－1　不同色彩的象征意义

色调	象征含义
白	欢喜、明快、洁白、纯真、神圣、素朴、清楚、纯洁、清净、信仰
黑	寂静、悲哀、绝望、沉默、罪恶、坚实、不正、严肃、黑暗
红	喜悦、热情、爱情、革命、热心、活泼、诚心、幼稚、野蛮、卑俗
橙	快活、华贵、积极、跃动、喜悦、温情、任性、精力旺盛
黄	希望、快活、愉快、发展、光明、欢喜、明快、和平、轻薄、冷淡
绿	安息、安慰、平静、智慧、亲爱、稳健、公平、理想、纯情、柔和
蓝	沉静、沉着、深远、消极、悠久、冥想、真实、冷静、冷冷清清
紫	优美、神秘、不安、永远、高贵、温厚、温柔、优雅、轻率

资料来源：［日］滝本孝雄、藤沢英昭：《色彩心理学》，成同社译，科学技术文献出版社1989年版，第44页。

不同色彩使受众产生不同的联想，由受众的生存环境等多重因素的影

① Richard Jackson Harris, *A Cognitive Psychology of Mass Communication* (Fourth Edition), the Taylor & Francis e-Library, 2008, p. 155.

② ［日］滝本孝雄、藤沢英昭：《色彩心理学》，成同社译，科学技术文献出版社1989年版，第39页。

响。如2012年12月14日《新京报》报道，《北京地铁多名女子被划伤脸部　一伤者脸部缝15针》，多名网友微博爆料，自12月8日以来，在地铁5号线、10号线连续发生5起类似案件，受伤者均为年轻女性。报道虽然没有出现女伤员，但是配发事发现场地板上的鲜血场面，红色画面很能刺激受众联想，警醒社会人群防范类似事故。

（五）大众非言语传播符号情感传播具有主体性与共通性特征

电视情感传播具有主体性与共通性特征。研究认为，“虽然有些动物也会表现出一定的情感色彩，但人本质上是社会的，社会意义上的‘情感’只为人类所独具”。[①] 所以，情感传播具有主体性，大众传播传递各种情感场景，激发受众相应的情感体验，引起心理共鸣。大众非言语传播符号同样具有主体性和共同性特征，如面临同伴伤亡时，几乎世界各地人群都可能会哭泣。2012年12月14日，美国康涅狄格州校园枪击案造成28人死亡，奥巴马就此惨剧发表讲话时，数度哽咽流泪，不同国家的观众都会感同身受，心情沉重。

第二节　大众非言语传播参与情感传播的类型

本书认为大众传媒在情感传播过程中至少需要做三个层面的工作：首先是情感宣泄，让受众积郁心底的负面情绪得到合理的释放，达到心理平衡；其次是情感抚慰，对于受众受到来自不同方面的、不同程度的心理伤害得到安抚和慰藉，实现心理治疗的效果；如果前两步还只是应急之策，只解决现存的心理矛盾；最后是情感激发，即激发积极、向上、有利于社会发展稳定和进步的受众情感，成为推动受众行为朝良性方向发展的内在心理动力。这也是本章行文的大致框架。

其中大众传媒实现情感宣泄功能是受众借助大众媒介通过“移情”的方式，主动释放特定情感，包括积极正面的或者是消极负面的情感；大众传媒的抚慰功能则是被动的，是被动抚慰受众已经受伤的心灵。而大众传媒的情感激发功能是主动的，主动激发还没有出现的正面的、积极的情感。三者之间彼此相连，不可分离，本书为了叙述的方便，暂时分开。正是由于大众非言语符号能够有效影响受众不同的情感体验，才可以影响受

① 崔莉：《媒介之媒介：论电视情感传播的工具性价值》，《现代传播》2010年第9期。

众的情感宣泄、情感抚慰以及情感激发等传播功能，以下将从这三个方面具体展开分析。

一　大众非言语传播宣泄受众压抑的情感

（一）新闻传媒宣泄功能的必要性

宣泄是一种心理学用语，俗称发泄，“指人通过某种行为表现来减轻由于情感受到压抑而产生的心理压力的过程”。[①] 弗洛伊德最早使用“宣泄”这一概念，认为“人的某种本能会使他产生许多同现实生活相冲突的行为冲动，如果这些本能的冲动经常受到压抑便会引发心理紧张，最后导致精神障碍。人只有通过一定方式满足这种本能的要求，才能减轻心理压力。因此，宣泄成为防治精神障碍的主要方法”。[②]

造成精神障碍的主要因素是负性情绪（negative emotion），心理学上把焦虑、紧张、愤怒、沮丧、悲伤、痛苦等情绪统称为负性情绪，有时又称为负面情绪。宣泄心理是受众的一种心理净化过程，通过一定途径宣泄负性情绪，减轻心理压力，抚慰受众心理。受众在社会生活中遇到不好情绪，通过接受媒体不同内容，减轻心理压力而产生一种情绪释放和消解的过程。如通过娱乐化的图像传播，获得身心的休闲和心理放松，得到一种心理调适。通过他人的经验使欲望、恐惧与激情得到消除的宣泄心理的表现。[③] 面对激烈的社会竞争，人们的生活、工作、学习以及人际关系等不可避免地出现紧张、焦虑和压力等消极情绪，媒体的宣泄功能就是实现这些消极情绪的释放或转化，培养积极情绪。只有这样的情绪及时宣泄出来，才更有利于人们的心理健康和社会行为的有序开展。

首先，从受众立场看，压抑的情感需要传媒帮助受众实现宣泄功能。亚里士多德在《诗学》中提出“净化”概念，就是通过观看悲剧，释放压抑的情感，使得人的心灵得到某种程度的“净化”。“把痛苦告诉给你的知心朋友，痛苦就会减掉一半；把快乐与你的朋友分享，快乐就会一分为二”，培根的这句名言也说明大众传媒宣泄功能的重要意义。弗洛伊德认为，“人的某种本能会使他产生许多同现实生活相冲突的行为冲动，如果这些本能的冲动经常受到压抑便会引发心理紧张，最后导致精神障碍。

① 童兵：《简论新闻传媒的宣泄功能》，《新闻记者》2010 年第 2 期。

② 同上。

③ 温华：《媒体图像传播与社会文化心理》，《新闻与传播研究》2006 年第 2 期。

人只有通过一定的方式满足这种本能的要求，才能减轻心理压力。因此，宣泄成为防治精神障碍的主要方法”。①

其次，从风险社会视角看，需要传媒帮助受众实现宣泄功能。由于地区和行业之间存在发展不平衡，以及社会保障和就业、分配不公等问题，以及腐败滋生，社会对立和社会纠纷长期得不到有效解决，引发突发公共事件和群体性事件频频爆发。而与此同时，新闻传媒没能提供民众舆论表达的足够空间，传媒的情感宣泄功能未能受到重视，导致风险因素存在。

（二）新闻传媒是民众宣泄的有效渠道

情感宣泄的途径比较多，如可以和朋友交流、体育锻炼等。负面情绪的宣泄可以减少心理压抑和行为的攻击性，如我们日常生活中经常发现受挫和攻击行为的联系。一般认为，“受挫的人比没有受挫的人行动上更具攻击性”，“我们有时会把挫折引发的愤怒转到不该承受它的人身上”。② 即负面情感的宣泄可以实现心理平衡。如何实现宣泄功能？大众传媒宣泄不容易伤及无辜，破坏亲戚、朋友之间的感情，可以获得更好的情感体验，情感宣泄是大众媒介功能之一。

上述讨论发现，通过人际交往实现负面情绪宣泄功能存在诸多风险，童兵教授认为大众传媒实现情感宣泄功能具有独特的优势和特点：及时快速，影响广泛，合理可控，“传者借助传媒宣泄自己的情感，释放自己的压力，指人通过某种行为表现来减轻由于情感受到压抑而产生的心理压力的过程”。③ 而且大众传媒帮助受众舒缓心理压力比游行、暴力抵抗等更容易控制，对于社会带来的负面影响相对较小。蒋晓丽教授认为，“受众可以通过传媒获得宣泄，可以包括怜悯、恐惧、净化和陶冶。怜悯、恐惧是宣泄的过程，净化和陶冶是宣泄的结果”，④ 所以，新闻媒体是民众宣泄的有效途径。

（三）大众非言语传播参与宣泄功能的类型

1. 监督报道中的非言语传播宣泄受众的不满和不安情感

面对社会不安定因素，难免让受众感觉不安，生怕自身或家人遭受意

① 童兵：《简论新闻传媒的宣泄功能》，《新闻记者》2010 年第 2 期。

② ［美］伯格：《人格心理学》（第七版），陈会昌等译，中国轻工业出版社 2010 年版，第 86 页。

③ 童兵：《简论新闻传媒的宣泄功能》，《新闻记者》2010 年第 2 期。

④ 蒋晓丽：《传媒的宣导抚慰功能》，四川大学出版社 2008 年版，第 6 页。

外伤害。解除受众这种负面情绪的办法就是通过法制新闻报道，让受众认识到，不法分子终将被绳之以法，以此宣泄受众的不安情绪。

当前，中国处于社会转型期，改革开放30多年来，在社会整体大发展的同时，也不可避免地出现社会贫富差距过大，各种社会矛盾凸显等现象。社会群体心理也随之发生巨大变化，包括不满情绪的郁积给社会带来很多不稳定因素，如何宣泄类似负面情绪成为当前舆论引导的关注焦点。通过一定的监督报道可以让受众感受到国家和政府治理腐败的决心和效果，一定程度上宣泄受众心中的不满情绪，消除负面情绪的干扰。大众非言语传播让受众真切感受到社会不良现象，也让受众看到光明和希望，宣泄受众心理不满和愤怒情绪。

央视《焦点访谈》利用大众非言语传播优势，让受众看到不法分子的最后下场，宣泄受众不满、不安情绪。如2012年9月5日报道《坑农的假农资》，据专家介绍，如果这些假农资全部使用到农作物上，将会造成至少100万亩农作物减产、绝收或土地污染。这时候，视频画面出现100万亩的红色数据，突出其危害之大，用红色隐喻危险、警示作用。在抓获现场，“站住，别动”等副言语传播扣人心弦，彰显法律的威严，震慑其他犯罪分子。然后是摇镜头扫描制造假农资窝点现场，相关犯罪嫌疑人被抓、上车的画面，并重点报道重要人物崔立斌关押的画面，特写镜头对准铐住的手凸显法律的威严（如图4－5），节目的结论是“为了牟取暴利，犯罪分子选择不择手段，不计后果，等待他们的也注定是法律的严惩”，以宣泄受众的不满、不安等负面情绪。

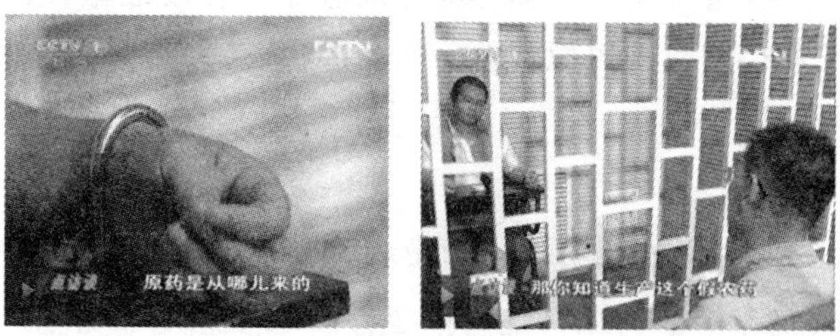

图4－5　犯罪嫌疑人崔立斌接受采访

资料来源：2012年9月5日《焦点访谈》，《坑农的假农资》截图

当然，这一报道非言语符号强调言语传播不够。如报道出动200多名公安民警同时进入7个造假窝点，当场查获各种品牌的假农资近200万袋。假农资销售网络已经通过物流遍布全国10个省市20多个地区，公安

机关迅速确定30多个假农资下线销售点，捣毁了制造贩售假农药的窝点51个，查获了17条假农资生产线，抓获造假分子137人，查获各种假冒农资农药品牌146个，涉案金额高达4亿元。上述这些数据说明制假行为的严重性，以及公安机关破获此案的重大意义。但是，还不够直观，比如可以借助相关视频展示危害的后果，更让受众触目惊心。采用图表、图例、假农资销售网络地图等非言语传播符号直观展示，更能凸显电视媒体的传播优势，相关报道还可以探索进一步改善报道效果的方法。

2. 讣闻类报道中的大众非言语传播符号宣泄受众的悲伤情绪

南京师范大学新闻与传播学院教授石坚认为，“如果我们将讣闻的内涵再扩大一些的话，那么讣闻不仅是报道某人去世，而且是要展现一个亡者的一生，当然不是一部流水账，而是亡者最突出的成就及特点，甚至包括逸闻趣事”。[①] 所以，讣闻报道应该突出“哀而不伤”的特点，宣泄悲伤之情，却又给人以积极向上的精神。

“5·12”汶川大地震期间国内媒体相关报道比较多，如《南方周末》在震后三天刊发了“地震号外”，在5月29日刊发了《汶川的孩子，笑容留在照片上》、《泪水流尽——给四川大地震死去的孩子》、《你将铭刻我的人生》等一系列讣闻报道。《南方都市报》在地震发生7天后，做了《学·殇》、《震·恸》、《七日祭》等。《华西都市报》5月19日至21日全国哀悼日期间，也利用黑白版面表示对遇难者的哀悼，彰显媒体的人文关怀，宣泄伤感、同情等情感（如图4－6）。

图4－6　《华西都市报》“5·12”地震哀悼日的版面

上述报道，借助视觉非言语传播符号传递感情，体现立场，还可以从听觉非言语符号角度分析讣闻传播的特点。2011年5月15日，中央人民广播电台《新闻和报纸摘要》节目播出稿件《李德生同志的遗体昨天在

① 石坚：《讣闻报道：“记述的不是死亡，而是生命”》，《传媒观察》2008年第4期。

北京八宝山革命公墓火化》，分析其听觉非言语传播。①

> 中央台消息：（此处稍作停顿）中国共产党的优秀党员，久经考验的忠诚的共产主义战士……国防大学原政治委员（此处稍停顿）李德生同志的遗体（此处重音强调），昨天在北京八宝山革命公墓火化。
>
> 李德生同志（此处强调）因病于2011年5月8日15时20分在北京逝世，享年96岁。
>
> ……表示沉痛哀悼并向其亲属表示深切（此处强调）慰问。
>
> ……正厅上方悬挂着黑底白字的横幅“沉痛悼念李德生同志”（此处强调引号内容），横幅下方是李德生同志的遗像。李德生同志的遗体安卧在鲜花翠柏丛中，身上盖着鲜红的中国共产党党旗。
>
> （此处语速慢）10时许，胡锦涛、吴邦国、温家宝、贾庆林、李长春、习近平、李克强……表示慰问。

在播音员播读“中央台消息”这一题头时，语速较慢，给整篇稿件确定了哀婉的基调。在“国防大学原政治委员”播读结束时，播音员有一个短暂的停顿，为引出主要内容“李德生同志的遗体”这一句话做了铺垫，在播音员播读“李德生同志的遗体”这句话时，一字一顿，重点强调。播读“10时许”的语速明显降低，平缓的语气给整篇稿件营造出了一种哀伤的气氛。

当然，整篇报道没有出现现场的任何音响，显得现场气氛不够。如果穿插现场的哀婉的音乐、亲属的哭泣声等，更显真实感人。

3. 体育、娱乐报道中的非言语传播符号宣泄受众的兴奋情感

弗洛伊德认为，“人类面对的两个最重要的驱动力是性和侵犯驱动力。这些是根本，它们是人与生俱来的一部分，因为生命和死亡本能存在于本我”。同时，在《文明及其不满》（1930年）中，弗洛伊德还强调人类“寻求快乐的本质（“快乐”意味着性和侵犯能量的释放）与文明社会的极度矛盾。根据弗洛伊德的观点，我们内部要求是互相利用以得到性和

① 参见杨守华《浅论非语言符号在广播新闻中的运用》，《中国广播》2011年第6期。

破坏的满足”。[①] 既然性和娱乐是人类固有的一种心理特征，而这一特征又容易给社会带来一些危险，如何处理这一矛盾？研究认为，“如果文明可以提供社会接受的释放力比多和破坏能量的途径，问题就可以减轻，虽然得不到完全的解决。将能量转化为其他的、代替性的过程（而不是直接成为性和破坏性行为）称为转移。如果本能能量的转移引出社会赞许的行为，这种转移被称为升华”。[②] 体育报道和娱乐报道就是一种重要的释放途径。

相反，“本我本能的部分‘原始’心理能量投进了自我的功能，这种功能包括寻找释放更多的本能能量的方式（从而消除压力），以及控制本我的冲动直到找到充足的和合适的释放方式”。[③] 如果本能能量没有有效的释放渠道，不能得到有效的升华，就会导致紧张的聚集、焦虑等情绪的出现，甚至过激行为的发生。同理，如果大众传媒没能给受众提供释放类似能量的机会，也将造成受众心理的不和谐、不健康。

大众非言语传播的直观性、细节性优势能够全面反映负面行为及相关情境，推动大众传媒的宣泄功能。如《人民日报》报道，北京时间 2013 年 2 月 16 日，NBA（美国男子职业篮球联赛）全明星周末在休斯顿举行，扣篮大赛中多伦多猛龙队球员泰伦斯·罗斯模仿前辈卡特奋力一扣，颇具视觉震撼力（见图 4 －7）。相关报道为篮球迷们提供了一场篮球盛宴。[④] 即使不是视频报道，但是选择比赛瞬间的精彩镜头，同样让球迷看得热血沸腾。电视机前的观众观看比赛过程中的视听觉非言语体验如身历其境，呐喊就是一种宣泄和释放。

二　大众非言语传播抚慰受众受伤的情感

蒋晓丽教授认为，“生存的压力、职业的竞争、生活的变故，乃至环境的恶化……无不使人们焦虑烦躁乃至精神分裂，提供正面积极、轻松愉快的内容，科学有效地解决人们面临的现实问题和困难，慰藉孤独无助、

① 转引自［美］Robert D. Nye《三种心理学》，石林、袁坤译，中国轻工业出版社 2000 年版，第 12 页。

② ［美］Robert D. Nye：《三种心理学》，石林、袁坤译，中国轻工业出版社 2000 年版，第 14 页。

③ 同上书，第 16 页。

④ 范佳元：《罗斯扣篮封王　姚明当上评委》，《人民日报》2013 年 2 月 18 日第 15 版。

图4-7 （左）泰伦斯·罗斯在扣篮大赛上的最后一飞。（右）与罗斯争夺扣篮大赛冠军的杰雷米·埃文斯扣篮的多重曝光

资料来源：范佳元：《罗斯扣篮封王 姚明当上评委》，《人民日报》2013年2月18日第15版。杨磊摄，张芳曼制图。

濒临绝望的心灵，这是传媒‘慰’的功能”。[①] 新时期，中国城市化过程，传统的生活方式被打破，个体的内心却更加孤独，受众需要情感抚慰。传媒化生存时代，受众开始更加借助传媒和社会互动，人际交往的淡化，需要传媒替代和补充情感的缺失，需要传媒的情感抚慰。抚慰重大突发事件短期引起的心理压力和不适感，让受众心理恢复健康和平静，以应对事故造成的心理创伤。

有人说一切音乐慢到一定程度就会成为哀乐，可见哀伤的时候，应该放慢语速。地震、雪灾、矿难、水灾等相关报道，除了报道事件本身事实，还需要考虑到对受众因突发事件带来的心理创伤进行情感抚慰。如上海申通地铁追尾事故，东方卫视的主持人语速相对缓慢，显得凝重。而成都“6·5”公交车燃烧事故的主持人语言相对比较快，与报道内容的氛围不够和谐。

危机往往给人们造成超乎寻常的压力，需要心理辅导，人们才会坚强起来。当社会遭遇重大事故后，受众处于心理恐慌、无助状态，需要大众传媒进行心理抚慰，给受到刺激、惊吓的受众心理以安慰，使其平静下

① 蒋晓丽：《传媒的宣导抚慰功能》，四川大学出版社2008年版，第2页。

来。大众媒体借助大众非言语传播，以真实可信的日常生活场景报道化解公众的不安全感。从普通民众日常生活的视角来报道，通过生活细节和日常活动来展示社会秩序和民众心态的恢复。其中电视新闻重点突出现场镜头，广播新闻突出当地民众声音，报纸新闻则采用大幅图片，展示秩序井然的日常生活画面，无形中化解了人们心中的不安全感。在此过程中，大众非言语传播符号可以用生动的事实场景安稳民心，抚慰惊吓所造成的负面影响。

（一）视觉静态非言语传播符号抚慰受众心理

眼睛是心灵的窗口，更是感受情感的重要途径，视觉非言语传播具有情感抚慰功能。如“5·12”汶川大地震之后，特别是小孩可能出现极度的害怕、无助感、悲伤、愤怒、重复回忆等不良心理状态。为了让地震幸存者的心理创伤早日愈合，一支由奥运冠军高敏、邓亚萍、杨扬和国际象棋棋后谢军等4名世界冠军和14名心理学专家组成的心理救援团抵达四川灾区，和孩子们互动。报道的照片直观展示孩子们的情感，救援人员的乐观表情也安慰了媒体受众心理。

胡锦涛、温家宝执政期间多次深入不同灾区，给灾民以精神鼓舞，抚慰因灾难而受伤的心理。大众传媒采集相关非言语传播符号，进行传播势必更大范围安抚社会受众的心理。图4－8中诸如表情、手势等视觉静态非言语符号传递国家领导人对于灾难和深受灾难伤害人民的感情，也让深受灾难群众的心理得以抚慰。

图4－8 胡锦涛、温家宝安抚灾民的画面

资料来源：凤凰网：《胡温十年声音》，http：//v. ifeng. com/special/shibada/shinian/index. shtml。

（二）视觉动态非言语传播抚慰受众心理

大众非言语传播视听兼备、图文并茂，进行抚慰和心理缓释有优势，向受众呈现事物积极的一面，使受众的不良心理倾向得到缓和和释放，进行心理引导，引导受众对危机进行理智的分析和判断，消除盲目恐慌的心理。

如汶川地震发生后很短的时间内，温家宝总理就赶赴灾区指挥救灾，安抚受灾群众，相关报道通过特写镜头抓取了一幕幕抚慰受伤群众的体态语、嘶哑的声音透射出真诚和关怀。视觉动态非言语符号生动直观地传递出党和国家对于群众疾苦的关心，对于灾民的同情。这些非言语传播更具感染力和说服力，抚慰受伤心理，让因灾难受伤的心理得以平静。

（三）听觉非言语传播符号抚慰受众心理

听觉非言语传播符号声情并茂，抚慰受众心理。此处，从大众非言语传播视角分析“炉边谈话”的成功原因。

20 世纪 30 年代，美国经济处于大萧条时期。为了求得美国人民对政府的支持，缓解萧条，罗斯福在总统府的壁炉前接受美国广播公司、哥伦比亚广播公司和共同广播公司的录音采访。罗斯福在其 12 年总统任期内，共做了 30 次“炉边谈话”，成功地抚慰了当时因经济危机造成美国人民受伤的心理，除了其言语内容给受众以希望外，其非言语传播优势同样发挥了独特的作用，亲切的语气拉近了和受众之间的心理距离，赢得了美国人民的理解和信任。

首先，谈话的环境消除了传、受者之间的心理距离，更容易建立信任关系。炉边谈话预示近距离的交流，更像一对一的面对面交流，其亲密关系的感觉明显，双方的信任感更强。

其次，语调的舒缓，娓娓道来，拉近了总统和普通国民之间的空间距离，消除了传、受时空分离的劣势。美国人类学家爱德华·霍尔博士划分了四种区域或距离：公共距离、社交距离、个人距离、亲密距离。在美国人认为，“声调的改变是与特定的距离范围有关”,[①] 声调越高，表明传、受者之间的距离越远。

各种距离都与双方的关系相称，声调的高低暴露空间距离的远近，以

① ［美］爱德华·T. 霍尔：《无声的语言》，刘建荣译，上海人民出版社 1991 年版，第 198 页。

及亲密关系程度。罗斯福“炉边谈话”借助语调的高低缩小空间距离，并消除与受众心理的距离，从而和美国普通民众建立信任关系，为其新政的实施赢得社会认可。

三　大众非言语传播激发受众积极的情感

富于情感的语言是情绪感染的实现手段，这里的语言既指语言本身的内容，也指语言的形式特征，如类语言（表情、姿势等）和副语言（音量、速度、节奏、停顿等）。强调情感激发并不意味着排斥理性说服，对诉诸理性的研究表明纯情感的及纯理性的论据都是不可取的，需要两者统一[①]，这就需要言语传播与非言语传播协同表意。如国庆60周年阅兵仪式、春晚报道、“两会”报道、体育报道等都需要非言语传播刺激受众心理，激发受众的情感体验，产生心理能，并进一步影响受众的社会行为。

（一）突发事件期间激发战胜困难的勇气

突发事件的特殊传播环境，激发受众战胜心理压力，以面对现实困难，争取新生活具有重要作用。所以，灾难报道中的情感传播包括：

第一，激发战胜困难的勇气。印刷媒体常用的静态非言语传播符号形成强烈的视觉冲击力，提升整体内容的传播效果。如汶川地震报道中救援官兵的仰脸坚守的表情，激起受众对救援官兵的敬仰和信赖，和战胜困难的勇气。

第二，激发面对新生活的信心。图4－9“小朋友和家长的身后就是未来映秀幼儿园的蓝图”是对未来生活的憧憬，不仅仅是幼儿园，也不仅仅是这一个孩子或者这一个家庭，母子俩幸福的表情，期待的眼神将激发灾民积极生活的态度，帮助他们尽快走出灾难的阴影，适应新的生活环境。

（二）日常生活环境激发积极生活的斗志

视觉静态非言语符号参与日常报道，也具有情感激发作用。《华西都市报》2012年10月12日头版头条，报道莫言获诺贝尔文学奖，报道中将“零的突破”处理成红色，和周围的黑色背景对比鲜明，以凸显其重要性。红色在中国文化语境中彰显喜庆，表现中国人民此时的心情。同时，红色象征热情、奋进等正面意义，促发联想，催人奋进。旁边的漫画

① 胡昌恩、刘宗粤：《论思想教育的“情感激发”》，《学术交流》2007年第5期。

图 4－9　幼儿园的蓝图

资料来源：《新映秀小学 足以抵御 9 级地震 映秀小学、映秀居民安居房、映秀幼儿园、中滩堡大道、渔子溪大桥五个项目将陆续开工》，《华西都市报》2009 年 5 月 12 日要闻版。

也隐喻作家著述等身及其高大形象，激发受众的积极情感（见图 4－10）。

華西都市報
特惠30套
5000抵40000
"魔幻现实主义
中国作家
莫言
获诺贝尔文学奖
"土,让我走向世界"
中国籍作家
零的突破
今日上路
下周上岗
周六举行
发现时间
10月21日

图 4－10　《华西都市报》报道莫言获奖

再如《华西都市报》通过编辑的版面语言将两个有关“爱”的新闻组合，四川、山东两地联动寻亲，31 年兄弟双流机场重逢；生命接力本报搭桥一路绿灯泸州患儿成都就医的士 3 小时狂奔重病男婴泸州急送成都。两则报道激发受众对生命的尊重和爱护，对友情和亲情的共鸣，对社会互助的认可和赞赏。

但是，如果从色彩角度分析，这里的“爱”字处理成灰色显得不妥。因为灰色多引发的思考是阴暗的、没有生命力的东西（见图4－11）。比如处理成红色，象征激情；处理成绿色，象征生命都是不错的选择。

图4－11 视觉静态非言语符号激发生活斗志

资料来源：《华西都市报》，2012年7月20日第7、第8版。

（三）重大活动报道激发情感认同的向心力

典型人物报道可以宣传党的政策方针，弘扬时代主流价值，塑造民族文化精神。但由于多种因素的制约，典型人物报道叙述模式的公式化削弱了其社会效用。新华社“舆论引导有效性和影响力研究”课题组的问卷调查显示：“68%的被调查者认为典型报道的主要问题是‘都是优点，没有缺点’；61%的被调查者认为是‘模式化、概念化’；50%的人认为是‘空话、套话多’；39%的认为是‘对典型人物的个性特点挖掘不够’。”①研究者认为典型报道需要加入文化传承元素，提升文化认同感。可以集中宣扬传统伦理道德认同取向，政治文化认同取向和民族/国家文化认同取向。② 在营造文化环境的过程中大众非言语传播是必不可少的传播手段。以《感动中国2012十大人物事迹》为例，其非言语传播策略分析如下。

首先，色彩凸显光辉精神。前文讨论过，色彩可以刺激受众联想。在中国传播文化中，金黄色多和皇家、贵族有关，所以金黄色更能彰显高尚

① 新华社“舆论引导有效性和影响力研究”课题组：《主流媒体如何增强舆论引导有效性和影响力之三：重视对几类重要报道领域的改革与创新》，《中国记者》2004年第1期。

② 盛芳：《典型人物报道与文化认同——以央视〈感动中国〉为例》，《当代传播》2009年第4期。

和华贵。“感动中国”的节目标题是金黄色，获奖者姓名也是用金黄色书写，甚至是节目插播获奖事迹短片都是金黄色边框，隐喻获奖者精神的伟大和高尚。

其次，镜头突出感人精神。短片报道志愿者老师胡忠时，特写其两鬓斑白的头发；医学泰斗吴孟超事迹报道时，聚焦吴老83岁高龄9小时手术后才能够喝水的细节，特写其为病人放好鞋子的细节，显示其敬业精神。这些非言语传播，细微处彰显中华文化重义轻利的传统伦理道德。

最后，大众非言语隐喻表意。报道失去双臂的刘伟，游泳训练时的镜头，“沉下去，昂起头，再沉下去，再昂起头”。这样的言语表述，再配合图4－12的视频，隐喻其自强不息、战胜困难的精神。

图4－12　刘伟在游泳队训练的视频截图

第三节　大众非言语传播参与情感传播的异化与思考

大众非言语传播在情感传播过程中存在正功能和负功能之分，在参与情感宣泄、情感抚慰、情感激发的过程中，超过一定的界限就可能出现负面传播效果。如传播者可能利用受众的情感需求，过度的情感传播导致情感传播的异化，偏离最初设定的传播功能，带来不好的传播效果。如《湖南卫视》“超女”的火爆给社会草根阶层提供情感宣泄的渠道，但也让很多青少年向往一夜成名的痴狂。灾难报道也经常体现灾区、灾民的痛苦，但过度渲染，流于煽情。军事、体育新闻等可以提精神，扬国威，但过多渲染就存在暴力倾向。新闻传播涉及情感属于正常，如爱情是人类的永恒话题，但过度涉及“性”元素，并以之为卖点，就属于情感失度，陷入色情的沼泽。

综上，大众非言语传播参与情感传播的异化现象主要包括媒介暴力、色情和煽情，具体分析如下。

一　大众非言语传播助推煽情倾向

大众非言语传播参与情感传播需要适度，忽视特定情感需求，容易出现冷漠；过度强调特定情感，则趋于煽情。这两种极端现象都属于情感传播异化现象，都不利于情感传播功能的实现。

前文所述，大众非言语传播具有整体性和语境性特征，其传播功能需要不同大众非言语传播符号之间的合理配合，整体上影响受众的心理感受和情感体验，大众非言语传播的情感传播功能需要不同大众非言语符号之间的配合，不同大众非言语符号之间搭配失当，导致其情感传播效果不佳。

如《北京青年报》2008 年 5 月 13 日，将汶川地震新闻置于头版，配发大幅照片突出该事件的重要性，而且处理成黑色标题，风格严肃。但是，同一版面“惊喜开盘”的广告标题，以及下面的彩色广告图案显得不够协调。整体上，编辑符号的组合不够合理，影响情感传播效果。

过度渲染报道的情感色彩容易导致煽情倾向，带来不良传播效果。有研究认为，“悲情叙事所带来的负面影响则是，受众被潜移默化地‘涵化’，其形成的‘主观现实’与‘客观现实’产生了一定程度上的偏离。这不仅不利于人们身心的健康成长，也无益于整个社会的和谐发展”①。

如一些突发事件期间，一些自媒体传播内容存在煽情倾向。一般容易将妇女和儿童看成弱势群体，新闻传播活动中经常借助这样的符号刺激受众对于弱势群体的同情，以达到特定目的，如采用带血的照片等具有煽动性的手段。因为事物存在很多瞬间，特定新闻照片只是选择其中一个瞬间，只是现象真实，能否代表本质真实，关键看选择什么样的瞬间。

二　大众非言语传播助推色情趋势

大众非言语传播具有直观性传播优势，但是，将这种优势用于色情信

---

① 蔡骐、盛兰：《悲情叙事的影像传播》，《现代传播》2010 年第 3 期。

息传播将是一种异化。如色情广告的逼真性，“艳照门”事件传播，默多克的《太阳报》的“三版女郎”，美国“第二人生”网络游戏的强奸环节，一些禁播广告等，都是传媒利用大众非言语传播优势，营造特定色情环境，催人联想，吸引眼球，实施色情传播活动。

另外，特定场合不该出现的情感传播，属于情感失当。如汶川地震哀悼日期间，重庆的《旅游新报》刊登裸女假血艺术照就属于情感传播的失当，是借情感传播之名，行色情传播之实。大众非言语传播需要和其他传播手段搭配进行，实际传播过程中存在搭配失当现象，影响情感传播效果，大致包括言语传播与非言语传播的搭配失当以及不同非言语传播的失当两种情况。

言语传播与非言语传播的错搭导致情感失当。言语传播与大众非言语传播协同表意或者独立表意是大众非言语传播的主要表意机制。在此过程中，大众言语传播与大众非言语传播存在不一致的情况。不一致可能是大众传播者为特定表意需要，而有意为之；也可能是无意为之，并且可能因此传递隐蔽信息。此处讨论的不仅仅是传递事实，而主要聚焦这种言语传播与非言语传播搭配失当导致受众的负面情感体验。

如新闻类主播应该端庄，更显权威性，轻松娱乐类主播的穿着可以适度休闲，但是应该得体。央视对主持人服装造型的规定，如不许染发、不许戴配饰等。对于女主播的妆容也有严格的要求，首先不允许涂抹五颜六色的眼影，妆容以清淡为主。2010 年起，央视开始放宽了对主持人服装造型的规定，主持人造型往时尚风格靠拢，但是，时尚而不失庄重。

主持人在大众非言语传播方面也存在一些问题，如广东台公共频道打造了名为“Pin-Ko Pie”（苹果派）的天气女郎团，2003 年 5 月 25 日，湖南电视台娱乐频道推出自称为情色类天气预报节目的“星气象”，2003 年 7 月，南京电视台的美女播天气《感觉新气象》，这些节目都试图加入更多娱乐、性感甚至色情元素，提升节目关注度。宋英杰认为，节目本身传达的内容才是关键。电视制作专家李幸认为，这种适度的娱乐无可厚非，整体出现娱乐化应该是一个大趋势，也是电视节目生存压力大的必然产物，不过这种博眼球之举还是要走健康积极的路线。① 情感传播重视传播内容的情感元素，应有人情味，充满亲情、友情、爱情，但不是色情。

① 《看妹子还是看天气?》，《现代快报》2012 年 5 月 31 日。

三　大众非言语传播造成媒介暴力

针对大众媒介影响受众情绪存在两个相对的理论观点。媒介暴力研究包含两种观点[①]，一种观点认为受众通过媒介上的暴力宣泄自身的压力和暴力倾向，从而获得内心的平衡；卡塔西斯是亚里士多德在《诗学》中使用的一个词，认为“悲剧通过完整的情节，引起观众的怜悯和恐惧，观众通过这样一个过程获得陶冶和净化，宣泄自己积郁的感情，打破平时矜持的情感平衡，从而获得审美的快感”。并把对卡塔西斯的解释大致分为“净化说”和“宣泄说”。[②] 认为艺术创作和接受过程中的宣泄作用表现出“激起”和“净化”两个基本特征，起到“心理治疗”的效果。

另一种观点认为，受众接触媒介上的暴力可能引起和强化他们的暴力倾向，试图通过媒介上的暴力来得到宣泄，无异于饮鸩止渴，莱弗（Leifer）、班杜拉和艾让（Leonard Eron）等人研究认为：“电视暴力确实能使观看节目的儿童产生更多的侵犯行为，电视暴力与侵犯行为之间的因果关系已是非常明显的事实。”[③] 认为，“看到他人的暴力行为会降低我们在类似情境中对自己暴力行为的抑制。去抑制（disinhibition）现象的发生，部分原因是我们对暴力行为的情绪变得迟钝或不敏感，不关心他人的感受与痛苦”。[④]

且不争论上述两种观点的差别，大众非言语传播的直观性特征，超越了言语障碍，更容易为受众所模仿，影响受众行为却是事实。

第一，媒介暴力形象的属性决定影响受众的程度。研究认为，“人们观看到的有吸引力的、受人尊敬的、久负盛名的形象比没有这样特征形象的行为更可能引人模仿或抑制。此外，我们对特定形象认知越深刻而且越同情，就越有可能去模仿那个人。这些观点表明，值得佩服和认同的暴力形象比坏蛋暴力形象更具有影响力”[⑤]，这样的心理特征也可以用来发挥典型报道的正面推动作用。

第二，媒介形象强化暴力行为（reinforcement of violence）。由于条件

---

① 蒋晓丽：《传媒的宣导抚慰功能》，四川大学出版社 2008 年版，第 6 页。

② 同上书，第 36 页。

③ 李永健：《大众传播心理通论》，中国传媒大学出版社 2008 年版，第 350 页。

④ 同上。

⑤ Richard Jackson Harris, *A Cognitive Psychology of Mass Communication* (Fourth Edition) London: Lawrence Erlbaum Associates, 2004, p. 276.

反射原则，强化并增大再次发生这种反应概率的事件[①]，特别是视听复合非言语符号更容易形成暴力行为的视觉冲击力和影响力。

第三，媒介形象是强化一种使用暴力的价值观。例如，动作电视节目或电影上的人物角色经常用暴力来解决人际纠纷。因此，他们微妙地强化暴力行为的价值观变成一个现实的和道德上可以接受的处理冲突方式，可能成为观众感知的现实。

第四，感知媒介形象的真实程度不同，影响力也存在差异。有证据表明，真实的暴力行为比虚拟的暴力画面更具有影响力。[②] 所以，大众非言语传播塑造更逼真的暴力镜头，也更加深度影响受众对于暴力的模仿，其负面社会影响更值得重视。

第五，有研究者提出“身体恐怖”（bodyhoor）概念，也有研究者提出“媒介暴力”概念，认为战争及凶杀场面的逼真展示，构成媒介暴力。这样的大众传播给受众心理带来“不舒服”的负面情绪，其中大众非言语传播所起的作用尤其不容忽视。如包括哭声等听觉非言语符号不应太多，如地震遇难亲友的哭声、悲伤表情等。并建议新闻照片运用时应注意：不宜置于头版；由于彩色照片色彩饱满，更逼真，相关新闻照片应处理成黑白照片；建议选择比较含蓄、间接的新闻照片，而不是外露、直接的新闻照片来表现悲惨的灾难事件；不应暴露新闻照片涉及的身份。[③] 类似的研究已经认识到非言语传播对于受众心理的深层次影响。

四　大众非言语传播异化现象的思考

综上分析，可以从以下方面调整和应对，实现不同大众非言语符号之间的协调。

首先，电视主持人的情感体现。哀伤的新闻和喜庆的新闻应在时空分布上分开，便于主持人非言语符号的转换，也便于受众接受情感的转换。印刷/网络媒体内容的版面安排应该体现新闻的情感色彩。广播媒体内容的时段安排应该体现新闻的情感色彩。同时，主持人的体态语和报道内容搭配失当也影响传播效果。

---

① Richard Jackson Harris, *A Cognitive Psychology of Mass Communication* (Fourth Edition) London: Lawrence Erlbaum Associates, 2004, p. 276.

② IbId.

③ 黄顺铭：《灾难新闻照片里的“身体恐怖”》，《新闻记者》2006 年第 6 期。

其次，女主持人播报富含感情的软新闻更有优势，男主持人播报理性思辨的硬新闻更可信。这里不存在性别歧视，而是因为男女主播在声带构造及发音效果上存在差异。可以考虑不同新闻内容由男女主持人分工协作，播报不同内容中间应该注意镜头的切换和过渡，避免受众心理调整幅度过大而感觉不适应。如汶川地震和北京奥运会相关报道基本处于同一时间，悲喜之间的过渡和协调需要考虑大众非言语传播符号之间的转换，以及受众心理感受的适应和调整。

最后，主持人副语言的差异化使用。如不同时段语速快慢的区别，白天可以快速主持，充满活力和激情，而《凤凰卫视》定位知识精英阶层，所以主持人的语速比较快、声音比较高，适合生活节奏快、思维敏捷的年轻受众的收听需求。但是，晚上的一些情感类节目，就应该考虑受众此时的心理和生理需求。如 20 世纪 90 年代，安徽经济广播电台小明主持的《星光夜话》就是柔声细语、娓娓道来，“触动你心灵最柔软的地方”。试想大嗓门的快言快语，如何能够讨论年轻人的情感困惑？如何建立融洽的信任关系？如何抚慰受伤的心理？

另外，不同时期的电视主持人的服装、装饰物、演播室布景应该有所区别。汶川地震等国难期间，与北京奥运会、国庆 60 周年等应该有所不同。

第四节　案例分析：大众非言语传播参与情感传播的案例分析

——基于央视 2008 年 5 月 18 日“爱的奉献”赈灾义演的分析

2008 年 5 月 18 日，新中国成立以来我国宣传文化界募捐活动——“爱的奉献”宣传文化系统抗震救灾大型募捐活动。整台晚会感人至深，却哀而不伤，受众感受到的是坚强，是关爱，是希望，这样的传播效果和大众非言语传播不无关系。

一　听觉非言语传播参与情感传播

首先，语速表达情感。义演晚会一开始，急促的电脑键盘打字的声音，报道“5・12”汶川地震消息。解说的语速快速，配发急迫的音乐，烘托紧张感，凸显灾情的紧迫性，为义演做情感铺垫。

其次，同期声营造灾区现场的情感氛围。研究者强调同期声的魅力，“它所凸显出来的现场感、可信性和感染力，往往是其他艺术形式所不及的，对于揭示节目主题、渲染环境气氛等方面具有独到的作用”。[①] 义演晚会现场，将不同灾区现场哭喊、逃跑声音等同期声拼接在一起，扣人心弦，展示地震给灾区人民造成的严重破坏。

最后，朱军描述一位母亲双膝跪倒保护一位3个月大的婴儿，医生检查这位婴儿时，在婴儿的襁褓里发现了一部手机，手机上有一封没有发出的短信：“孩子，如果你能够幸免于难的话，你要记住，妈妈爱你！”主持人声泪俱下的讲述，极具感染力。

北川中学的三名学生到现场，其中学生白灵哭述他们劫后余生的经过，“五层楼成三米高的土砖堆，里面还有血肉模糊的手和脚”。他们至节目播出时还没有和家人联系上。白灵：“请叔叔阿姨，爷爷奶奶放心，我们会好好活下去，谢谢你们的帮助！”四川籍救援官兵展示救援精神，留学的央视主持人李佳明赶回国内，讲述远在四川的妈妈蒸馒头给救援人员吃，“我们四川人不服输，我们四川人懂感恩！”谭千秋之女谭君子讲述她爸爸的英雄事迹，希望爸爸在天之灵“看到我的坚强”，这些哀而不伤的语调展示灾区人民坚强的精神面貌，自我激励，也鼓舞更多人坚强面对灾难，这期间，非言语传播符号参与情感传播功不可没。

综上，晚会现场的音乐声、主持人的语气、语速，灾区的实况音响等综合起来，营造一种急迫、悲凉的灾难氛围，让现场观众和电视机前的观众都深切地感受到灾难对人类的破坏，对灾区人民的情感也感同身受。

二 视觉非言语传播参与情感传播

主持人的服装大致分为黑色和白色两种，没有特别艳丽的色彩，和晚会现场氛围相匹配。主持人的手势传递情感，罗京“此时此刻，伸出你的援手，就是握住一个生命”，配合攥拳头的手势，言语传播与非言语传播相互协调。

节目利用镜头语言烘托现场情感。如摇晃的镜头烘托事故的紧张场面，利用蒙太奇手法，将不同地区的灾区场面拼接在一起，展示灾情的严

① 张晓峰：《电视创作中的情感传播语言》，《视听界》2002年第4期。

重性，让受众认知灾情、感受求助的渴望，刺激受众情感体验，将各地救援官兵赶赴灾区的场面、各地救援物资运送的场面等快速闪现，并用特写镜头聚焦急促的脚步，烘托救灾的紧迫性。

麦克卢汉提出“媒介即讯息”理论，四川籍人员到场讲话本身就具有深刻意义。周涛和演员岳红相互拥抱，“我不知道怎么安慰你和你的家人，就拥抱一下”，类似视频让受众看到坚强，看到希望，激发生存的勇气和抗震救灾的勇气。这样，利用大众非言语传播激发情感，更多地体现在主持人的眼神、表情、手势等细微处。上述主持人和现场嘉宾相互拥抱，甚至轻抚肩膀等都是对于对方的一种情感抚慰。这样的镜头通过电视媒体的传播，同样让电视受众在一定程度上体验到一种情感鼓舞。

三　视听复合非言语传播参与情感传播

节目过程中，视频展示《人民日报》相关报道，用明暗色彩突出中共中央指挥救援内容，凸显政府的人文关怀。募捐过程中插播新闻，地图中某一点闪烁，然后，飞出视频展示地震后多少小时后，救出伤员情况，直观展示救援工作的有效开展（见图 4－13）。前文讨论过，色彩因素对人的情感、思想和行为就起着直接的作用。不同颜色具有不同的象征意义，其中红色隐喻热情、生命等。晚会舞台后面的大屏幕就是一组随风摇曳的烛光，公布募捐热线时特写蜡烛，隐喻祝福和希望，属于实体隐喻（见图 4－14）。

同时，参演人数达 500 多人，却没有单独演出，而是在合唱、朗诵等节目中集体表演，集体演出形式隐喻“众志成城，抗震救灾”的精神，也展示志愿献爱心的人数众多。

四　不足与思考

当然，这里也存在一些不足之处，影响受众的情感体验，具体如下。

首先，色彩运用存在不妥之处。如果说红色隐喻生命，这里“生命奇迹之 123 小时”，其中“123”处理成红色隐喻生命的延续，这样合情合理。图 4－15 中的黑色和白色的使用欠妥。黑色一般容易使人联想到寂静、悲哀、绝望、沉默、罪恶、坚实、不正、严肃、沉默、黑暗等，而白色则多使人联想到苍白、缺乏生命等，如葬礼场面等。这里救出受灾群众 33434 人本来是值得高兴的事情，却处理成黑底白字，给人感觉很肃穆，

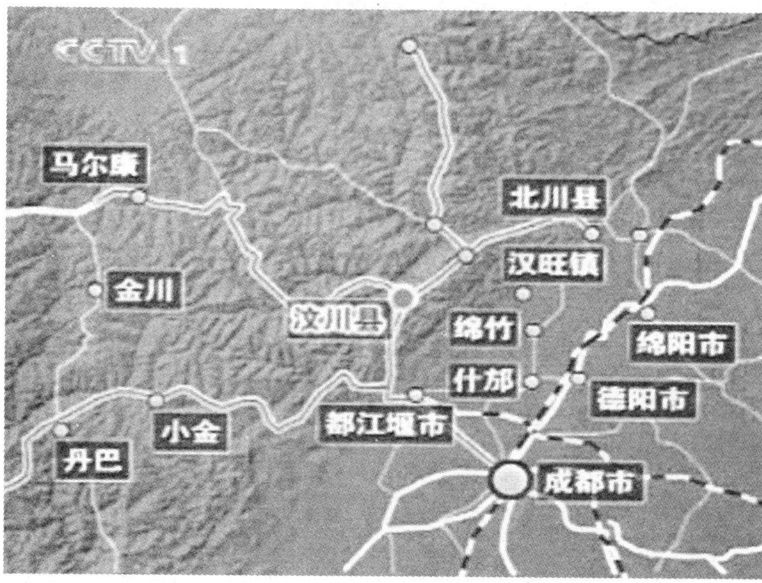

图 4－13　灾区救出伤员分布

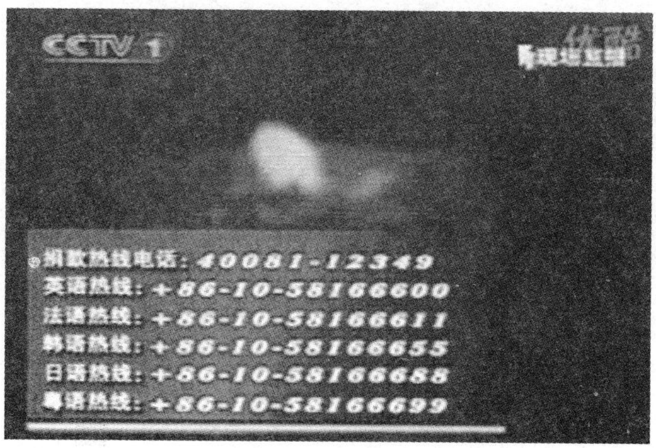

图 4－14　募捐热线时特写蜡烛

乍一看，还以为是死亡人数。

其次，晚会现场注重整体视听效果，却很少发挥特写镜头的优势。情感本身就是一种微妙的感觉，而人内心深处的情感也多数是通过细微的表情动作展示出来，需要用特写镜头凸显这些人体的细微变化，“特写是最善于揭示人物复杂心理状态和思想情感变化的。与中近景相比，特写的心

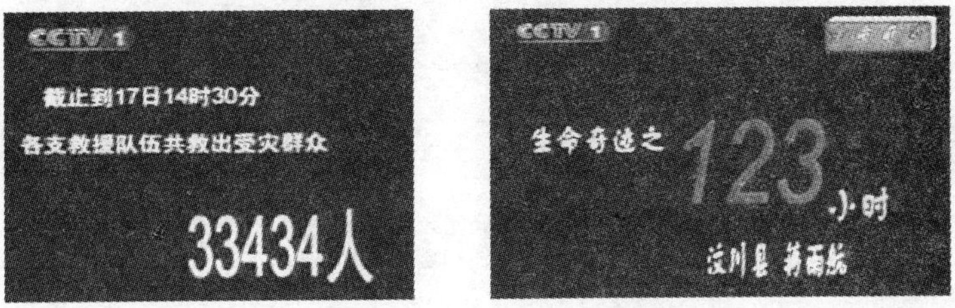

图 4－15　黑、白色不恰当的使用

理描写作用更突出，有时甚至是震撼人心、诉诸人心灵的”。①

总之，情感传播是大众传播的一种特殊传播类型，需要言语传播，但是，往往大众非言语传播更有效。合理有效地发挥不同类型的大众非言语传播符号的传播优势，让受众在视听符号共同营造的氛围中，真切地体验到节目预设的情感体验，应是大众非言语传播者不懈追求的目标。

① 张晓峰：《电视创作中的情感传播语言》，《视听界》2002 年第 4 期。

第五章　天使与魔鬼：大众非言语传播的媒介形象塑造功能

——大众非言语传播视角反思大众传媒的形象塑造功能

形象是人们“通过视觉、听觉、触觉、味觉等各种感觉器官在大脑中形成的关于某种事物的整体印象，简言之是知觉，即各种感觉的再现。形象不是事物本身，而是人们对事物的感知，不同的人对同一事物的感知不会完全相同，因而其正确性受到人的意识和认知过程的影响”①。

“媒介形象”（mediated image）作为一个“学术”概念在20世纪60年代初期就已经出现了，起源于约瑟夫·特雷纳曼（Joseph Trenaman）和丹尼斯·麦奎尔（Denis Me Quail）等针对英国大选开展的对政治人物电视媒介形象传播效果的研究。媒介形象包括两层含义：一方面，“形象”本身是作为“介质”存在的；另一方面，“形象”是通过“媒介”而存在的。这样，“媒介形象成为巨大的社会欲望的变压器，调节着从个体到群体、从经济到政治、从单一社会细胞到广大社会实体的认知与情感关系。它将社会欲望表征为社会幻象”②，媒介形象成为各种权力和资本追逐的重要目标。

媒介形象需要塑造，其塑造的途径包括直接经验和间接经验，大众传媒是其中重要途径之一。需要注意的是，传播现实出现文化的转向，人类已经进入视觉传播时代，工作和生活节奏的加快改变了人们的信息接受方式和习惯，人们更加偏爱视觉符号。于是，今天人们判断媒介形象更多的是从视觉形象角度判断。从其积极的方面看，视觉形象比较直观，影响深刻，减少生理转换环节，更容易推动形象传播。受众感知的传播符号包括

---

①　赖新明：《平面报业媒体视域下城市体育形象建设研究——以晋江体育城市形象建设为例》，《体育成人教育学刊》2011年第1期。

②　吴予敏：《论媒介形象及其生产特征》，《国际新闻界》2007年第11期。

言语传播符号和非言语传播符号。大众非言语传播符号的直观性更适合塑造形象。

鉴于此，大众传媒的形象传播也应该顺应传媒发展趋势以及受众信息接受心理的变化趋势，及时调整传播思路，合理利用视觉传播推动形象传播功能的实现。同时，媒介形象不仅是视觉形象，还应该具有深层次内涵，这是借助视觉传播实现媒介形象塑造所应规避的短板，是媒介形象塑造的努力方向，也是大众非言语传播参与塑造媒介形象的路径。

还需要说明的是，大众传媒的形象塑造功能，其实是传媒的社会地位赋予功能的转化，如特定组织通过大众传媒塑造良好的媒介形象，也就赋予其适宜的社会地位。本书的研究视角是从大众非言语传播视角审视媒介形象塑造问题。

第一节　大众媒体形象塑造的基本内涵

一　大众媒体形象塑造的内涵

人们对于特定对象的形象认知一般通过直接经验和间接经验两种途径。直接经验指人们的亲身体验，通常包括认知者的看、听、闻、触等体验直接接触认知对象，是我们重要的认知途径。间接经验包括人际传播、组织传播等多种方式，但是大众媒介具有“人体延伸”功能，极大地丰富了我们的认知信息，成为认知对象形象的重要途径。① 直接经验比间接经验附带更多非言语信息，更利于受众对传播对象的认知。大众媒介应该更多地反映非言语信息，弥补大众传播对于非言语符号的缺失，帮助受众通过间接经验准确、翔实地认知和建构特定对象的形象（见图5－1）。

鉴于现实条件限制，很多时候受众无法凭借直接经验认知对象，而是依靠传媒的“拟态环境”认知特定对象，媒介形象是受众认识客观世界的重要渠道。而且随着人们对媒介依赖程度的增强，媒介形象对于受众认知客观世界的影响更大。

“媒介形象”研究的关键点在于剖析“现实”、“媒介”和“认知结果”三者之间的关系，即媒介如何反映客观现实，并影响受众构建心理

① 王朋进：《媒介形象：国家形象塑造和传播的关键环节》，《国际新闻界》2009年第11期。

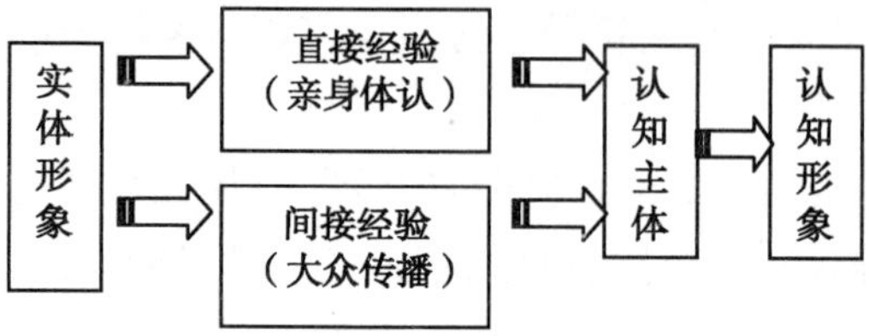

图 5－1 组织认知的一般流程

资料来源：参见王朋进《媒介形象：国家形象塑造和传播的关键环节》，《国际新闻界》2009 年第 11 期。

真实的过程。从大众非言语传播视角看，大众传播媒介反映客观世界的符号应该包括言语传播符号和非言语传播符号，受众解读媒介真实的过程，也同样是将言语符号和非言语符号相互协调的基础上，透过媒介真实，认知客观真实，并对特定传播对象形象的心理建构过程。

媒介影响受众的形象认知，鲍德里亚将人类社会的形象发展过程概括为四个阶段：“形象反映根本现实（前现代时期）；形象遮蔽和颠倒着根本现实（现代早期）；形象遮蔽着根本现实的缺席（现代晚期），以及形象与现实没有任何关系，它是它自身的影像（后现代时期）。第四阶段，形象进入自我复制的模拟秩序中，不再存在于任何外观秩序。”① 媒介技术进步给媒介形象塑造提供更多手段和传播方式，逼真地帮助受众认知特定对象的媒介形象。但是，“媒介在制造形象的同时，也深度瓦解了形象的意义系统，引导社会进入非真实的环境”。② 这样看来，媒介形象和事物本身的形象渐行渐远，这一过程凸显媒介形象塑造功能的意义。

综上，媒介形象塑造就是大众传媒借助言语符号和非言语符号的协同表意，有意传递个人、群体、组织或国家的特定信息，影响受众对于特定个人、群体、组织或国家的整体认知和评价，并在受众心里形成特定形象的过程。媒介形象塑造的方式包括自塑和他塑，其形象特征包括美化或丑化，其传播价值包括商业价值和社会价值，形象构成上包括实体和虚拟形式，其受众分布包括内部受众和外部受众，形象塑造的主体存在差别，形象传播的媒介也包括多种传播媒介。

① 鲍德里亚：《生产之镜》，仰海峰译，中央编译出版社 2005 年版，第 192 页。

② 吴予敏：《论媒介形象及其生产特征》，《国际新闻界》2007 年第 11 期。

二　大众媒体塑造形象的功能

大众媒介通过塑造不同特征的形象影响受众对于特定形象的认知。孙有中提出了塑造国家形象的三大实用功能，即政治、外交和商贸功能。即为权利合法化，获取更多国内外公众的欣赏、理解和支持以及获得商贸经济利益等①，这对于认知媒介形象塑造功能具有很大启发意义。媒介形象具有复杂性、重要性和可塑性特征，其功能也具有多样性特点。国家形象塑造研究者认为"国家形象兼具价值性功能和工具性功能。塑造积极的国家形象是一种将国家硬实力与软实力、国家价值观与国家利益相互结合和相互促进，使之得以内外兼顾、名利双赢的国力运作过程"。② 具体分析如下。

（一）塑造形象的价值性功能

国家形象的商业功能是指"国家形象的好坏会直接或间接地对一国的商业活动产生重大影响。……每一个国家都有一个形象，或有利的或不利的形象，或正面的或负面的形象。……无论这些看法如何，它们都影响着投资者或消费者对一国之国家'品牌'的判断。而这些判断将部分决定该'品牌'的销路，或影响其出口，或左右外国投资者的选择"。③ 所以，国家形象塑造具有上述功能，整体形象塑造同样可以影响特定个人、组织甚至整个国家的商业价值实现。目前，很多国家和地区塑造自身形象，一定程度上就是依靠良好的形象，吸引更多的投资、贸易等发展机遇。一些所谓的"名人"，利用各种手段包装自己的社会形象，同样试图借助塑造良好的社会形象吸引更多社会资源，并进一步获取更多的商业价值。这也是媒介形象塑造引起社会关注的重要原因之一。

（二）塑造形象的工具性功能

现代博弈论认为国家形象还具有工具性作用，认为国家形象的关键是"名誉"，即相信某人具有某种持久的特性，而这种名誉是其他国家对该国政府未来行为做出判断的基础。在此情形下，一国的名誉就显得特别重

---

① 潘一禾：《"国家形象"的内涵、功能之辨与中国定位探讨》，《杭州师范大学学报》（社会科学版）2011 年第 1 期。

② 同上。

③ See Eugene D. Jaffe, Israel D. Nebenzah, *National Image and Competitive Advantage: TheTheory and Practice of Country-of-Origin Effect*, Copenhagen: Copenhagen Business School Press, 2001.

要了。[①] 组织或个人同样如此，特定组织或个人发布某种言论，是否值得信任，关键是其具有的“持久特性”。买商品，选名牌，一定程度上就是源自大品牌具有的持久特性，也就是其信誉度赋予的工具性功能。

大众传媒塑造特定对象的形象，也深度影响该对象言语表达的“合理性”和“有效性”。大众传媒塑造正面形象，为社会树立学习的典范，用榜样的力量感染、激励群体或个人的崇拜之情，向优秀形象看齐，让受众保持对优秀文化传统的认知。同时，大众传媒也通过塑造反面形象，警醒大众防止自己言行不慎，也可能出现类似错误，用反面案例鞭挞丑陋行为，保持形象的纯正性。

总体上，一方面，传媒塑造比较好的国家形象对于国家的外交、国际贸易等涉外活动具有积极影响。良好的国家形象是国际政治的软资本，可以争夺更多的国际话语权。另一方面，塑造良好的国家形象也可以提升吸引外资、对外贸易的吸引力，更多的涉外经济活动将给本国带来巨大的经济利益。具体到不同地区的形象塑造同样如此，现在很多地区形象宣传直接就是旅游宣传的重要目的，当然也包括吸引投资。

三　大众媒体塑造形象的受众

国家形象塑造研究认为其受众主要是国外受众，并且“根据地域和群体特征的不同，将我国形象塑造与传播的对象分为世界范围内与我国有着密切的政治、经济等方面往来的国家；与我国处在同一区域或与我国相邻的合作伙伴；与我国有着特殊历史渊源的国家或民族等等”。[②]在世界范围塑造中国国家形象，可以为中国在世界范围的政治、经济、文化交流营造适宜的生存和发展空间，获取更多优质资源，赢得更多发展机遇，国际范围塑造国家形象是重点，国家受众理应是国家形象塑造的重点受众。

国家形象塑造的受众还应该包括国内受众，提高文化认同，增强民族凝聚力等。其他形象塑造同样具有自我传播的过程和自我认同的功效。如2008年北京奥运会、汶川地震报道等都是很好的自我认同、提高国民自信心和整合力的过程。

---

① Hongying Wang, *National Image Building: A Case Study of China*, http: //www. isanet. org/archive/wang. html.

② 程曼丽：《大众传播与国家形象塑造》，《国际新闻界》2007年第3期。

四　大众媒体塑造形象的对象

国家形象塑造的对象是一个具有层级性的庞大构成，大致包括以下几种（见图5－2）。

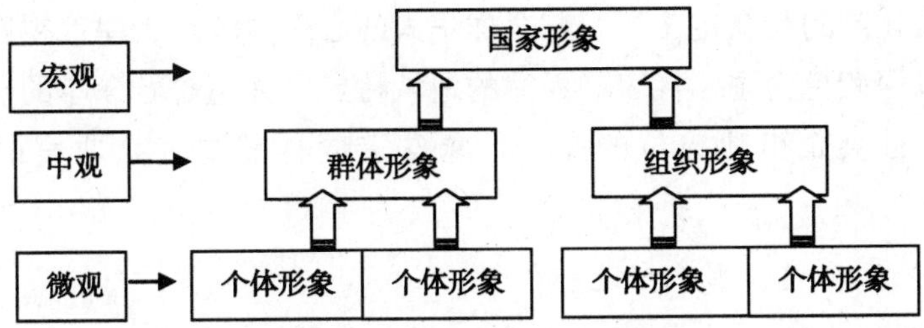

图5－2　媒介形象塑造对象分布

（一）典型人物形象塑造

非言语传播符号可以影响典型人物的形象塑造，如汶川地震期间，新闻媒体塑造了可乐男孩、敬礼娃娃、温总理、最美女教师等正面形象，也塑造了“范跑跑”等负面形象。如2012年5月8日，面对四车连撞后冲来的大客车，可以自行避开的张丽莉老师却迎上去推开了学生，被车轮碾压而过，张丽莉被称为“最美女教师”。光明网综合展示的是《救人教师张丽莉的婚纱照》，而新华网展示的是其康复训练的瞬间，塑造坚强、乐观的形象（见图5－3）。这些报道共同塑造了一个有血有肉，爱漂亮、爱工作、敢担当、乐观坚强的新时期女教师形象。

图5－3　张丽莉的婚纱照、在教研室备课及康复训练

资料来源：本文作者根据光明网和新华网的相关报道整理而成的。

（二）特定群体或组织形象塑造

群体人物形象塑造，如农民工群体形象、老人群体形象、女性形象、儿童形象。蒙牛、伊利、中国移动、中国联通等媒介形象塑造影响传播说服力。甚至媒介自身也需要形象塑造（CIS），如频道标志传递电视台的整体形象，通过一系列的视觉、听觉设计把自己的传播理念、传播信息简洁生动地传达给受众，提供社会认可度。

如凤凰卫视的频道标志，凤凰是中华儒家文化中神鸟的象征，符合其大中华文化圈的受众定位，引起全球华人的心理共鸣。天津卫视频道色调选择了以深蓝色为主，代表了天津的地域特点，并蕴含着深厚的包容感和现代感。社会企事业单位的媒介形象塑造同样需要大众非言语传播的参与。

（三）国家整体形象塑造

国家形象塑造是典型个人、企业形象塑造基础上的升华而成。国家形象塑造不是空洞的想象体，而是很多个人、集体共同组成的丰富系统。

国内学者关于国家形象的界定，是指“一个国家客观状况的存在形式或表现方式。……包括国家的实体形象、国家的媒介形象和国家的认知形象等三种状态”。[①] 其中实体形象是国家、组织、个人的客观物理世界的形象，应该包含丰富的非言语符号，全面、立体地呈现各个方面的细节特征。媒介形象是本书研究的核心点，是大众传播者选择性传播客观事物的部分形象特征，传播的手段包括言语传播和非言语传播。但是，即使是大量的非言语传播，和实体形象相比仍然存在巨大差距。所以，媒介形象试图完整、准确还原事物的客观形象，实际上不大可能。加之，传播过程存在诸多因素干扰其准确传递事物形象。所以，媒介形象和实际事物形象存在一定的差异是不可避免的。而且对于媒介形象传播还需要受众的接受和解读，在此过程中产生认知形象，形成受众心目中的形象，最终实现形象塑造或者说形象传播的功能。在受众解读环节，还会因为受众的媒介素养等各种因素导致媒介形象传播出现差异。

可见，从实体形象到媒介形象，最后到认知形象，最终形成的形象和原有形象的差异就在所难免了。媒介形象塑造不是传播者一厢情愿的结果，这也凸显媒介形象塑造的艰难和重要。

需要说明的是，鉴于印刷媒体只能传递视觉静态非言语信息，这里能够展示的案例也正是静态非言语符号进行跨文化传播。其实，听觉非言语

---

① 王朋进：《媒介形象：国家形象塑造和传播的关键环节》，《国际新闻界》2009 年第 11 期。

符号以及视觉动态非言语符号在跨文化传播中的意义同样不容忽视。

第二节　天使：塑造正面形象，发挥榜样示范作用

人类发展的不同时期都会涌现出一大批对于社会发展进步具有巨大推动作用的人物，这样的人物出现的越多，对于社会的推动作用越大。于是，不同时期的社会都很重视传播这些正面人物形象，以期待激发更多人去效仿，以推动社会朝向积极的方向发展。在传播正面形象的过程中，需要言语符号，同样也需要非言语符号，甚至非言语符号的直观性特点更适合传播形象，鉴于此，本节将探索非言语传播符号在塑造正面形象过程中的作用。

一　视觉静态非言语传播符号塑造媒介形象

人类已经进入视觉传播时代，快节奏的工作和生活改变了人们的信息接受方式和习惯，"人们不愿意再去解读文本文字，而是更加偏爱于视觉符号。在相同的时间空间，视觉符号所传达的信息量远远多于文本文字"。[①] 针对这一变化趋势，形象塑造需要重视视觉传播的独特性。进而言之，大众非言语传播对于形象塑造具有独特优势，有效利用这些传播优势，塑造鲜活的媒介形象。

视觉非言语传播符号即图像、画面、色彩等影像所形成的传播符号，视觉传播优势适合国家形象传播。视觉符号与文字最本质的区别在于，视觉符号的能指和所指之间，即符号所代表的内容和形式之间具有直观的联系，不需要像文字符号那样需要理性的思考过程。同时，视觉符号具有多义性，同一视觉符号在不同语境下，赋予的意义也不同。这样，视觉传播将观点隐藏在视觉传播中，既影响受众的思想观点，又显得客观公正。而且，图形、图像的"直观性、易读性、共通性的特征，使它超越了不同地域、不同民族、不同语言、不同文化的限制，较之语言理性表述更具视觉冲击力"。[②] 受众接受视觉传播信息不需要太多的技能，而且生动形象具有很强的感染力。视觉传播在国际传播中的优势更适合国家形象传播。

---

① 李仁臣、曾庆香、高世屹：《论新闻图像与受众的对话》，《新闻大学》2006 年（春）。

② 胡家宁：《现代传播中的视觉符号探讨》，《扬州大学学报》（人文社会科学版）2006 年第 6 期。

同时，国家形象传播内容的多样化特征需要视觉传播。国家形象的核心点是“形象”，研究者对于国家形象内涵的界定各异，如认为国家形象是一个国家综合实力和全面影响力的一种表现，① 是一种主体意识，是国家或民族精神气质中的闪光点，是民族精神、意志的集中体现②，是一个国家在国际社会中的认知和评价。③ 国家形象的内涵如此丰富，仅依靠文字传播显然无法完成，需要视觉传播手段的协助。如中国媒体对中国政府利比亚撤侨的报道，单纯使用文字表达很难准确表达，而且宣传气息太浓，僵化呆板，破坏了受众心理构建的美好国家形象。

并且，国家形象传播受众的多元化特征需要视觉传播。程曼丽根据地域和群体特征的不同，将我国形象塑造与传播对象分为“世界范围内与我国有着密切的政治、经济等方面往来的国家；与我国处在同一区域或与我国相邻的合作伙伴；与我国有着特殊历史渊源的国家或民族等”三类。④ 其中前两类国家和中国在语言、文化等方面存在很大差异，依靠文字传播需要相应的中文素养，沟通可能存在诸多难度，而视觉传播更直观、生动、具象化，可以降低沟通难度。而且这些国家对中国的发展存在戒备心理和偏见，视觉传播更显客观，可以减少抵触情绪，能够塑造积极正面的国家形象。第三种传播对象是与我国有着特殊历史渊源的国家和民族，如海外华人（华族）和华人人口比例较大的国家。但是，海外华人、华侨久居国外，特别是第三代华人逐渐不太熟悉汉语表达，加之一些国家还不同程度地限制华文教育和华文传播，当地的华裔已经习惯了不受华文教育和文化。所以，即使海外华人、华侨也存在不同程度的汉语文字交流障碍，而视觉传播可以降低信息接受难度，而且更具亲和力和亲近感。鉴于此，针对海外华人、华侨的国家形象传播同样需要视觉传播。⑤

《新京报》视觉部主编何龙盛制定的《〈新京报〉图片运作规范》，强调图片的三个价值评估标准：一是视觉冲击力优先原则；二是信息和情

---

① 明安香：《关于国家形象传播的思考》，《对外大传播》2007 年第 9 期。

② 程曼丽：《大众传播与国家形象塑造》，《国际新闻界》2007 年第 3 期。

③ 王祎：《对国家形象研究的反思》，《国际新闻界》2011 年第 1 期。

④ 程曼丽：《大众传播与国家形象塑造》，《国际新闻界》2007 年第 3 期。

⑤ 王亿本、罗宝勇：《大众传媒利用视觉符号塑造国家形象研究》，《长春理工大学学报》2012 年第 5 期。

感价值优先原则；三是象征价值优先原则。① 其实也是在强调视觉静态非言语传播形象塑造的策略，印刷媒体视觉传播符号的表现策略包括图片、图表、线条、版式、字体、字号等手段。

二　视觉动态非言语传播符号塑造媒介形象

影视传播的视觉符号包括景别语言、光影、色彩语言、运动镜头、构图语言、蒙太奇语言、画面人体语言、电视版面的动态语言以及视频的切、淡、化、划等。丰富的视觉传播符号给国家形象传播提供了丰富的表现空间。网络传播符号包括网页视觉设计、网络图片、卡通图片、Flash、网络视频、字体、字号、文字间距以及众多的网络表情符号等。网络视觉符号传递信息，更是网络空间国家形象的有效构建手段。中国日报网（China Daily）是中国对外传播及国家形象传播的重要渠道之一，其视觉传播手段运用也比较有特色。其首页的图片有女游客被救出的场面、年轻的女警官在老人节期间给老奶奶描眉的场面、16 人遇难的矿难救援现场。整体上，视觉形象选择上注意平衡不同题材，彰显鲜活的、立体的中国国家形象。

心理学研究认为，动态的事物比静态的事物更容易吸引注意力，彩色的事物比黑白的事物更容易吸引注意力，新奇的事物比常见的事物更容易吸引注意力。传播学的选择性理论认为，传播效果实现需要经过三个不同阶段：选择性接触、选择性理解和选择性记忆。可见，吸引受众注意力是实现传播效果的第一步。而如何增强传播的吸引力，很大程度上需要大众非言语传播的参与，如报纸头版的“五步三秒”理论就是色彩、字号、字体等利用非言语符号增强报道吸引力的例证。

电视媒体可以通过镜头变换等形式影响媒介形象塑造。前文讨论过，客观世界非言语符号无限丰富，但是，大众媒介传播空间相对有限，大众传媒只能有选择地呈现部分非言语传播符号，即借助片面化非言语符号塑造特定媒介形象。同时，观察和传递客观事件的角度也存在差异。如 2008 年 5 月 14 日在四川茂县成功伞降的 15 名空降兵着陆后，于 15 时许第一次传回了茂县灾情，通过仰拍跳伞过程，塑造英勇的军人形象和强大的国家形象。

① 何龙盛：《〈新京报〉的视觉传播模式》，《中国记者》2005 年第 6 期。

再如2012年第11号强台风“海葵”在浙江省象山县鹤浦镇沿海登陆，登陆时中心附近最大风力14级。在“海葵”登陆前20分钟，宁波市气象服务中心北仑追风小组从北仑城区发回现场报道。为了防止被风吹跑，出镜女记者腰上拴绳进行报道。即便如此，女记者还是无法站稳，甚至一度不得不蹲下（见图5-4）。也正是这样不清晰的现场画面，形成强烈的视觉冲击力，塑造了媒体人敬业的职业形象。

图5-4 出镜女记者腰上拴绳进行报道

资料来源：腾讯网，http：//news. qq. com/photo. shtml。

三 听觉非言语传播符号塑造媒介形象

如前文所述，形象是人们“通过视觉、听觉、触觉、味觉等各种感觉器官在大脑中形成的关于某种事物的整体印象”①，既然是对于特定事物的整体认知，也应包括听觉器官接收到的音乐、音响和无声等非言语符号。这些非言语传播符号也是媒介形象塑造的重要工具之一。

如阅兵式的鸣礼炮声音给人肃穆庄严震撼之感，国旗仪仗队整齐的步伐等塑造中国军人的气概和军威；救灾现场军人浑厚的指挥声，缉毒现场缉毒警察充满正义感的怒吼声，劳动模范工作场所的机器轰鸣声……这些听觉非言语传播符号都在不经意间传递特定人群的形象信息，塑造丰富的媒介形象。

① 赖新明：《平面报业媒体视域下城市体育形象建设研究——以晋江体育城市形象建设为例》，《体育成人教育学刊》2011年第1期。

第三节　魔鬼：非言语传播塑造负面形象，起到鞭挞警醒功能

——以“郭美美”事件相关报道为例

大众非言语传播参与形象塑造功能的方式比较多，可以是真实非言语符号，可以是模拟非言语符号，也可能是非言语符号隐喻表意，评价特定媒介形象，影响受众对该形象的态度。

一　大众非言语符号的选择，暴露反面形象

大众非言语符号对于媒介形象塑造具有说服力和影响力，2011 年 6 月 20 日郭美玲以“郭美美 baby”的名义在微博上经常展示自己的生活照，展示玛莎拉蒂跑车、昂贵的皮包、手机、手表等奢侈品，以及在别墅开生日聚会的画面。其微博认证的身份是“红十字会商业总经理”。在此期间，是郭美美本人进行媒介形象的自我塑造，年纪轻轻却担当要职、生活奢侈的富家小姐形象。

后来，公众质疑其财产来源和“红十字会”有关。事后，郭美美微博回应辩解：“我所在的公司是与红十字会有合作关系，简称红十字商会。”此后，郭美美又迅速删除了这条微博。随后，她接受了一家网络媒体的采访，又说自己最初的身份认证是“演员”，“红十字商业总经理”是表妹修改的，自己并不知情，并插入郭美美辩护录音片段，凸显真实感。几天之内她的说法一变再变，让人们感到疑惑，媒介塑造出一个出尔反尔、一派谎言的负面形象。

2011 年 9 月 14 日央视《新闻 1 + 1》：郭美美：不想红会，只想红，认为郭美美拍写真、做专访形同绯闻、丑闻、偷拍、走光等形形色色的娱乐手法，是一种审丑的利益链条，借一个诗人的诗句：卑鄙是卑鄙者的通行证，高尚是高尚者的墓志铭。目前的娱乐圈或者说是演艺圈里，丑闻是丑闻制造者的通行证，而低调却是低调拥有者的墓志铭。审丑利益链条的过程是：主动或者被动地出现了丑闻，然后导致出名，然后是主动策划变得更加出名，然后引起市场注意，然后走向市场，最后获取利益。配发手持时尚手机、造型妩媚的郭美美的视频，塑造出一个浮躁的、急于成名却不择手段的负面女孩形象。

二　模拟大众言语符号，塑造负面形象

有报道称郭美美是“进军娱乐有备而来”，并无意间将慈善界“娱乐”了一把。郭美美角逐各种赛事、客串电影、网络剧的一些角色，都离不开其母的包装运作，并演绎娱乐圈的游戏规则：只求关注度，不要真才艺；只求抓眼球，不问是与非。据百度关注度近日调查显示，郭美美已登上“当红内地娱乐女星关注榜”，并紧随范冰冰之后排列第二；第三位是杨幂。由于“注意力经济”已成为一种重要的经济现象，出于眼球效应和收视需求，中国娱乐圈谁丑陋谁走红的现象十分严重。从芙蓉姐姐、车模兽兽、闫凤娇、凤姐、马诺到“裸体选秀女”、“裸浴征婚女”、“视频陪睡女”等以“丑”成名。① 报道借助图 5 - 5 解析其依靠“审丑”成名的路线图，郭美美俨然成为娱乐圈游戏规则的样品，将郭美美的负面形象暴露无遗。

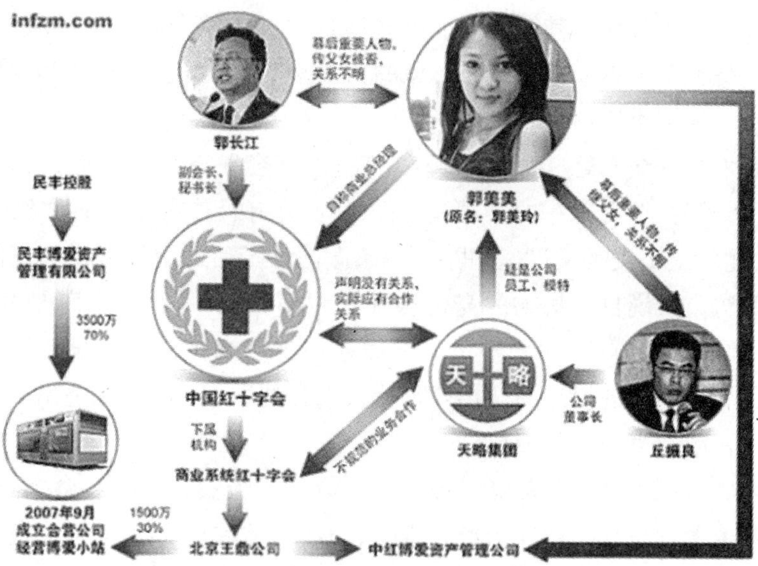

图 5 - 5　图解郭美美事件

① 《郭美美欲进娱乐圈　“明星”成名秘诀引人深思》，http://news.hfhouse.com/html/110805/AAMGJ1185164754.html，2011 年 8 月 5 日。

三　大众非言语符号隐喻表意，塑造媒介形象

“郭美美”事件让公众对国内慈善机构产生信任危机。2012 年“两会”期间，慈善事业再度成为委员们关注的焦点。政协委员、知名媒体人杨澜提案建议中国应尽快为慈善立法；全国政协委员、清华大学公共管理学院 NGO 研究所所长王名提出改革现行管理体制、尽快出台慈善法等 4 点建议[①]，隐喻郭美美是吞噬慈善利益的贪吃狼，塑造出的媒介形象生动直观，引人深思（见图 5－6）。

图 5－6　“郭美美”事件让国内慈善机构产生信任危机

资料来源：《委员热议郭美美事件 杨澜提案建议尽快慈善立法》，大洋网，《广州日报》2012 年 3 月 5 日。

四　大众非言语传播的互文表意反映负面形象

前文讨论过大众非言语传播具有互文表意方式，互文性“既可以是不同文本之间的相互指涉，也可以指文本与特定社会、历史等语境之间的相互影响。读者在解读文本时受到所处环境的影响，这种环境既包括历史和社会等因素，又包括读者本人及政治环境等意识形态领域的因素”。[②]不同媒体都以不同的方式参与报道“郭美美”事件，反映出一个备受争议的形象。不同报道的倾向以及塑造出不同的媒介形象存在很大反差，如何保证报道真实，而又不放弃对负面形象的反映？互文表意不失为一种有效

① 《委员热议郭美美事件　杨澜提案建议尽快慈善立法》，《广州日报》2012 年 3 月 5 日。

② 童之侠：《英国〈卫报〉涉华报道分析》，《现代传播》2011 年第 3 期。

方式，细微处暴露其形象，让报道对象无法辩驳。常用的方式包括言语与非言语的互文表意，以及不同非言语之间的互文表意。

（一）补充与强调事实

言语传播比较抽象，概括性强，而形象塑造又要求具体生动，需要通过非言语符号补充形象塑造所需事实材料。如手势、表情、声调或人与人之间的距离等非言语符号来填补、增加、充实语言符号在传播信息时的不足。

言语、非言语之间可以形成互文表意关系，如河北新闻网针对郭美美接受郎咸平采访的报道，题为《郭美美受访泪流满面　称自己不是爱慕虚荣的女孩》，配发几张照片却是郭美美及其母亲的时尚生活照（图5－7），言语和非言语的不协调，言语传播出她们母女不爱虚荣，非言语却传递出爱慕虚荣的形象，不一致恰恰暴露出郭美美言行不一的负面形象。

图5－7　《郭美美受访泪流满面　称自己不是爱慕虚荣的女孩》配发的照片

资料来源：《郭美美受访泪流满面 称自己不是爱慕虚荣的女孩》，河北新闻网，2011－08－04，http：//www.hebnews.cn.

（二）传播态度与情绪

大众传媒进行形象塑造时，不仅是言语传播独当一面，还需要大众非言语传播彰显说话者的态度与情绪，所谓“察言观色”。很多时候言语传播与非言语传播不协调，形成互文关系，将两者结合起来解读信息，才能准确把握说话的态度与情绪。如郭美美炫富的照片和当前的慈善事业形成互文关系，就暴露出郭美美丑陋的一面。照片将郭美美奢华的生活照和中国红十字会标志放置在一起（见图5－8），传播者利用不和谐画面投射出愤怒情绪。

图 5－8　郭美美接受采访时哭泣，网民将其炫富照片配上中国红十字会标志

资料来源：《郭美美受访泪流满面 称自己不是爱慕虚荣的女孩》，河北新闻网，2011－08－04，http：//www. hebnews. cn.

（三）隐喻态度与观点

在一些特殊的传播环境中，有些抽象概念难以通过文字表达，特别是形象传播过程中，非言语符号的直观性特点，要比单纯的言语传播更容易为受众理解，也更具有视听冲击效果。一些抽象不容易传播，也不容易为受众直观理解，还可以借助大众非言语传播的隐喻表意，塑造特定媒介形象。比如用释放和平鸽隐喻和平安宁，用一家人的团圆吃饭隐喻家庭和谐，用夫妻相互依偎隐喻夫妻恩爱，这些大众非言语传播容易产生联想，受众将相关画面或者声音与一些美好的事物联系起来，就会对这一传播现象产生好感，形成比较好的认知和评价，隐喻观点和态度，并塑造一定的媒介形象。

图 5－6 显示的是一只黑色的狼仰望慈善的手，通过狼的形象隐喻郭美美这样一类非法占有慈善款项的不劳而获的一群人。黑色的形象、贪婪的表情，无疑塑造了一种负面形象，引人警诫，引发思考。

同时，国际报道存在一定的风险性，塑造国家形象就需要从微观入手，大众非言语传播可以避免麻烦。如 2012 年“美菲军演”相关报道就是借助互文性报道，塑造言行不一、出尔反尔的菲律宾领导人形象。

第四节　案例分析：大众非言语传播参与塑造国家媒介形象

——基于央视《国庆 60 周年特别报道·盛典》的分析

央视新闻频道、综合频道并机直播的《国庆 60 周年特别报道·盛典》通过各种非言语传播符号塑造国家形象。从大众非言语传播分类看，电视媒体的传播过程涉及人际传播的视听觉非言语传播，同时也具备大众传播中视觉、听觉及视听复合非言语传播特征。其中电视传播符号中的非言语传播大致分成视觉非言语传播（包括景别语言、光影色彩语言、运动语言、构图语言、蒙太奇语言、“标点符号”语言、画面人体语言、电视版面语言等）和听觉非言语传播（包括音响、音乐、副言语）。非言语符号新闻往往比言语符号新闻更直观，报道中巧用不同非言语传播符号协同表意，塑造强大的、人民拥护的国家形象。

一 大众非言语传播符号的使用情况

包括静态视觉非言语符号、动态视觉非言语符号和听觉非言语符号都参与国家形象塑造，以下将逐条分析。

（一）视觉非言语传播符号的使用

视觉非言语传播符号通过镜头、色彩、构图等手段辅助形成媒介形象，影响受众认知。

第一，镜头变化与景别呈现。传播者运用特写镜头突出细节，特写及蒙太奇效果，让受众联想到国力昌盛和人民权利的有力保障。直播报道开始用一个推镜头，由远及近地聚焦五彩缤纷的阅兵现场飘扬的五星红旗、凯旋柱、冉冉升起的五彩气球，最后展现特别报道的标题《国庆 60 周年特别报道 · 盛典》。金光闪闪的“盛典”两个字和充满喜庆色彩的大红色“国庆 60 周年特别报道”等字矗立在民族团结柱之间，背景是五彩的礼花和光柱。

俯拍现场远景呈现 8 万名学生组成的方队，6000 名儿童组成的“繁花似锦”彩车，盛大场面凸显国力强盛。报道还多次仰拍凯旋柱以及其映衬着的蓝天白云，特写镜头聚焦孙中山、毛泽东等革命先辈的照片，展现中华儿女奋勇抗战、争取自由的革命勇气和毅力，从天安门城楼的国徽拉镜头，直至展示庆典现场。

第二，不同色彩塑造不同意境。色彩的合理运用能够起到烘托气氛、装点现场的作用，也能给人心理上带来愉悦或者振奋的感觉。比如我国人民偏爱的中国红和金黄色，阅兵庆典报道大量使用红色和黄色，直播节目开始以鲜艳的红旗衬托着金黄的 60 周年标志图案，周围衬托着银白色的礼花和光环，拉开直播节目的开始。8 万名少年用金黄和鲜红组成“国庆”，天安门城楼前、人民英雄纪念碑等红地毯，两边整齐站立着白衣红裙、红头饰的姑娘。

第三，主持人的非言语传播。如凌晨 3 点五棵松体育馆集结的大学生，面对镜头的招呼声，满脸的喜悦之情，毫无倦意，盛典过程中，镜头所到之处，都是喜悦的笑脸，这些都从细微处营造幸福的现场气氛。

（二）听觉非言语传播符号的使用

听觉非言语传播符号包括声音、音响、音乐等，助推国家形象塑造。

第一，副言语符号。1949 年毛泽东主席宣布中华人民共和国成立的高昂语气、仪仗队军人的威严口令声；2009 年，胡锦涛总书记阅兵讲话的铿锵有力都显示国强、军威。男女主持人高昂而舒缓的语调、充满激情的语气映衬着激动而热闹的现场。

第二，音乐符号。凌晨 2 点，庆典准备现场的报道，搭配紧张的音乐，凸显现场的紧张和忙碌。凌晨 3 点清华大学准备现场，镜头切换比较快。凌晨 5 点沙河阅兵村，特写镜头聚焦警服上的警徽。阅兵过程中配的爱国歌曲与现场的视觉符号相互映衬，凸显国力强盛、人民幸福、社会和谐。

第三，音响符号。阅兵式开始前，礼炮沉稳响亮的声音传递给人们肃穆庄严的感觉。国旗仪仗队步伐整齐、步履铿锵，展示中国军人的军威。① 凌晨通州阅兵村的集结号声，仪仗队士兵整齐的脚步声、呼喊声等都烘托出威武的军人士气。各种听觉非言语符号的有机组合，营造阅兵现场的庄严气氛。

（三）其他非言语传播符号的使用

中央电视台相关报道让受众联想到国家的实力，报道的背景是天安门城楼，大红灯笼悬挂两旁。

首先，蒙太奇手法。1949 年开国大典，驴子拉大炮，枪械五花八门，都是从敌人手里缴获的武器，被戏称为“万国牌武器”，只有马是国产的。国庆阅兵对比，回顾历史上的 13 次开国大典，将不同时期的庆典场面以蒙太奇手法呈现给受众，见证了中国的发展进步。

其次，通过画面人体语言的大众日常话语进行微观叙事。盛典活动

---

① 钱庆义、张秋爽：《非语言符号传播在我国国家形象塑造中的运用——以国庆 60 周年阅兵为例》，《新闻知识》2010 年第 10 期。

前，采访全国不同地区、各行业普通老百姓的生活状况，塑造国家形象，近景展示草根群体对于盛典的激动心情，对于国家繁荣昌盛的快乐。如江苏南京报纸印刷厂工人、山东青岛港职工田立香、安徽合肥晨练市民、上海南京路晨练市民、北京化工大学学生、湖北武汉出租车司机、四川都江堰景区工作人员、乌鲁木齐人民广场市民等，幸福的面部表情、激动的声音无不展示他们对于中国发展进步的肯定，对于国家未来的期望和充满信心，庆典报道显得真实、直观、富有人情味。另外，庆典报道还直播阅兵过程中身着民族服装的少数民族群众、两鬓斑白的老者、身上佩戴勋章的官兵以及外国友人观看庆典的画面，凸显团结、强盛、友好的中国国家形象。庆典报道中，步伐整齐的战士们精神焕发、英姿飒爽、威风凛凛，传达了新时代中国军人良好的素质和保卫祖国的决心，直接展示强盛的国家形象，上述国民形象和军人形象都是国家形象的重要组成部分。

最后，抽象内涵的具象表达。“60 年艰苦创业　30 年改革开放”需要具象化展示新中国 60 年风雨历程：1949 年毛泽东主席宣布中华人民共和国成立的高昂语气，1950 年 6 月，中国颁布实施《土地改革法》的积极劳动场面；第一部宪法颁布实施、1956 年完成“三大改造”社会主义制度基本建立……2006 年青藏铁路通车，布达拉宫前高高飘扬的红旗隐喻祖国的强盛、2003—2008 年中国成功发射“神舟”系列飞船的场面、2008 年汶川地震救援的场面、2008 年中国成功举办北京奥运会……值得回顾的成就太多，借冉冉升起的红日，隐喻中国的蒸蒸日上，借助现场的凯旋柱、五星红旗、威武士兵手中的枪等特写镜头的迅速转换塑造多元的、正面的国家形象。

二　对大众非言语传播塑造国家形象的建议

新传播语境下，视觉文化传播深度影响我们的传播方式甚至是思维方式，读图时代的受众“脱离了以语言为中心的理性主义形态，日益转向以形象为中心、特别是以影像为中心的感性主义形态”。① 国家形象传播同样需要转变思维方式，要借助视觉传播手段提升国家形象传播效果。国家形象传播的内容丰富多样、国家形象传播的受众多样化特征以及视觉传播的优势决定了视觉传播对于国家形象传播的独特意义。同时，视觉传播

① 李年智、孟建：《视觉文化时代的来临》，长江新闻与传播学院动态，最新报道，2011 年 10 月 5 日。

也存在局限性，需要和其他传播手段相互补充、相互协调，共同完成国家形象传播的使命。如何协调视觉传播与其他传播手段还需要继续研究，具体建议如下。

（一）群像与个性

研究认为全球化浪潮不可阻挡，“在接纳国际化元素之时，很容易掩盖中国的特色符号。但一个国家要想塑造自己独特的形象，就必须向外界展示它所特有的符号”。[①] 民族特色的符号更能彰显中华民族深厚的文化积淀，越容易走出国门。国庆阅兵的受众有我国人民和外国媒体，而内容应该涉及各个领域，可以利用具有中国特征的非言语符号出新意。除了宏大整齐的场面，也可加入现代化高科技手段，与中国元素相结合，展现国家形象。

时代发展带动受众审美取向的变迁，媒介形象塑造应该与时俱进，“由传统道德形象向更为丰富的现代形象过渡。……典型人物形象的表达应与社会个体的生存状态相吻合，与社会变迁保持共振，使得典型的媒介形象更为真实地反映人物的现实情状，更贴切地表达出时代特征”。[②] 这样的“媒介形象”和受众的现实生活比较接近，受众熟悉才有可能激励受众，产生认同感和向心力。

（二）直观与隐喻

“用事实说话”已成为新闻工作的一种原则，大众非言语传播优于用直观的“事实”进行媒介形象塑造。但是，这样还不够，“用事实说话”的优势还在于“说话”，坚持新闻报道的客观性，并注重新闻报道的倾向性，后者才是新闻报道的真正意图。

新闻报道通常采用神话的方式使客观性新闻具有倾向性。神话的实质是符号有两个层次表意机制，第一个层次是能指与所指之间，以及符号和它所指涉外在事物之间的关系，如“玫瑰”意指落叶灌木，带刺红花。符号的第二层意义是一种文化意义，源自对符号的一种社会使用与社会评价，即符号的第二次符号化、第二次意指化，如“玫瑰”意指爱情。[③] 神

---

① 钱庆义、张秋爽：《非语言符号传播在我国国家形象塑造中的运用——以国庆60周年阅兵为例》，《新闻知识》2010年第10期。

② 麦尚文：《新时期中国典型人物“媒介形象”的变迁与突破》，《新闻大学》2006年第2期。

③ 曾庆香：《新闻叙事学》，中国广播电视出版社2005年版，第159页。

话符号由神话的形式（即能指这一可见的部分，如文字、图片）和神话的意义（即所指这一不可见部分）组成。神话即符号的第二层次上意义的产生方式主要是“通过隐喻、转喻、象征和蒙太奇等方式产生的，这种意指方式的共同特点是所指，即意义与能指的自然特质具有某种看似自然的关联”。①

大众非言语传播的拟态性增加了倾向的隐蔽性，“利用能指的自然特质的‘真实要素’来传达意义，所以，它看似自然的表面却掩饰了选择的任意性和事实本身，这样，神话就赋予貌似‘真实’的地位，似乎难以被质疑”。② 但是，受众应该认清其本质，即“不论是事实建构，还是神话建构，都是为谋求一种对事实的最终诠释权，并使之合法化，以取得一定的‘言后之果’。从总体上看，这种目的实质就是为追求对意识形态的建构”。③

大众非言语传播塑造形象的神话手法具有优势，因为大众非言语符号和其所指对象具有相似性，降低了神话在能指与所指之间联系的难度，提高神话的实际效果。如美国媒体关注新中国成立 60 周年，2009 年 9 月 19 日出版的美国《时代》周刊以鲜红的五角星做封面设计，China's Moment（中国时刻）醒目（见图 5－9）。④

前文所述，隐喻是一种认知现象，其实质是替代，比较和互动⑤，大众非言语符号隐喻表意拓展了其传播功能，避免出现“肤浅”倾向。国家形象塑造同样具有“只可意会不可言传”的情形，“言不达意”的时候就需要大众非言语符号的隐喻表意，让受众从中体会其微妙内涵。如庆典过程中的“集体舞动　青春中国”，借助一群舞动青年的体态语、表情、服装等多重非言语符号的组合，寓意中国的朝气蓬勃，活力无限，营造的意境更富感染力和说服力。如果用言语表达，不太符合中国儒家文化的含蓄特征，显得也不直观。大众非言语传播更符合隐喻的“精练、新奇、间接和婉转等特征”⑥。

同时，隐喻意义的临时性与模糊性指的是“隐喻意义的理解对语境

① 曾庆香：《新闻叙事学》，中国广播电视出版社 2005 年版，第 163 页。
② 同上书，第 174 页。
③ 同上书，第 191 页。
④《西方图片上中国的形象变迁》，新华网·发展论坛，2012 年 12 月 13 日。
⑤ 胡壮麟：《认知隐喻学》，北京大学出版社 2004 年版，第 17 页。
⑥ 束定芳：《隐喻学研究》，上海外语教育出版社 2000 年版，第 113—115 页。

图 5－9　2009 年 9 月 19 日美国《时代》周刊封面

的依赖性"①，很多元素在国庆大典这一特定语境下具有丰富的内涵。如庆典前，实时信号直播山东泰山，展现祖国大好河山的自然景观之美；四川都江堰的宏伟工程展现古人的聪明智慧，更隐喻现代人战胜 2008 年地震的勇气和毅力；黑龙江大庆油田紧张有序的生产场面隐喻工业强国的步伐；中国香港维多利亚港的魅力景色隐喻国力强盛与祖国统一；西藏布达拉宫的繁荣城市隐喻祖国大家庭的和睦团结；上海浦东隐喻经济繁荣进步。借助空间的转换，展现时间的变迁，塑造一个具有深厚历史积淀，拥有繁荣现代气息的，强大、团结的中国国家形象。

在塑造国家形象过程中，要利用符号"外延"与"内涵"的有机结合，让受众通过符号来建构其心目中的中国形象，在潜移默化中塑造良好

① 束定芳：《隐喻学研究》，上海外语教育出版社 2000 年版，第 71 页。

的国家形象。[①] 从大众非言语传播视角分析，不仅需要借助大众非言语传播反映国家形象的外在特征，更需要借助大众非言语传播的隐喻功能，反映国家形象的深层次内涵，避免国家形象塑造流于表面、止于肤浅。

（三）强调与平衡

国家形象的对外传播应该平衡不同的传播内容，更利于受众构建他们心目中的国家形象。如有学者认为“‘中国制造’广告‘有很强的自卫性’，‘申奥片’和‘申博片’以及在纽约时报广场播出的‘国家形象·人物篇’所选的中国各界精英和杰出人士，令美国人产生‘更多的是恐惧，而不是友谊’”。[②]研究认为“既然国家包括了不同利益群体的行为，国家形象也应该是复杂的、多元的。不同的维度、部分、群体表现可能不尽相同、甚至相互冲突”。[③] 国家形象的整齐划一导致国家形象传播过于政治化，可信度降低。精英阶层的太过强大与“发展中国家”、“和谐社会”、“和谐世界”等理念冲突。草根形象缺失，以及宏大叙事等都不符合西方受众微观叙事的需求。鉴于此，中国国家形象塑造应该适当多选择草根形象。如中国日报网专栏“中国草根零接触”（China's Grassroots up-close）展示支援偏远山区特殊教育的年轻教师、80 个孤儿的“妈妈”、抚养生病小弟弟的大姐姐、清理长江漂浮垃圾的 50 岁清洁工等众多草根形象，鲜活、多元，亲和力强（见图 5－10），这样的传播模式可以借鉴。

图 5－10　中国草根英雄谱

① 程曼丽：《大众传播与国家形象塑造》，《国际新闻界》2007 年第 3 期。

② 何平华：《论传播语境、价值取向与国家影像的符号表达——兼谈“国家形象公关时代”的对外传播策略》，《新闻记者》2011 年第 8 期。

③ 王祎：《对国家形象研究的反思》，《国际新闻界》2011 年第 1 期。

（四）简约与生动

国家形象需要从具体形象中抽取、提炼并“简”化，并生成生动的视觉符号，才能够让受众过目不忘。同时，要重视视觉修辞的隐性说服，视觉修辞构成要素包括“展示元素”（presented elements）和“暗示元素”（suggested elements）。展示元素是呈现事实的显性手段，暗示元素是传递传播者观点、理念和倾向性的隐性要素。[①] 正是由于视觉传播符号具有丰富的暗示元素，才给视觉传播传递观点和态度提供了广阔的空间。如著名战地摄影记者罗伯特·卡帕来到中国，1938 年拍摄了许多揭露日本侵略军罪行的新闻照片。其中，这张闻名于世的中国士兵肖像（见图 5－11）简洁而不乏生动，充分展示了当时中国的形象，成为当年《生活》杂志的封面人物，让美国及世界认识到中国人民抗战的决心，赢得民众的支持。

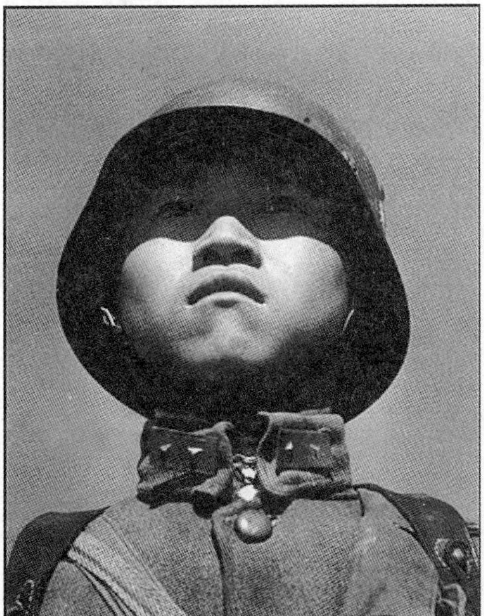

图 5－11　《生活》杂志的中国士兵肖像

资料来源：《西方图片上中国的形象变迁》，新华网·发展论坛，2012 年 12 月 13 日。

① 任悦：《视觉传播概论》，中国人民大学出版社 2008 年版，第 122 页。

（五）真实与虚拟

真实的非言语符号可以展示国家形象。庆典前，直播山东泰山的自然景观、四川都江堰、黑龙江大庆油田、香港维多利亚港、西藏布达拉宫、上海浦东等，最后镜头俯拍北京的故宫古城、永定门推镜头至天安门广场的庆典现场，通过移镜头，配《十月是你的生日》的舒缓音乐，借助空间的转换，展现历史的变迁，塑造国家形象的深厚历史积淀。

虚拟的非言语符号同样可以塑造国家形象。彩车游行则主要是借助虚拟符号展现历史发展轨迹。各代表方队用独特的非言语符号营造出不同历史时期的代表成就。这一系列方队都是借助虚拟的彩车装饰展现出“流动的画面，流动的历史进程”，给国家形象赋予厚重的历史感。

第六章 真理与偏见：大众非言语传播参与媒介的说服传播

——大众非言语传播视角反思大众传媒的舆论引导功能

20世纪30年代，大众媒介的兴盛和两次世界大战中宣传手段的大量使用，大众媒体说服功能日渐凸显其重要性，相关研究随之兴起。时至今日，说服传播和我们的日常生活紧密联系，无处不在，一旦我们认可特定事实或观点了，也就是被说服了。同时，现实生活环境中，“我们被来自我们生活各个方面，包括关系类的，社会的，政治的以及经济的说服信息所包围。因此，掌握说服传播生成规律对于能否生活在广告泛滥和媒介轰炸的社会至关重要”，[①] 所谓“知己知彼，百战百胜”。本书讨论大众非言语传播参与说服传播，既可以作为大众传播者探索说服传播的策略创新，也可以作为普通说服对象认识说服传播的途径、方式及特点，以抵御各种说服传播的攻击。

说服传播的目标是试图改变说服对象的态度，而态度是与情感、行为和认知信息（态度的ABC）相联系的，具有一定的评价维度。态度的改变以一定的事实为基础，并将引导相应的行为。进言之，大众传播不仅传递事实，也是在说服受众认可大众传媒所传递的新闻信息，以及隐含其中的观点，即新闻媒体的存在价值“不只是在于通过选择、界定、评价和解释等手段对原初社会事实进行意义化，更在于通过意义化的过程将驳杂纷乱的世界条理化，建构一个有意义的有关国家和社会的符号世界”。[②] 于是，新闻媒体成为社会各权力团体争夺“意义解释权”的重要场所。这样看来，上述章节讨论的大众非言语传播功能既可以看作独立的传播功能，也是为本章说服传播做铺垫。

---

① Marianne Dainton, Elaine Zelley, *Applying Communication Theory for Professional Life: A Practical Introduction* (2nd ed.), United States of America, Library of Cataloging-in-Publication Data, p. 103.

② 曾庆香：《新闻叙事学》，中国广播电视出版社2005年版，第199—200页。

说服传播需要言语符号，然而，“说服环境，说服策略，说服对象的状态，说服主体的外形也非常重要”。[①] 大众非言语符号在传播功能实现方面具有自身独特的传播优势。其中，形象性符号所具有的形象性、含蓄性和多义性能跨越文化的界限而直达人类的共同欲望和需求。如常用的视觉非言语符号可以传播视觉形象，“视觉形象具有一种不确定的特性，以说服为目的的形象的意义因而也相应地具有流动性和可适应性……视觉判断的含蓄性使形象能够用来传达广告商不愿意用语言表达的信息”。[②] 听觉非言语符号同样可以刺激人的神经，吸引注意，催人想象，生发情感等。综上所述，大众非言语传播影响人的认知、态度、情感，最终实现传播者的说服传播功能。

西方亚里士多德的《修辞学》在讨论说服传播时，重视“信誉证明（Ethos）”、“情感证明（Pathos）”、“逻辑证明（Logos）”等三种手段。现代说服学研究从早期的“枪弹论”、“潜隐说服”发展到“寻因理论”、“交互模式说”，逐渐从偏重说服主体转向注重说服对象，以及主、客体双方交互影响的演变趋势。由注重中枢说服途径，转向中枢途径和边缘途径相结合的演变趋势；由单纯重视言语传播开始朝言语、非言语并用的演变趋势，非言语传播影响说服传播功能的重要性逐渐受到重视。

鉴于此，本章将结合说服对象的特征，从说服主体的形象塑造、说服内容的包装、说服环境的营造等方面，分析大众非言语传播符号推动说服传播的方式。

第一节　说服传播的基本内涵

一　说服传播的内涵及特征

有关说服的定义比较多，如认为说服“就是个人（或群体）运用一定的战略战术，通过信息符号的传递，以非暴力手段去影响他人（或群

① Elisabeth André, Elisabetta Bevacqua, Dirk Heylen, Radoslaw Niewiadomski, Catherine Pelachaud, Christopher Peters, Isabella Poggi, and Matthias Rehm, *Non-verbal Persuasion and Communication in an Affective Agent*, P. Petta et al. (eds.), Emotion-Oriented Systems, Cognitive Technologies, Springer-Verlag Berlin Heidelberg, 2011, p. 586.

② 韩素梅：《符号传播：奢侈品广告的说服机制》，《浙江工业大学学报》（社会科学版）2007年第6期。

体）的观念、行动，从而达到预期的目的”[①]，“是所有试图塑造、强化或者改变他人反映的信息”[②]，是“影响他人信仰价值观和态度”[③] ……说服的很多定义基本上都承认说服的主要特征是有意识、有目的的行为，说服是建立在判断和决定的自主性上的，非强制性改变或强化他人观点、态度或行为。

说服传播研究是结合相关学科理论，研究通过言语及非言语符号，以传递信息的方式影响他人观点、态度直至行为的一种传播类型。其终极目标是要求受众“自愿”接受立场，不使用强制性手段，多用象征性非言语传播影响受众。并且让说服对象体会到的是从说服对象利益的立场出发，实施说服过程，隐性影响对象态度。同时，说服者的动机决定说服意图的好坏。当然，说服也具有防守，反操控功能。[④]

说服传播和新闻传播、宣传、舆论引导等有很大联系，但是，与它们不完全等同。很多时候，说服传播需要新闻信息作为态度和观点的载体，但是，富含观点和态度的信息传播不同于一般新闻信息。说服传播也不同于宣传，宣传是观点的传播，和相关新闻结合不紧密。而且其本质意图明显，是站在说服主体立场考虑问题，很少顾及受众的感受。宣传具有很强的思想扭曲性，具有机构性质。法国著名的科学家和哲学家帕斯卡（Blaise Pascal）在其《思想录》中曾经写道：“人们更容易相信他们自己发现的理由，而不是别人告诉他的理由。”[⑤] 大众非言语传播潜移默化地影响说服传播，正是尊重说服对象的主动性。

多数说服传播研究者都认为说服主要包括说服主体、说服信息、说服渠道、说服对象、说服环境等要素，通俗一点儿讲就是：谁？用什么方法？通过什么渠道？在什么环境下？传递什么信息？传递给谁？本书分析的重点正是大众非言语传播如何影响这些说服要素，并最终实现说服传播功能。在大众传播时代，特别是大众非言语传播的多角度介入，使大众传

① 龚文庠：《说服学——攻心的学问》，东方出版社 1994 年版，第 2 页。

② Miller, G. R., *On being Persuaded: Some Basic Distinctions*. In M. Roloff, & G. R. Miller (Eds.), *Persuasion: New Directions in Theory and Research*, Beverly Hills, 1980, pp. 11 –28.

③ Marianne Dainton, Elaine Zelley, *Applying Communication Theory for Professional Life: A Practical Introduction* (2nd ed.), United States of America, Library of Cataloging-in-Publication Data, p. 104.

④ 彭凯平、王伊兰：《跨文化沟通心理学》，北京师范大学出版社 2009 年版，第 256 页。

⑤ 同上。

媒的说服效果发生巨大变化。

第一，说服的强制性特征明显。当前大众传媒的高覆盖率，加上大众非言语传播烘托说服的拟态环境，大众非言语传播视听兼备，具有情感优势和感染力，使受众很难逃避大众传媒的说服传播。

第二，说服主体的多元化。在新媒体环境下，说服主体出现“多元化”，即普通草根群体借助自媒体传播，传播大量非言语信息，特别是突发事件信息，在一定程度上引导传统媒体跟进报道，进而影响传统媒体的受众，出现说服主体的“多元化过程”。如“周老虎”事件就是由草根群体的爆料引发传统媒体跟进报道，引导整个社会舆论的颠覆性转变。四川什邡事件中，自媒体传播事件现场的照片，同样掀起社会舆论的强烈反响。

第三，新媒体的非言语传播加快、加深了说服传播的速度和程度。如受众的年龄、受教育程度等因素，以及由此带来思维方式、认知方式的变化影响说服方式的选择和说服效果。自媒体受众中分析型受众所占比例不多，而图像知觉型占很大比重，群体性事件期间，很多群众不会花太多时间去仔细推敲信息内容的真伪，而非言语传播符号直观、易读，较之言语理性表述更具视觉冲击力，将观点、情感隐藏在非言语传播中显得客观公正，传播力强。如“8·26”特大交通事故中“微笑局长”杨达才的微笑以及不同场合佩戴饰物等视觉非言语传播符号经过新媒体的传播，在很短的时间内就引发社会舆论的广泛关注，推动事态的快速发展，直至其丢官，受审。

二 说服传播的主要途径

说服传播的途径很多，心理学家佩蒂、卡西窝波和休曼按照说服传播的核心特征，提出的 ELM 模型，即“精细加工可能性模型”，把消费者态度改变归纳为中枢和边缘两个基本说服路径，即中枢说服路径（central route to persuasion）和边缘说服路径（peripheral route to persuasion）。所谓中枢说服路径是指说服对象能够有意识地对说服信息进行仔细思考和分析，即进行精细加工，并最终导致态度的改变，通常采用理性诉求（persuasion via rational appeal），即使用逻辑的论据和事实证据来说服对象。①

① Hornikx, J., *A Review of Experimental Research on the Relative Persuasiveness of Anecdotal, Statistical, Causal and Expert Evidence*, Studies in Communication Sciences, 2005 (5).

所谓边缘说服路径是指说服对象不考虑说服证据，不进行逻辑推理，而是根据边缘线索，直接对说服信息做出反应。即“当我们缺乏对信息中的论点进行思考的动机时（比如说当这个问题对我们并不重要时），或当我们不能对论点进行充分加工时（比如当我们掌握的信息不充分或被分心的时候），边缘线索对态度改变就有相当的决定作用”。①

选择不同说服路径的依据是说服对象对传播信息分析和思考的深度，这取决于说服对象 MAO 的水平。其中，M（motivation）指对信息加工动机，是驱动人活动的内在作用力。影响说服对象动机（M）水平的主要因素包括说服对象对说服信息感兴趣程度、认知需要和情绪状态。说服对象对说服信息越感兴趣、具有强烈的认知需要，就越能产生总体的更详尽的认识，高认知需要的说服对象更喜欢探究说服信息，其态度形成往往遵从中枢路径。否则，只能从边缘路径展开说服。同时，说服对象的心情舒畅时一般不思考说服内容，态度形成更遵从边缘路径。A（ability）指说服对象必须具有必要的知识和信息加工能力，也影响说服路径的选择。即说服对象受教育程度高，分析性强，则更倾向接受中枢说服路径，反之，更容易遵从边缘说服路径。O（opportunity）指机会，即说服对象接触说服信息的条件，即干扰因素太多，影响中枢路径的说服效果，只能通过边缘说服路径（见图 6 - 1）。

一般而言，受众针对印刷媒体的认识相对详尽，更多采用中枢说服路径；而电视和广播类媒体的信息流动速度不可控性强，无法深入分析，所以，多采用边缘说服路径。说服者需要选择一个适合说服对象的说服路径。

三　大众非言语符号参与说服传播的方式

受众心理需求是说服传播效果的能量源泉，说服传播需要研究受众接受心理。如根据选择性心理提供多样性的选择，利用遵从心理形成主流舆论场，对遗忘心理、逆反心理等，有针对性地选择适当的传播方式引导说服受众。霍夫兰认为，“说服对象不是接收信息的‘容器’，说服过程是说服对象根据自身的知识结构、价值体系、个人需求等对说服信息进行自主选择的过程，说服效果很大程度上取决于说服对象对说服信息的认同和

① ［美］泰勒、佩普劳、希尔斯：《社会心理学》，谢晓非等译，北京大学出版社 2004 年版，第 161 页。

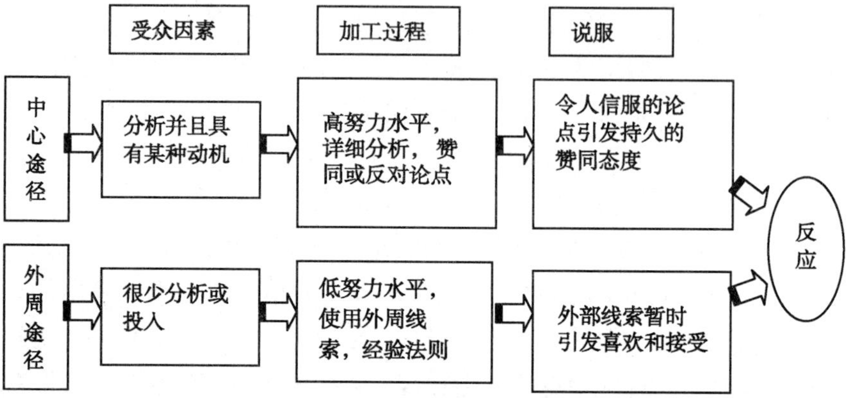

图 6-1 说服的途径

资料来源：［美］戴维·迈尔斯：《社会心理学》，侯玉波、乐国安、张智勇译，人民邮电出版社2006年版，第182页。

选择，以及说服对象和说服信息之间的互动"①。这要求说服传播的内容体现以人为本，贴近受众心理，从受众的关注点、兴奋点、需求点出发，充分反映人民心声，传递社情民意。

考察说服对象的群体心理特征—塑造说服主体形象—包装说服内容—营造说服环境—进行说服传播—刺激说服对象心理（导致说服对象心理变化以及行为变化）。大众非言语传播在说服过程中，具有与言语传播不同的功能，后文将重点分析大众非言语传播影响说服传播的方式。

费斯廷格的"认知不协调理论"认为，人的认知元素之间难免存在不协调状况，消除认知不协调状态的方法主要有："改变行为，使对行为的认知符合于态度的认知；改变态度，使其符合行为；或者引进新的认知元素，改变不协调状态。"② 社会心理学研究发现，态度由认知、情感和行为构成，并且三者必须保持平衡和协调，否则就会引起社会个体的心理压力，从而迫使其做出调整，直至重新实现心理的协调或者平衡。由于态度具有较强的稳定性和持久性，一旦形成不会轻易发生改变。……但根据态度结构诸因素趋于和谐的原则，认知、情感和行为倾向这三因素中任一因素的改变都有可能引起其他因素的改变，进而引起态度改变。这表明，要改变个体的态度，既可以从其中一种要素入手，或是从其中两种或三种

① 王敬红：《传播学视野下的高校思想政治教育说服策略研究》，《现代传播》2010年第8期。

② 李永健：《大众传播心理通论》，中国传媒大学出版社2008年版，第89页。

因素同时入手。[①] 所以，“高明的说服技巧是一种艺术，能使对方的心理达到一种平衡，从而接受自己的观点。从某种程度上讲，说服力就是一种影响力”。[②] 而且“当我们缺乏对信息中的论点进行思考的动机时（比如说当这个问题对我们并不重要时），或当我们不能对论点进行充分加工时（比如当我们掌握的信息不充分或被分心的时候），边缘线索对态度改变就有相当的决定作用”。[③] 这时候，就需要大众非言语传播间接地从细微处影响传播功能的发挥。如在你无法判断新闻发言人发言内容真假的时候，其外在装束、副言语、眼神等都帮助你判断其言语内容的真伪。

说服传播涉及言语传播与非言语传播。诚如古谚所说，“不是你说了什么，而是你怎么说”，这一说法低估了言语说服策略的重要性，却准确地强调了非言语传播的关键作用。[④] 大众非言语传播影响说服传播的路径选择，即提升说服传播功能的具体模式如图 6－2 所示。

由于说服对象年龄的不同，他们可能有不同的生活经历、生活态度、政治社会态度和思维方式等，这些因素也影响其信息接受心理和接受方式的不同：“那些喜欢分析、认知需求高的人，通常喜欢用中央路径而那些认知需求低的人，通常喜欢采用边缘路径。”[⑤] 其 MAO（motivation 信息加工动机，ability）指说服对象必须具有必要的知识和信息加工能，opportunity 说服机会）水平高，则重点选择中枢说服路径，注重塑造说服主体的权威性，包装说服传播内容的真实感和说服观点的隐蔽性。相反，如果说服传播对象的 MAO 水平相对比较低，则重点选择边缘说服路径，注意塑造说服主体的亲和力、说服传播内容的吸引力、说服传播情境的融洽度等，以提升说服效果。总之，说服传播对象特征是说服传播的“风向标”。大众非言语传播影响这些因素的质量，以影响说服传播功能发挥，下文将分别从上述几个方面分析大众非言语传播影响说服传播功能的特殊作用。

① 参见［美］戴维·迈尔斯《社会心理学》，侯玉波、乐国安、张智勇译，人民邮电出版社 2006 年版，第 181—182 页。

② 彭凯平、王伊兰：《跨文化沟通心理学》，北京师范大学出版社 2009 年版，第 174 页。

③ ［美］泰勒、佩普劳、希尔斯：《社会心理学》，谢晓非等译，北京大学出版社 2004 年版，第 161 页。

④ Elisabeth André, Elisabetta Bevacqua, Dirk Heylen, "Radoslaw Niewiadomski, Catherine Pelachaud, Christopher Peters, Isabella Poggi, and Matthias Rehm", *Non-verbal Persuasion and Communication in an Affective Agent*, pp. 585—608.

⑤ 彭凯平、王伊兰：《跨文化沟通心理学》，北京师范大学出版社 2009 年版，第 162 页。

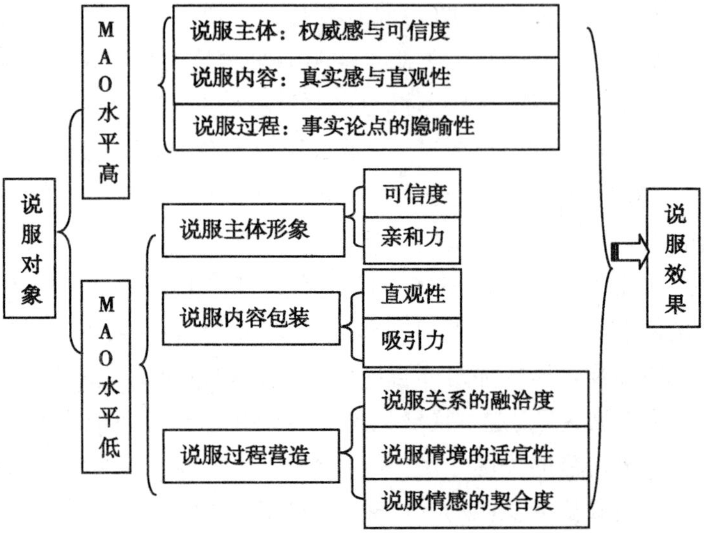

图 6-2 大众非言语传播影响说服功能的模式

第二节 风向标：分析说服对象特征，选择说服策略

说服的总体目标是影响说服对象对特定问题或事物的认知（cognition）、态度（attitude）和行为（behavior）。G. W. Allport 认为"态度（attitude）是一种由过去经验形成的心理和神经系统的准备状态，它引导着或动态地影响着个体对于这些经验有关的事件、情境的反应"。[①] 心理学家认为，"态度是以情感、行为和认知信息（态度的 ABC）为基础，根据某个评价维度对刺激所作的分类。情感成分（affective component）包含个体对态度对象的所有情绪与情感，尤其是正面和负面的评价。行为成分（behavioral component）主要指个体在对于态度对象的行为倾向。而认知成分（cognitive component）则指的是个体对态度对象的想法，包括了解的事实、掌握的知识以及持有的信念等"。[②]

说服传播可以改变说服对象对待特定事物或问题的认知情况，即对事实的认知，这是说服传播的最基本目标。同时，还可以进一步影响说服对

---

① ［美］泰勒、佩普劳、希尔斯：《社会心理学》，谢晓非等译，北京大学出版社 2004 年版，第 138 页。

② 同上书，第 139 页。

象对待事物或问题的个人态度。说服传播的最终目的是影响说服对象的行为，即改变个人对待对象或问题的态度并推动其采取相应的公开行动。说服传播的总体目标是认知、态度和行为的全方位、根本性改变。但是，这一过程不是一蹴而就的，而是长时间、多角度、分层次、分步骤采取说服传播过程的累积结果。

说服对象特征是影响说服传播效果的风向标。诚然，“事实胜于雄辩”，但是也有研究发现，“对意见最终起决定作用的是心情而不是智慧”。两者如何抉择？取决于不同说服对象的特征。[①] 不同说服对象，由于年龄、生活经历、生活态度和政治社会态度，以及信息接收习惯等存在差异，需要确定不同的说服目标和说服策略。如说服对象信息接受方式是分析型还是图像知觉型？这是说服途径选择的重要依据，前者适合中心说服路径，而后者适合边缘说服路径。

说服对象特征影响说服传播的具体说服目标，并需要选择合适的说服策略（见图6－3）。

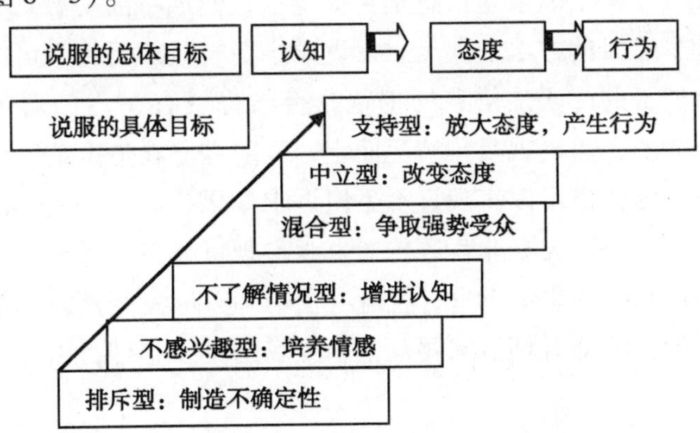

图6－3　说服传播的目标类型

一　排斥型：制造说服对象既有观点的不确定性，消解其对立情绪

当说服对象强烈反对说服者的观点时，说服者最有可能实现的说服目标是使说服对象开始不大确定他们既有观点是正确的，对于他们当前的态

① 李永健：《大众传播心理通论》，中国传媒大学出版社2008年版，第120页。

度感觉不舒服，导致其出现认知不协调心理，需要调整认知和态度，即改变既有观点，恢复心理协调状态。

如果说服对象适度反对说服者的观点，但是又没有完全不听别人的劝说，说服者或许可以减少观点对立，拉拢受众到中立立场，而不是与此相反，让说服对象彻底抛弃他们既有观点。这时的说服策略是用轻松、幽默的话题化解对立情绪，将重点放在双方意见一致的方面，表现出说服者的专业能力，并援引专家观点用可靠的证据支持说服者的观点，强调说服是寻求双赢的结果。

也可以尝试适度恐惧的唤醒。“运用‘敲警钟’的方法唤起人们的危机意识和紧张心理，促成他们的态度和行为向一定方向发生变化。”① 但是，“过度的恐惧反而会让人失去行动的能力或者使人忽视、拒绝沟通本身。在适当的水平上，唤起恐惧的言辞比那些几乎不会引起任何恐惧的言辞更能导致态度的改变”。②“恐惧诉求是否能增加说服力，还可能受到其他因素的影响。一个因素是信息是否提供了人们期待的安慰。如果一个信息提供了减少恐惧的方法，那么恐惧诉求会更有效。另一个可能影响人们对恐惧诉求加工的因素是信息的主题是否与恐惧有关。”③ 可见，恐惧诉求也不是万能的，需要视具体情况而定，需要控制在适度范围内。

大众非言语传播可以直观显示恐惧诉求效果。如一些发达国家忽视世界环境恶化的后果，大众非言语传播直观呈现世界各地重要城市可能被海水淹没，利用画面的恐惧诉求，视觉冲击力强，激发受众对环境问题的焦虑，心理失衡，降低对环境问题及中国立场的排斥心理，引导对环境问题的正确认知。

二 不感兴趣型：培养说服情感，建立沟通关系

不感兴趣型说服对象是指对方了解你的观点，但对于你讨论的话题不感兴趣。针对这类说服对象应该重点采用边缘说服路径，用激动人心的故事、标题或事实吸引他们的注意，并说明该主题对于说服对象的重要意义，借以培养情感，建立信任关系，然后再适当采用中心说服路径，如用

① 李永健：《大众传播心理通论》，中国传媒大学出版社 2008 年版，第 120 页。

② ［美］泰勒、佩普劳、希尔斯：《社会心理学》，谢晓非等译，北京大学出版社 2004 年版，第 163 页。

③ 同上。

几个由专家或统计数据、有说服力的事实支持你的方案。

批评报道涉及抽象观点、理念等也需要大众非言语传播进行视觉化表述，帮助受众理解。如2005年6月23日《南方周末》报道《选美，当官，招商》，"三个风马牛不相及"的概念出现在新闻标题里，本身就是一种传播方式，配发一张制作的图片，简洁、直观地呈现新闻的核心内涵（见图6－4）。

图6－4　《南方周末》图解新闻的核心内涵

资料来源：《选美，当官，招商》，《南方周末》2005年6月23日第A3版。

三　不了解型：增进事实认知，消除不确定性

不了解情况型受众是指对方缺乏使人确信提议所需的信息，通过展示说服者的经验或资质以提高说服信息的可信度。发言简单直接，不用复杂的评价混淆他们的思维，通过分享一些个人奇闻逸事建立情感联系。如当前，一些国家的受众对于中国当前情况还不大了解，中国对外传播直接实行说服、宣传显得操之过急。当务之急是通过一定的信息传播，先让国外受众准确地认知中国，为以后的观点说服提供铺垫，这才是切合实际的说服方法。

比较强的专业知识的说服传播也需要大众非言语传播降低理解难度，增进受众的认知，说服才更具有依据。如2013年1月11日《南方都市

报》题为《广东肝癌死亡率比全国高 50%　是世界平均水平的 3 倍到 4 倍》报道中插入图 6－5，直观展示患癌症的状况，降低了信息解读的难度，更容易说服受众。

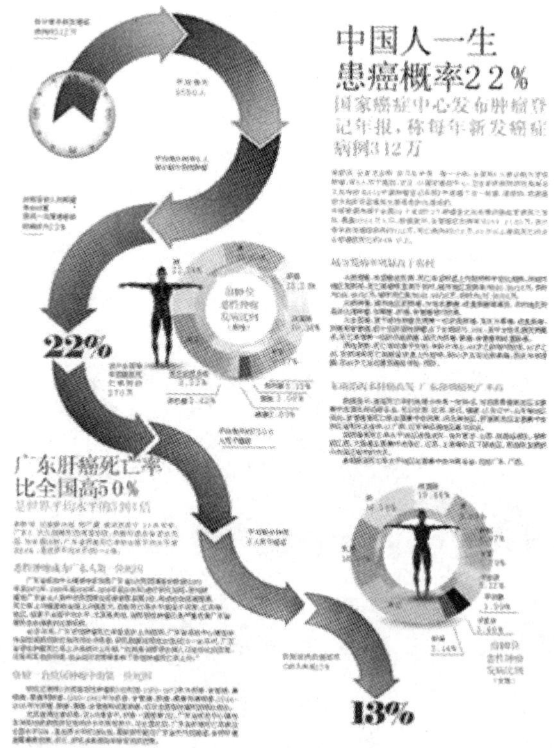

图 6－5　《南方都市报》报道广东肝癌死亡情况版面

资料来源：《广东肝癌死亡率比全国高 50% 是世界平均水平的 3 倍到 4 倍》，《南方都市报》2013 年 1 月 11 日第 A17 版。

四　混合型："二八"拥抱"长尾"，拓展总体说服范围

1897 年，意大利著名经济学家帕累托提出"二八法则"，认为 20% 的关键产品或者核心消费者可以带来 80% 的收益。[①] 这一理论同样适用于引导说服传播，混合型说服对象持有混杂的观点，利用"二八法则"，识别最有必要争取和最有影响力的说服对象，重点聚焦不同领域、不同媒体

① 王亿本：《"二八"拥抱"长尾"——解读〈华尔街日报〉数字化时代的微内容建构策略》，《传媒》2008 年第 3 期。

的意见领袖身上，借助这些意见领袖的二级传播，说服更多的普通受众。

2004年，美国《连线》杂志的总编辑克里斯·安德森在其作品《长尾理论》中认为网络时代随着产品边际成本的降低，就算20%的产品可以获得80%的市场回报，我们也没有理由忽视其余的80%的市场空间，让"二八法则"和"长尾模式"有机结合，实现影响范围的最大化。①网络媒体利用非言语符号的"时间"优势，影响新媒体的"长尾"受众。

非言语传播研究专家爱德华·霍尔认为"时间会说话"②，在大众传播语境下，"时间"就是新闻传播的时效性。同时，注重新媒体的"长尾理论"，用不同信息吸引不同的小团体。对传统媒体的把关其实在某种程度上是对新媒体传播影响的忽视。如"微博问政"、网络新闻发言人等形式都是通过不同形式，力图实现说服对象范围的最大化和说服效果的最大化。

五　中立型：凸显确凿证据，推动态度改变

中立型受众是指了解说服话题，但还需要进一步向听众说明说服观点的好处。如果受众针对当前话题的态度还不明确，说服者则可能改变说服对象的态度，摆出几个清晰有说服力的观点，辅之以专家证明、数据和具体实例，用故事、个人经历和奇闻逸事调动他们的情绪，并指出不接受提议的不利之处。

如2013年1月14日《新闻1+1》报道，2012年伦敦奥运会的开幕式，时常被笼罩在雾霾之中的伦敦，还经常被很多人认为这是浪漫的象征。直到1952年12月，"伦敦烟雾事件"才将沉醉在工业革命胜利中的人们彻底唤醒。画面插入1952年新闻，大雾让交通系统瘫痪，很多人选择步行回家。根据记载，在浓雾弥漫的四天时间里，死亡的人数就达4000多人，两个月后又有8000多人陆续丧生。报道配发了北京大学公共卫生学院《PM2.5的健康危害和经济损失研究》报告，红色圈出重点内容，加上卡通人物和关键数字，让人感觉恐惧（见图6-6）。报道还插入改编大雾版的《北京北京》，以及2012年伦敦奥运会开幕式的大雾场面，轻松中透射出恐惧（见图6-7）。

---

① 王亿本：《"二八"拥抱"长尾"——解读〈华尔街日报〉数字化时代的微内容建构策略》，载《传媒》2008年第3期。

② Edward T. Hall, *The Silent Language*, NewYork: Doubleday & Company, 1959, p. 23.

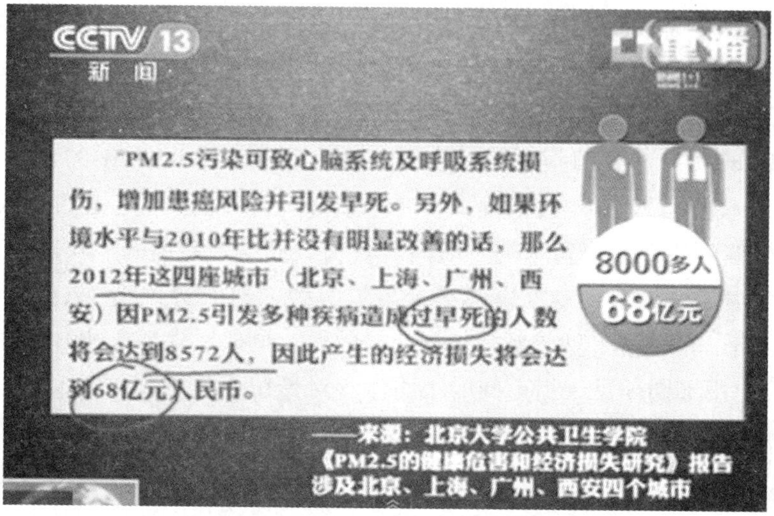

图 6－6　北京大学公共卫生学院报告内容

图 6－7　1952 年伦敦大雾，警察手持火把执勤

六　支持型：放大支持态度，产生支持行为

如果说服对象对于说服者的观点已经比较认可，说服者可以设计传播信息强化说服者既有观点，帮助说服对象抵御对立观点的影响，激发受众坚定既有立场。当受众强烈赞成说服者的立场时，逻辑上的目标是让他们按照说服者的既定目标行动。支持型受众已经和你意见一致，用鲜明的正面证据激发他们的认同感。强化支持程度，帮助他们准备反驳对立方可能

出现的反驳。大众非言语传播具有一定证实作用，能够直观展示各种行动，引人效仿。很多典型报道多在典型人物工作现场拍摄，一方面证实其英雄事迹的真实感，同时也起到言传身教的示范作用。

1898 年，美国广告学家 E. S. 刘易斯提出 AIDMA 法则，即首先是消费者注意到（attention）该广告，其次感兴趣（interest）而阅读下去，再者产生购买欲望（desire），然后记住（memory）该广告的内容最后产生购买行为（action）。这种广告发生功效而引导消费者产生的心理变化，就称为 AIDMA 法则。广告传播是说服传播的一种，说服传播总体上同样具有类似的影响过程。对于支持型说服对象实际上已经实现上述四种说服功能，就需要实现最后一种说服传播功能，即借助大众非言语传播的直观示范功能，推动说服对象的模仿，最终产生说服传播预设的社会行为。如大众媒体传播郭明义英雄的事迹，引发社会受众的效仿，激发更多人产生英雄行为。

第三节　加速器：塑造说服主体形象，影响说服功能

亚里士多德的《修辞学》在讨论说服传播时，重视“信誉证明”（Ethos）、“情感证明”（Pathos）、“逻辑证明”（Logos）等三种手段。其中，“逻辑证明”则更多体现在说服内容方面，“信誉证明”和“情感证明”主要是侧重说服主体，说服主体的特征也影响说服传播效果。

一　大众非言语传播塑造说服主体形象的理论依据

利用大众非言语传播塑造说服主体形象，影响说服传播功能，这不是空穴来风，多种理论可以验证这一观点的正确性。

（一）理论依据一：情感迁移规律（Affect-Based Theories）

非言语传播符号影响选择，“显性/可信性（Dominance/Credibility），相似性（Similarity）和影响基础理论（Affect-Based Theories），在这三种非言语传播影响理论中，情感基础模式获得了最广泛的实证支持，这表明非言语行为，情绪反应，和政治影响之间的联系”。[①] 亚里士多德的《修

---

① Maria A. Kopacz, *Nonverbal Communication as a Persuasion Tool: Current Staus and Future Directions*, Rocky Mountain Communication Review, 2006（3）.

辞学》在讨论说服传播时，提出的情感证明（pathos）是影响说服的关键要素。塑造说服主体形象，影响说服功能属于边缘说服途径，对说服主体的喜欢程度影响说服效果，因为，“我们会努力使自己的认知和情感一致，所以我们会改变态度，同意我们喜欢的人的意见”。[①]所以，“人们对和他们沟通的人越有好感，就越倾向于接受其观点、改变自己的态度”。[②]可见，如果说服对象不喜欢你，可能也就不会听你的言语表达，说服功能将无从谈起。

非言语传播影响说服，还可以从西方总统大选的案例得到验证。研究发现，“人脸是情感表达的主要渠道，候选人在政治运动中训练非言语情感影响模型。具体而言，他们认为政治选举中，个人的支持部分源自对领导者非言语情感表现”，“即时的印象和情感与其他信息源一同，形成或修改更广泛的支持态度”。[③] 所以，说服需要言语传播，同样需要非言语传播，共同实现说服效果。

（二）理论依据二：显性/可信性（Dominance/Credibility）理论

非言语传播影响说服功能的原因还在于其显性展示凸显可信性。大众传播说服主体的形象很大程度上由非言语传播实现，研究认为，“使用非言语线索来推断他人的特征是运用直觉判断的一个实例。因为非言语行为通常确实能够准确地反映某一特定特征，因此‘了解’他人的一个捷径就是观察他们的行为，而不是对他们的言语内容进行系统分析”。我们有意识地选择词语，最容易控制言语通道，面部表情不是完全可控，最难以控制的是身体动作和声音特征。[④] 这些特征可以帮助判断言语传播的真伪，非言语传播可能会通过对说话者印象的塑造而影响说服效果。大众非言语传播塑造说服主体形象的不同，也将带来说服传播效果的巨大差异。

国外非言语传播影响政治大选研究，其实也是强调非言语传播的说服功能。政治选举中非言语传播影响说服传播的方式主要是，“候选人的服装、说话的语气、语调等经过大众传媒传播后，影响选民对其性格的判

① ［美］泰勒、佩普劳、希尔斯：《社会心理学》，谢晓非等译，北京大学出版社 2004 年版，第 157 页。

② 同上书，第 156 页。

③ Maria A. Kopacz, *Nonverbal Communication as a Persuasion Tool: Current Staus and Future Directions*, Rocky Mountain Communication Review, 2006（3）.

④ ［美］菲利普·津巴多、迈克尔·利佩：《态度改变与社会影响》，邓羽、肖莉、唐小艳译，人民邮电出版社 2007 年版，第 237 页。

断”。因为“选民不熟悉复杂的政治问题，无心向学的研究候选人的政策建议，个人的性格可能会变成他们投票的一个标准。因此，候选人的非言语行为成为选举的重要决定因素”。[①] 同理，说服传播也需要非言语传播的参与，当信息不对等的情况下，说服传播主体的外貌、动作、说话的语气语调等也可能成为判断其说服内容真伪的判断标准。

如“7·23”温州动车事故中，无论铁道部说什么都会引起舆论的一片质疑，而温家宝总理的到场才使舆论逐渐趋于平静，这在很大程度上源于两者信誉上的差异。铁道部一贯的“铁老大”形象，以及事故处理过程中言行一再失误，已经丧失信誉：“7·23”事故爆发后，未见铁道部相关责任人主动向受害者及其家属致歉，并主动表示承担相应过失，失去情感证明的机会；新闻发布会以及后续言论的逻辑不清，前后矛盾，失去逻辑证明的机会。而温总理借助亲和力优势进行情感证明，通过权威性作为信誉证明的方式，才是其说服力的关键来源。

（三）理论依据三：相似性理论

非言语传播影响说服的第三个原因是相似性理论（Similarity），认为“个人寻求与自己相似的人互动和认同。非言语行为是陌生人之间判断相似性的丰富信息源”。[②] 如西方国家大选的选民通过竞选演讲的内容不容易认识候选人的立场。但是，都特别容易识别候选人友好的握手、微笑和开放式的身体姿势等亲和的行为。在很多情况下，这些非言语传播可能会影响选举的成功，对于大部分对政治缺乏兴趣的选民，这种影响尤其明显。

所以，说服主体自身的理念、行为乃至视觉形象等构成的亲和力等影响说服传播功能。如果说权威与可信是公信力的表现，那么“可爱”就是亲和力的内涵，因为“可爱”，公众才愿意接触与亲近。亲和力指舆论引导主体通过自身形象建构以及引导信息系统传递出的使公众愿意亲近与接触的吸引力。说服者的神态和表情对说服传播具有重要意义，说服者在说服传播全过程中都应保持饱满的情绪、专注的神情、全身心投入的态度，这才有利于调动说服对象的积极心理，使他始终保持对说服传播内容的专注。

---

① Maria A. Kopacz, *Nonverbal Communication as a Persuasion Tool: Current Staus and Future Directions*, Rocky Mountain Communication Review, 2006 (3).

② Ibid..

“亲和力”最早是一个化学领域的概念，“是特指一种原子与另外一种原子之间的关联特性，现多指大众传播者表现出来的亲近感以及人们对其所表现出的亲近感的认同、接受程度或支持程度”。[①] 信息传递形式的亲和力，即“怎么说”的艺术，通过对写作技巧、语言艺术、非言语传播等，用感性的力量推动说服功能的实现。布罗德斯基·斯坦利（Stanley Brodsky）和他的同事们列举出识别高可信度言语和非言语因素的清单：一副愉快、面带微笑的面部表情；指群体时使用“我们”；显示一个不太霸气的态度；身体吸引力；恭敬的言论和得体地表示异议；口语表达不显得傲慢（如承认潜在的错误）；使用非正式的讲话（如指个人的名称，少用专业术语）；直接的目光接触；真实性（涉嫌说谎与可爱度负相关）；你的行为比你的意图更有说服力、更可爱等。[②] 说服者的亲和力影响说服功能，说服传播主体的亲和力也因此显得重要。

大众传播媒体渠道的亲和力主要体现在品牌形象建构，是否具有可爱可亲的品牌个性，并形成品牌忠诚等。如中央电视台提出的纪录片制作口号：“主题事件化，事件故事化，故事人物化，人物细节化，细节画面化”；《解放日报》提倡的“细、小、近、实”的新闻宣传理念，都突出大众非言语传播在塑造传播内容亲和力方面的优势。

二 视觉非言语符号塑造说服主体形象

说服者的神态和表情对说服传播具有重要意义，说服者在说服传播全过程中都应保持饱满的情绪、专注的神情、全身心投入的态度，才有利于调动说服对象的积极心理，使其始终保持对说服内容的专注。

（一）说服主体的服饰营造说服情境

服饰属于实物媒介系统，“实物不是意符，但利用实物的特点代表一种意义。就成为一种象征性的意媒，它本身同时也是介质”。[③] 麦克卢汉说“媒介即信息”，服饰是物质实体、符号、信息三个层面要素合一的媒介。作为承载信息的符号增生“能指”意义，其影响力和感染力远远超过它的款式造型及质量等因素。电视节目主持人的服饰以最直观的符码形

---

① 陈江苹：《电视新闻记者如何培养自己的亲和力》，《视听纵横》2008 年第 3 期。

② Brodsky, S. L. , Neal, T. , Cramer, R. J. , and Ziemke, M. H. , *Credibility in the Court Room: How Likeable Should an Expert Witness Be?*, J. Am Acad Psychiatry and Law, 2009 (12).

③ 刘建明：《当代新闻学原理》，清华大学出版社 2003 年版，第 10 页。

态传达着关于一个人的时代、民族、性别、社会地位等“信息”。

主持人（或其他出镜记者）的服饰要符合节目的要求，如《百家讲坛》中，易中天身着中山装，具有历史厚重感，符合节目内容。儿童节目要求主持人服饰色彩鲜亮、明快，严肃的新闻评论类节目的主持人服饰多选用深色调，给人以理智和冷静的感觉。这些特征都无形中影响说服传播功能。

当然，说服主体的外在形象也需要具有亲和力。央视新闻女主播的一贯装扮是比较职业的短发，而且很端庄，西装显得形象干净、整洁。随着时代的进步，女主播的西服已渐渐从单调的黑、白、灰变成了如今的五彩斑斓，越来越有女人味了，艳丽的颜色和精巧的配饰让她们展现出魅力的一面。如2011年6月5日，央视新闻频道女主持人欧阳夏丹在主持《共同关注》时身着时尚小牛仔服，一改往日严肃的西服革履，衬托出知性干练的气质，整个沉闷的风格也活跃了起来，亲切感十足。

（二）说服主体的体态语彰显可信度

说服主体的体态语也能够彰显亲和力。如新闻记者采访残疾人、儿童时蹲下和采访对象交流等，无形中拉近了与采访对象的心理距离，彰显亲和力。以平等的姿态面对观众，而不是高高在上、傲慢自大。如采访拍摄是否平视的角度？采访者和采访对象是否有关心和爱护的体态语表现等。采访坐轮椅的采访对象时是否有蹲下的动作？采访的语气是盛世凌人还是和蔼可亲？这些大众非言语传播特征都在细微处彰显公信力，也无形中增强了大众传播的说服功能。

说服主体的行为举止也可能影响说服效果。如“7·23”温州动车事故中，铁道部新闻发言人王勇平回答问题时面带微笑，引起社会一片批判。前教育部发言人王旭明曾直言批评王勇平在发布会上语态太强势，语调过于激昂，更不该有“职业性的微笑”。[①] 同样，菲律宾总统阿基诺三世在处理中国香港人质事件过程中同样出现诡异的微笑，也让受众质疑其道歉的诚意，其诡异多变的处事风格影响其说服效果。

（三）说服主体的面部表情影响说服效果

非言语传播研究认为，“言语最能传递情绪；但是，当言语是不带感情的，或者似乎与非言语行为相矛盾时，我们会通过非言语线索来推断情

① 《铁道部新闻发言人王勇平离任　曾表示问心无愧》，《北京晨报》2011年8月17日。

绪。此外，面部表情能够自动地引发观察者的情绪，通常引发的情绪与传递出的情绪相同”。相反，“撒谎会激发焦虑，这一焦虑可能通过那些比言语更难控制的非言语通道泄露。欺骗可能在姿势转换、声音颤抖和回避目光接触中表现出来”。① 所以，“说服部分地依赖于从沟通者的非言语行为中推断出的沟通者特质。通过快速、大声地说话，沟通者听上去会更加值得信任。愉快的面部表情和频繁的目光接触能够提升受喜爱的程度”。②

如新华网报道旅日文化学者刘刚的文章《野田内阁要盲走到何时》，称“日本首相野田佳彦企图在亚欧峰会上将钓鱼岛问题扩散化，希望挽回自己在国内不断走低的支持率而使出的招数，但很显然，这样做既无法提升支持率，也不可能理顺日本国内乱局。内外受敌，完全源于野田内阁的误判”。③ 该报道配发野田佳彦沮丧的特写画面，衬托其尴尬的处境（见图6－8），削减其言语的说服力。

三　听觉非言语符号塑造说服主体形象

（一）说服主体的副言语彰显可信度

研究认为，“可信的传达者给人的感觉就是值得信赖的专家。那些讲话语气果断、语速较快并直视听众眼睛的人通常较为可信。那些持有与个人利益相悖观点的人也会让人产生同样的感觉。一个具有吸引力的信息传达者在品位和个人价值方面也非常有效”。④ 所以，副言语不会直接传播实质性内容，但是对于传播主体的可信度具有深度影响。

广播媒介的非言语传播符号主要包括音乐、音响和无声等。广播媒介还原了人际传播中的副言语符号，通过音色、语调、节奏、停顿，还增加了音乐、音响等非言语传播符号，并调整音量的大小改变传播效果。音乐在广播节目内容中体现为符号性、暗示性和影像性三种作用的结合。⑤ 电视媒体同样保持这一优势，并配合视觉形象，共同塑造主体形象。说服主

① ［美］菲利普·津巴多、迈克尔·利佩：《态度改变与社会影响》，邓羽、肖莉、唐小艳译，人民邮电出版社2007年版，第260页。

② 同上。

③ 刘刚：《野田内阁要盲走到何时》，新华网，2012年11月6日。

④ ［美］戴维·迈尔斯：《社会心理学》，侯玉波、乐国安、张智勇译，人民邮电出版社2006年版，第198页。

⑤ 孟伟、梅琼林：《论广播非语言符号系统的传播价值》，《中国广播电视学刊》2011年第12期。

图 6－8　野田佳彦的特写镜头

资料来源：刘刚：《野田内阁要盲走到何时》，新华网，http://news.xinhuanet.com/world/2012－11/06/，2012 年 11 月 6 日。

体的副言语彰显亲和力。访谈节目中，和儿童、老人交流时的语速不应太快，语气不要太强势等，彰显亲和力。相反，如王志采访金庸时，语速太快，太过强势，让采访对象感到威逼的感觉。

如央视《新闻 30 分》有关钓鱼岛事件的报道，女主播文静的声调变化比较明显，铿锵有力，义正词严，加上严肃的表情，重读强化言语传播的关键信息（注：下文画线部分为重读），凸显中国立场和态度。

> 11 日中国全国人大外事委员会就日本政府宣布“购买”钓鱼岛及其部分附属岛屿发表声明，声明说，日本在甲午战争末期，以不可告人的非法手段窃取了钓鱼岛及其附属岛屿。第二次世界大战结束后，钓鱼岛及其附属岛屿在国际法上回归中国。其后日美两国擅自拿钓鱼岛的行政管辖权私相授受，中方对此坚决反对、不予承认。中国人民决不接受日本对钓鱼岛的非法侵占，日方任何旨在强化其对钓鱼岛地位的企图都不可能得逞。
>
> 中国国防部新闻发言人耿雁生昨天发表谈话指出，日本政府严重侵犯中国的领土主权。中国军队对此表示坚决反对和强烈抗议。日本

近年以种种借口扩充军备，频频制造地区紧张局势，接连在钓鱼岛问题上制造事端，值得亚洲近邻和国际社会高度警惕。中国政府和军队捍卫国家领土主权的决心和意志是坚定不移的。我们正密切关注事态发展，保留采取相应措施的权利。

外交部发言人洪磊昨天下午在例行记者会上表示，中方要求日本方面切实放弃错误做法，回到双方已有的共识和谅解上来，回到谈判解决钓鱼岛问题的轨道上来。洪磊同时证实，日本外务省亚大局局长杉山晋辅，中方将向日方全面阐述立场，要求日方立即撤销所谓“购岛”的错误决定，停止一切侵犯中国领土主权的行为。[①]。

（二）说服主体所在新闻现场的音响彰显可信度

新闻记者深入新闻现场采集的新闻才更具有可信度和说服力，如何证实新闻记者深入新闻现场？其中，新闻现场的音响就是一种证实的方式。一些暗访所得内容很具有影响力，不仅是暗访的视觉材料，也包括现场音响材料，质量不好，有些视频标明“非正常拍摄画面”，恰恰是这样不清晰的视频材料更能证明事件的真实性，增强内容的说服力。这正是监督报道采访的难点，也是其说服力之所在。

第四节　动力源：包装说服内容，影响说服功能

说服信息是影响说服功能的关键因素，如果从说服的中枢路径看，说服信息需要权威、客观、平衡等特征。如果从说服的边缘路径看，还需要醒目、有吸引力。只有这样才能够刺激说服对象的选择性接触，进入说服对象的注意范围，才能够深入细致地分析和思考。说服传播应该根据听众的特性决定内容的包装，“如果听众是受过教育的，分析性很强的人，那么他往往对理智的呼吁更敏感一些；没受过教育，分析性不强的人，一般对情感的呼吁更敏感”。[②] 这就需要大众非言语符号参与说服信息的“包装”。

大众传播的说服信息包括新闻信息、广告信息、政策法规等。说服内

① 央视《新闻30分》有关钓鱼岛事件的报道，2012年9月12日。

② 彭凯平、王伊兰：《跨文化沟通心理学》，北京师范大学出版社2009年版，第160页。

容不仅是理智性内容，还应该包括情感元素，富含情感元素的说服内容更具说服力。而且，说服内容与说服对象既有观点的差异度也影响说服功能的发挥，这种差异度越小，改变说服对象的可能性越大。

同时，说服内容存在单面诉求和双面诉求两种诉求形式，其中，单面诉求是只说事物的优点或缺点，而双面诉求是同时说出事物的优点和缺点，实际说服过程中采用哪种形式，关键看说服对象的特征而定。这里诉求不一定都是言语表达，也包括非言语传播，非言语传播具有含蓄性特点，可以避免说服对象的逆反心理，有助于说服传播。

最后是首因效应对近因效应，即有研究认为最初的说服信息对于说服对象的影响大，另有研究认为最近的说服信息具有更大的说服功能。这两者共同点在于都需要说服对象记住说服信息，才能产生说服效果。说服传播强调，“只有故事和生动的语言能够产生情感冲击，而不是数字。更为重要的是，调查显示，听者更喜欢听生动的信息”。[①] 大众非言语传播应该注重说服信息真实感的塑造，更应该注重情趣性，这样更能够吸引说服对象，刺激其关注度和接受兴趣，提高说服功能。

一　大众非言语符号塑造说服信息的真实感

提高说服信息的公信力是提高说服效果的前提，影响大众传播公信力的因素很多，如认为包含信源可信度（source credibility）和媒介可信度（media credibility）[②]；喻国明将评价维度细化为“专业主义特质、社会角色期待的中心指向、社会的感知与认同”。[③] 上述分析可以理解为，传媒公信力是由传者的素养和受众的认可互动形成。也就是说，传播内容的公信力最终需要受众的认可，一定程度上需要受众的心理体验，而受众体验情况如何？言语传播很难单独实现的，需要大众非言语传播的参与。如《焦点访谈》片头部分，用蓝色背景让人感觉到深刻、理性，并配发动态图示，“新闻背景分析”的“广度”、“观察”、“关联”、“挖掘”、“深度”、“准确”等，加上紧张的音乐、稍快的语速等，凸显其受众定位的

---

① Jay A. Conger, *The Necessary Art of Persuasion*, Harvard Business Review, May-June 1998.

② 袁志坚：《媒体公信力：提高媒体舆论引导能力的前提》，《新闻与传播研究》2010 年第 5 期。

③ 喻国明：《大众媒介公信力理论初探下——兼论我国大众媒介公信力的现状与问题》，《新闻与写作》2005 年第 2 期。

知识精英阶层的专业性和深度感。

同时，影响说服效果的信息还需要有真实感。这里说真实感而不说真实性，是因为很多情况下，说服传播信息需要看上去比较真实才具有说服功能。相反，一些具有真实性的信息却因为缺乏真实感而看上去不可信，影响实际说服功能。如群体性事件的非言语传播直接影响受众对事件的认知、情感和态度。群体性事件爆发期间，自媒体传者多数不具有专业性特征，但是很多传者亲临事件的第一现场，使用手机等简单的信息拍摄及传输工具，粗糙的画面反而更具真实感和可信度，让传统主流媒体的舆论引导倍感压力。

如世界气候峰会报道，中国网络电视台通过链接，历时性地呈现气候谈判的历史过程。从 1992 年 5 月 22 日联合国政府间谈判委员会达成《联合国气候变化框架公约》开始，按照会议召开的年份分布，历数 17 次会议的相关内容。这样按照事件发生的时间顺序，给受众一个清晰的逻辑结构，形象地说明谈判之艰难，隐射不同国家和地区之间利益之争的激烈，批评少数发达国家的不负责任行为（见图 6－9）。

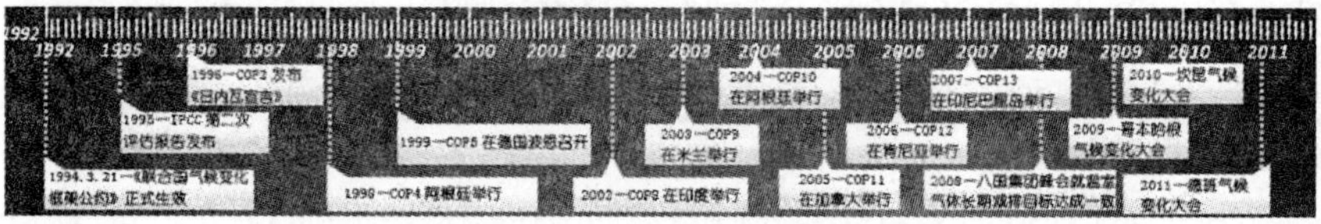

图 6－9　气候谈判之路漫漫

资料来源：中国网络电视台，http：//news. cntv. cn/special/2011dbqhdh/shouye/index. shtml。

新闻报道的客观性容易受言语传播的影响，但是，大众非言语传播相对更客观、公正，虚假新闻的难度更大，因此大众非言语传播提升报道的真实、客观、平衡性特征。当然，大众非言语传播也是一把“双刃剑”，在一定程度上容易助纣为虐，成为虚假广告、粗俗不雅新闻信息的帮凶。

二　大众非言语符号增强说服信息的直观性

说服不仅是一个理性的辩论过程，更是一个尊重受众选择的过程，需要降低说服对象对说服信息的解读成本，才能提高说服效果。

如 2012 年 7 月 7 日《人民日报·海外版》报道美巴关系的稿件《一声有所保留的道歉≠一段全面回暖的关系》，报道希拉里与巴基斯坦外长哈尔在电话交谈中对北约空袭巴军队哨所导致 24 名巴方士兵死亡的事件，对巴方士兵丧生表示“sorry（对不起）”，并向遇难士兵家属致以“最真诚慰问”。随后，巴基斯坦政府宣布重新开放美国和北约经由卡拉奇港口的向驻阿富汗北约部队运送物资的陆地补给线。报道强调国与国之间的分合总离不开“利益”二字，并配发图6－10，核心观点更明确直观。

图6－10　希拉里一句“sorry”换来巴基斯坦重启补给线

资料来源：《人民日报·海外版》2012年7月7日第6版。

三　大众非言语传播增加说服观点的隐蔽性

说服传播具有非强制性，尊重说服对象自己的选择，由他们自己决定是否接受某一观点，所以，说服传播需要隐蔽地影响说服对象。消费社会理论认为文字是理性的、可靠的，图像类符号是感性的、不可靠的，容易消解受众的理性思考能力。但是，从非言语传播视角进一步验证大众非言语传播不同于文字传播的独特传播优势。如隐喻手法不仅适用于言语传播，同样适用于非言语传播，大众非言语传播刺激受众的联想，给包括图像传播、视觉传播等非言语传播提供广阔的理性表意空间，隐性影响说服对象，实现说服传播效果。

隐喻实质上是借助事物之间的某种相似性而刺激受众的心理联想，相似性是隐喻存在的必要条件。隐喻旨在“以另一种更为明显，更为熟悉的观念的符号来表示某种观念”。[①] 观念之间存在相似性，所以对两种观念之间相似性的联想或感知是隐喻的关键。相似联想的本质是异中求同，并通过“同”将相异的事物联想在一起，这个求同的过程实际上就是寻找相似性的联想过程。[②] 同时，认知语言学认为隐喻是人类生存的基本方式，是可以脱离人的自然语言而独立存在的一种思维手段，而不仅仅是语

① ［法］保罗·利科：《活的隐喻》，上海译文出版社2004年版，第268页。

② 张晓凤：《基于隐喻的广告说服机制》，《今传媒》2009年第7期。

言的词语表达形式。① 有研究者甚至认为，“隐喻不但是一种思维方式，同时也是一种认知方式，它通过‘创造相似性’提供看待事物的一种新视角。隐喻通过将两个不同属性的事物并置起来，可以暗示两种事物之间存在着事先未被注意到或未被发现的相似性”。② 这也正是大众非言语传播的主要表意手段和优势所在。

如2012年9月4日新华网报道《新闻镜头：“求”学之路》，在合肥朝霞小学报名点，一名儿童和家长一起办理报名手续，透过窗户拍摄这名小学生渴望的眼神以及窗户栏杆的阻隔隐喻求学之艰难（见图6－11）。

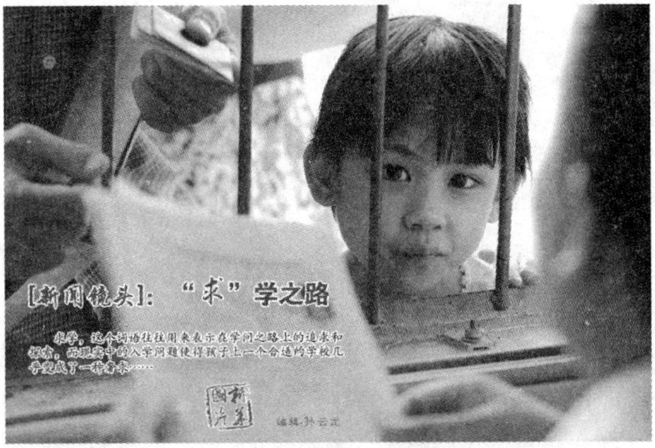

图6－11 新闻镜头：“求”学之路

资料来源：《新闻镜头：“求”学之路》，新华网，2012年9月4日。

四 大众非言语符号提升说服内容的情趣性

充满感情的非言语信息容易吸引说服对象的选择，而选择性注意是说服的前提。传播心理学认为传播活动实质上是传、受者之间的心理互动，是以媒介符号为中介的心理交流。③ 情感是说服的催化剂，情感刺激心理并形成心理能，才能外化为说服传播的指向性行为。如报道中国“三公”开支，形象直观，趣味性强（见图6－12），降低了受众信息解读的难度，准确地认知“三公”所涵盖的内涵，并影响受众态度的改变。

---

① 陈道明：《“委婉”不一定是“语”——试论非言语隐喻与非言语委婉》，《外语教学》2005年第2期。

② 张晓凤：《基于隐喻的广告说服机制》，《今传媒》2009年第7期。

③ 刘京林：《大众传播心理学》，中国传媒大学出版社2005年版，第175页。

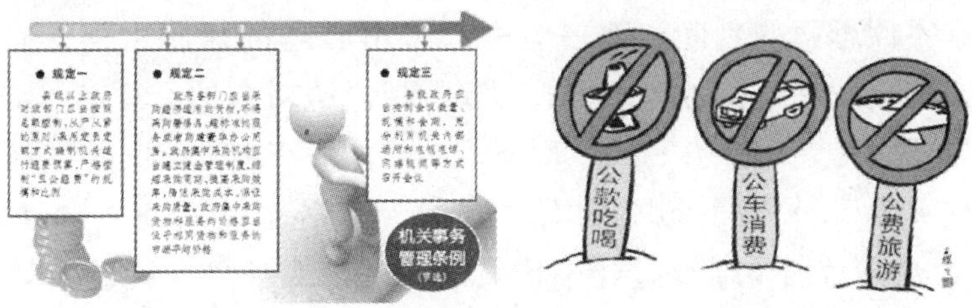

图 6－12　《解读首部约束机关管理行政法规　为"三公经费"戴上"紧箍咒"》

资料来源：刘奕湛、黄小希、崔静：《解读首部约束机关管理行政法规　为"三公经费"戴上"紧箍咒"》，《人民日报·海外版》，2012 年 7 月 10 日第 4 版。

同样，新华网 2013 年 1 月 4 日报道，哈尔滨市举行环卫系统公开招聘，最终录取的 448 名环卫工人中有 7 名研究生，一名落榜的研究生说，"就算是死，我也要死在编制里"。屡打不破的"铁饭碗"、"金饭碗"们，为何如此吸引年轻人？该报道配发漫画（见图 6－13），极富夸张地展示评论对象和评论的核心观点。

图 6－13　《"死在编制里"的"壮志"是怎样一种悲壮?》

资料来源：《"死在编制里"的"壮志"是怎样一种悲壮?》，新华微博，2013 年 1 月 16 日。

第五节　催化剂：营造说服情境，影响说服功能

传播心理学的"好/坏心情效应"（good/bad mood effect）认为，"人们在心情好时更容易接受别人的请求或者主动帮助别人，在心情不好或情绪低落的时候更容易拒绝别人的请求，或者说不愿意主动帮助别人，这种常见的心理效应即为好心情效应和坏心情效应"。[①] 同理，"当一条信息与好心情联系起来的时候会更有说服力。人们在心情好的时候一般会作出更

① 刘京林：《传播心理效应解析》，中国传媒大学出版社 2005 年版，第 6 页。

为爽快、不假思索的判断。而一些引起恐惧心理的信息也同样有效”。①说服传播需要选择合适的沟通方式，要顾及说服对方的心理特点，“最好的沟通方式就是在心平气和的条件下，对他们的态度进行间接影响，这种影响可以是从一个很小的不同看法开始，逐渐地进入到关键性的问题上”。② 大众非言语传播通过建构比较适合的说服环境，让说服对象有一个比较适宜的心情，消除说服对象的防御心理，避免警觉的影响，提升说服功能。新闻信息的传播渠道主要是传统大众媒体，还应该包括媒体营造的传播环境。

说服传播过程本身也比较重要，研究认为有效的说服涉及四个界限分明的步骤：第一，说服主体有效树立良好的信誉；第二，根据与说服对象的共同立场设定说服目标；第三，用生动的语言和有力的证据强化说服立场和观点；第四，和说服对象建立情感联系。③ 在此过程中，如何有效树立说服主体形象？怎样和说服对象建立情感等，都需要非言语符号的参与。

与此相类似，麦奎尔的信息处理理论（information processing theory）认为态度改变包含六个阶段或步骤：（1）说服性信息必须得以传播。（2）接受者将注意这个信息。（3）接受者将理解这一信息。（4）接受者接受和服膺所陈述的观点。（5）新接受的立场得到维持。（6）期望的行为发生。④ 说服传播过程的分类也许存在差异，但是，大众非言语传播在其中的作用显而易见。如“说服性信息必须得以传播”，就需要大众非言语传播参与提高说服信息的吸引力，才更有可能引起说服对象的注意，否则，后面的说服传播将无从谈起。说服主体形象的塑造，说服证据的生动性和说服对象的情感联系等都需要大众非言语传播的参与。

著名的社会学家爱德华·霍尔（Edward Hull）提出“高情境沟通文化与低情境沟通文化”这一组概念，很多情况下，高情境沟通文化强调沟通由说服主体的表达方式、手势、语调、语速等情境性的因素影响说服效果，一般强调的不是内容，而是形式，是言外之意。“人们关注的不是

---

① ［美］戴维·迈尔斯：《社会心理学》，侯玉波、乐国安、张智勇译，人民邮电出版社2006年版，第198页。

② 彭凯平、王伊兰：《跨文化沟通心理学》，北京师范大学出版社2009年版，第256页。

③ Jay A. Conger, *The Necessary Art of Persuasion*, Harvard Business Review, May-June 1998.

④ 沃纳·赛佛林、小詹姆斯·坦卡德：《传播理论》，郭镇之等译，华夏出版社2000年版，第203页。

你说了什么，而是你怎么说的，这使选择一种适当的、容易被人接受的沟通方式尤为重要”。[①] 中国文化是一种典型的高情境沟通文化，讲求含蓄，注重察言观色。因此，中国的说服传播更需要大众非言语传播的积极、有效地介入。

说服传播包括理性诉求与感性诉求两种途径，理性诉求是通过摆事实、讲道理，运用理性或逻辑的力量达到说服的目的；感性诉求是通过营造某种气氛或使用感情色彩的话语感染对方，实现说服传播功能。[②] 大众非言语传播通过营造说服过程的情感色彩，感染说服对象，实现说服效果，感性诉求优势更明显。

一　大众非言语传播营造适宜的说服情境

说服传播渠道多样，但是，“面对面的沟通交流通常都是最有效的，然而对于复杂难懂的信息来说，书面文字媒介则是卓有成效的。当问题无关紧要或者情境比较陌生时，大众传媒则较为有效”。[③] 说服需要轻松的氛围，这在很大程度上有赖于非言语符号，说服场所的饰物陈列、摆设等都可能影响说服功能的正常发挥。

（一）用色彩营造适宜的说服情境

研究发现，“人们观察外界的各种物体，首先引起反应的是色极，它是人体视觉诸元素中对视觉刺激最敏感、反应最快的视觉信息符号，对色彩的注意力占人的视觉的 80% 左右，而对形的注意力仅占 20% 左右”。[④] 如红色容易使人脉搏加快、血压升高、情绪兴奋；蓝色环境则会使人脉搏减缓，情绪趋于沉静。[⑤] 因此，突发事件报道多使用红色新闻标题，加强受众的紧张感，并产生深刻记忆。而理性思辨性报道多使用蓝色背景，更容易让受众静下心去思考。

同时，色彩存在冷色与暖色差别，给人不同温度感、重量感、湿度感。空间色彩的主色调由节目的基调决定，如新闻性节目一般为了体现理

① 彭凯平、王伊兰：《跨文化沟通心理学》，北京师范大学出版社 2009 年版，第 82 页。

② 李永健：《大众传播心理通论》，中国传媒大学出版社 2008 年版，第 119 页。

③ ［美］戴维·迈尔斯：《社会心理学》，侯玉波、乐国安、张智勇译，人民邮电出版社 2006 年版，第 198 页。

④ 严峰、李川：《色彩传播在电视演播中的运用》，《东南传播》2007 年第 11 期。

⑤ 同上。

性、客观公正，大都选择蓝色，而娱乐节目多选用橙黄色与粉色或桃红色搭配，显得活泼。[①] 报纸也是如此，用不同色彩配合不同版面，彰显报道的风格和报道的态度。如 2012 年 7 月 5 日《人民日报·海外版》报道《青岛：山东半岛中日韩地方经济合作示范区先行启动城市——专访青岛市市长张新起》，张新起：青岛提出了"率先科学发展、实现蓝色跨越，加快建设宜居幸福的现代化国际城市"的奋斗目标，在经济发展上，把蓝色引领作为主导战略。报道的版面是蓝色背景，为说服信息营造适宜的说服环境。

最后，色彩还具有隐喻功能，扩大表意空间。如在中国文化语境下，黄色多引发人们想起皇帝、皇家、尊贵、典雅等，大红多和喜庆联系在一起。于是，《感动中国》年度人物评选的时候，多选择金黄色和大红背景，隐喻人物精神的高贵。而绿色象征生命和活力，红色象征激情等。所以，2012 年《小小智慧树》特别节目《小宝贝　大声唱》的片头多由绿色、黄色、红色组成，让人感觉充满朝气和活力。

（二）演播室灯光设计营造适宜的说服情境

灯光设计不仅要满足摄像工作的要求，精心设计和控制还能营造和渲染节目气氛，影响说服传播效果。中央电视台少儿频道的《小小智慧树》是少儿栏目，它要求主持人活泼热情，显得亲切热情。男主持人身着黄色上衣，白色裤子。女主持人则身着白色 T 恤，大红短裙。演播室被用高光和亮黄色照得很通透，阳光、亮丽、温馨。节目的边框也不是四平八稳的，造型活泼，变化多样。而《法治在线》栏目多用深蓝色背景，主持人的服装颜色也是偏冷色调，给人冷静、大方、智慧的感觉，提高了节目的严肃性和专业性。

（三）印刷媒体的版面编排彰显可信度

一般情况下，高可信度的说服主体比低可信度的说服主体更具有说服力，因此，大众传播应该注重塑造说服主体的可信形象。亚里士多德在《修辞学》中提出，人们对传播者的评价常基于三个特征：他的知识和正确性、他的可靠和诚实程度及他的意图，这三者构成了传播者的可信性。

首先，说服主体"支持那些看似与自己的利益相悖的立场"，可以增强自己的可信赖程度。另外，信息来源的多重性可以增强说服信息的可靠

① 严峰、李川：《色彩传播在电视演播中的运用》，《东南传播》2007 年第 11 期。

性，所谓“兼听则明，偏信则暗”。但是，“只有当人们相信不同来源的观点是相互独立的时候，多重信息来源才更有说服力”。[①] 大众传播需要显示多重来源的信息，各自独立判断才会推动态度改变。

如针对2012年“美菲军演”，人民网专题报道，将不同国家的相关报道放在一起（见图6－14）。这些新闻报道文本多处明显强调菲律宾与中国领土争端的历史背景，在这样背景下举行美菲联合军演却强调和中国无关，实在很难掩盖其遏制中国的深层意图。这样，既塑造中国媒体客观、公正的形象，又不失时机地传递事实真相，引导说服受众。

· 美媒：美国加强对太平洋地区关注	2012－04－17 23：59
· 英媒：菲美军演 冷看中国？	2012－04－17 23：58
· 法媒：菲美两国“肩并肩”究竟冲着谁？	2012－04－17 23：58
· 美媒：菲美军演意在中国？	2012－04－17 23：58
· 德媒：菲美展开年度军演 菲律宾民众抗议	2012－04－17 23：58
· 菲媒：菲军方称“肩并肩”军演与黄岩岛问题无关	2012－04－17 23：58
· 菲媒：“肩并肩”军演将在菲律宾不同地区同时进行	2012－04－17 23：58
· 日媒：日澳韩首次参与“肩并肩”军演	2012－04－17 23：58
· 英媒：菲美展开“肩并肩”军演 日韩澳首度派军人参演	2012－04－17 23：58

图6－14　《人民网》“美菲军演”专题“外媒关注”网页

在对传播者的可信性与说服效果的关系进行了多次实证考察后，霍夫兰提出“可信性效果”的概念：“传播者（信源）的可信度越高，其说服效果越大；可信度越低，说服效果越小。”[②] 如何塑造传者（信源）以增加说服力，具体策略如下：“说服对象如果认为说服者学有专长、可靠诚实、意图公正，就会对说服者产生喜欢、认同的积极情感，说服对象对说服者的这种好感就会泛化到他所传播的说服信息上。反之，说服对象就会产生心理抵触。”[③] 所以，说服传播需要大众言语传播传递说服主体的观点和态度。同样，需要大众非言语传播塑造说服主体的形象，让受众认可其知识水平、诚信的态度以及良好的传播意图等都深刻影响其言语说服的

① ［美］泰勒、佩普劳、希尔斯：《社会心理学》，谢晓非等译，北京大学出版社2004年版，第156页。

② 郭庆光：《传播学教程》，中国人民大学出版社1999年版，第202页。

③ 王敬红：《传播学视野下的高校思想政治教育说服策略研》，《现代传播》2010年第8期。

效果。所谓“听其言，观其行”，大众非言语传播潜移默化地影响说服主体的形象及其说服功能。

二 大众非言语传播培养融洽的说服情感

说服情感对于说服传播具有重要意义，而演说是说服传播的一种形式，亚里士多德继承柏拉图的观点，认为“听众对演说者的态度不同，他们的判断就不同，所以演说者必须懂得听众的心理，以便激发或控制他们的情感”。① 为了说服他人做某一事情，需要使其相信这件事情值得去做，而且我们能够去做；演说者要使人信服，需具有三种品质，即见识、美德和好意。演说者之所以有误差，是由于他们缺少这三种品质或其中之一二。“他们由于缺少见识而提不出正确的见解，或者虽然有正确的见解，但由于邪恶而不肯把他们的见解讲出来；或者虽然有见识，人品也好，但由于不怀好意而不肯把他们所知道的最好劝告讲出来。此外，不需要有别的品质。”② 前文讨论过亚里士多德的《修辞学》重视“信誉证明”、“情感证明”及“逻辑证明”等三种手段。换句话说，为了说服别人，我们必须诱发或引起情绪。要激发说服对象的兴趣，不仅可以通过理性诉求，还需要通过情感机制。“由于情绪与生物适应性相联系，情感往往附加更高的其他价值。”③ 可见，融洽的说服情感对说服传播至关重要。

在强调传播信息的前提下，还应该注意信息内容的呈现形式，即传播技巧。因为“说服过程的关键因素不在于信息本身，而在于它所激发个体的思维方式”。④ 传播技巧是影响传播效果的重要因素，传播技巧指的是在说服性传播活动中为有效地达到预期目的而采用的策略方法。适当的传播技巧是说服传播的“催化剂”，深度影响着说服产生的速度和程度。⑤ 情感说服有三种模式，第一种是暗示模式，将说服信息植于具体人物身

---

① ［古希腊］亚里士多德：《修辞学》，罗念生译，上海人民出版社 2005 年版，第 7 页。

② 同上书，第 76 页。

③ Elisabeth André, Elisabetta Bevacqua, Dirk Heylen, Radoslaw Niewiadomski, Catherine Pelachaud, Christopher Peters, Isabella Poggi, and Matthias Rehm, *Non-verbal Persuasion and Communication in an Affective Agent*, Paolo Petta Catherine Pelachaud Roddy Cowie (Eds.): Emotion-Oriented Systems, 2011, pp. 587–588.

④ ［美］戴维·迈尔斯：《社会心理学》，侯玉波、乐国安、张智勇译，人民邮电出版社 2006 年版，第 196 页。

⑤ 王敬红：《传播学视野下的高校思想政治教育说服策略研究》，《现代传播》2010 年第 8 期。

上，凭借具体人物的真实性和情节的生动性说服对象态度改变。第二种是明示模式，用一个直白观点来刺激或唤起说服对象的情感。第三种是联想模式，通过特定信息传播刺激说服对象的联想而实现说服功能。①

如1991年4月解海龙为《希望工程》拍摄的大眼睛小姑娘，安徽省金寨县三合乡张湾小学的苏明娟（大眼睛女孩，8岁）。这个小女孩有一双美丽的大眼睛，乌黑透彻，隐约闪现着泪光，流露出对知识的渴望与追求，对生活的无奈与叹息，对校园的留恋与惆怅，向世人喊出了“我要读书”的心声。中国青少年发展基金会将其确定为“形象标志”，用于希望工程公益活动。新闻照片的说服传播功能其实是一种提喻的手法，用对象的一部分帮助受众构筑对象的全景。这样赋予符号传播（包括大众非言语传播）更广阔的表意空间。中国失学儿童数量庞大，而大眼睛女孩无助与渴望的眼神代表着无数需要救助的失学儿童，正是这幅照片的提喻手法让人们感受到无数需要救助儿童的心理感受，推动中国公益事业的快速发展。

三　大众非言语传播构建良性的说服关系

说服关系对于说服传播意义重大，而说服关系的建立和保持不仅仅依靠言语传播，在很多场合更需要非言语传播的有效参与。

（一）利用“登门槛效应”和说服对象建立信任关系

大众非言语传播对说服传播的影响比较符合登门槛效应，先由边缘说服途径，借助大众非言语传播吸引说服对象，再进一步由中心说服途径。登门槛效应（foot-in-the-door effect）是一种劝导说服方法，源自美国心理学家弗里德曼和费拉瑟（Freedman，J. L. and Fraser，S. C.）等于20世纪60年代进行的一项登门访问家庭主妇的实验，他们提出由小到大的要求而获成功，以后借指向他人由小到大逐步提出较高要求的劝导说服方法。② 大众非言语传播参与说服传播是通过一种潜移默化的形式，并不带有明显的功利性特征，随后言语说服才逐步深入影响受众的观点，避免受众逆反心理和抵触情绪的出现，实际说服功能发挥得更理想。这也暗合了法国著名的科学家和哲学家帕斯卡尔的观点，即“人们更容易相信他们

① 张芳、童利忠：《广告说服方式的作用机理探析》，《科技与产业》2007年第4期。

② 车文博主编：《心理咨询大百科全书》，浙江科学技术出版社2001年版，第173页。

自己发现的理由，而不是别人告诉他的理由”。[①] 大众非言语传播隐蔽性说服的优势在于，不一定都要旗帜鲜明地表达自己的观点和意图，而应该让说服对象自己去分析、判断，得出符合传者意图的结论，更具有深远影响效果。

一般人也许认为，“强有力的论证更容易让人们改变态度，但事实并非总是如此。只有当人们有动机去密切注意并仔细思考这些论证的时候，强有力的论证才会在态度改变的过程中发挥作用”。[②] 大众非言语传播提高说服信息的吸引力，为中心说服提供可能性。同时，眼见为实，真实可证，提升论证的力度。

（二）利用“自己人效应”和说服对象建立信任关系

说服传播需要说服双方的心理参与，“人们会认为与自己同属一个群体的人跟自己更相像，这一现象被称为‘假定相似性效应’（assumed similarity effect）”，[③] 也叫“自己人效应”。说服传播应该试图和说服对象建立信任关系，让对方感觉说服者和说服对象同属一类人，包括服装、语调等非言语传播特征。交流时称呼对方多使用“我们”，而不是“你们”这样让对方更信任自己。“从心理学的角度讲，人与人之间一旦产生某种认同（identity），相互之间就会在心理上产生‘自己人’的效应，这种‘自己人’的效应就容易消除沟通中的隔阂。”[④]

说服传播过程中可以从三个角度寻求这种共同点：第一，寻求过去经历中的共同点，以增进彼此的亲近感，从而淡化陌生感。第二，寻求现实中的共同点，如共同的现实利益、共同的责任和目标等，这种感觉和要求使双方的冲突意识淡化，沟通的愿望增强。第三，寻求未来关系的共同点。比如未来共同的命运、共同的合作关系、共同的前途等，这些更容易使沟通双方产生一种宽广的胸怀和视野，从而主动寻找消除双方差异和歧义的动机和愿望。[⑤] 这些共同点的营造同样需要大众非言语传播的积极参与。比如衣着可以判定身份的相似性，眼神、语气等可以构建社会地位的

① 转引自彭凯平、王伊兰《跨文化沟通心理学》，北京师范大学出版社 2009 年版，第 256 页。

② ［美］泰勒、佩普劳、希尔斯：《社会心理学》，谢晓非等译，北京大学出版社 2004 年版，第 161 页。

③ 同上书，第 201 页。

④ 彭凯平、王伊兰：《跨文化沟通心理学》，北京师范大学出版社 2009 年版，第 9 页。

⑤ 同上书，第 10 页。

一致性等。如媒体报道美驻中国大使骆家辉背双肩背包旅游的事情，就是凸显其和普通人的共同点，消除心理隔阂，培养亲近感。

大众非言语符号可以增强说服对象的认同感。要使说服对象乐于接受说服信息，就必须在说服传播前尽快缩小彼此的心理距离，让对方把说服传播者视为“自己人”，产生“认同效应”。说服者的服饰打扮、仪态表情、行为举止等非言语符号在开口说话前已经传递丰富的信息。因此，要尽量入乡随俗，符合或接近说服对象的认同需求。如新闻记者或主持人与贫困地区的农民交流时，如果西装革履、说话盛气凌人，则会导致交流障碍，说服活动无法顺利进行；如果与上层人物接触，却衣冠不整，举止粗俗，同样使人不屑与其交谈。说服对象千差万别，他们对于说服话题各有不同的态度，其中颇有不合作、不适应或不习惯的情况，这都反映了某种心理障碍，说服者的非言语传播往往是化解这些心理障碍的重要手段之一。

说服者要善于察言观色，注意说服对象通过非言语符号表现出来的态度或立场，有针对性地采取对策：面对位尊而名显、居高临下的说服对象，如果说服者拘束怯场，只会加重对方的不信任。说服者应该精神饱满，沉着自信，以不卑不亢的谈吐和举止来慑服对方；如国务院新闻发言人针对钓鱼岛问题答记者问时，就是义正词严，不仅仅传递言语信息，还借助大量的语气、神情等非言语传播符号传递中国的坚定立场。

相反，如果说服对象是位卑而胆怯，说服者应通过自己热情诚恳的神态，平易近人的举止，消除对方的紧张心理。如温家宝总理汶川地震后，到达灾区说服受灾群众，“食物马上就到，救援人员也在陆续赶赴灾区”，温总理用诚恳的举止消除灾区人民的紧张感，说服效果明显。

同时，说服主体的情感和说服对象的情感必须匹配。“没有情感的说服不可能成功，但是过多的情感投入和情感投入不足一样毫无所获，关键需要记住，你的情感要适应你的说服对象。理解说服的核心内涵是要记住——不是信服和兜售，而是判断和谈判。”① 所以，不是单方面的兜售自己的观点和意图，而是判断对方的想法，并有效地使双方达成一致，让对方接受你的观点或意图。如灾难报道中的成就报道现象，就和说服对象的心理情感不相匹配，只是单向“兜售”传者态度和观点，忽视了受众的心理感受，招致灾民及其他受众的反感。

---

① Jay A. Conger, *The Necessary Art of Persuasion*, Harvard Business Review, May-June 1998.

另一个影响说服传播的重要因素是，“沟通传递的信息与我们自己的立场有多大差距。一般来说，‘差距’越大，个体改变态度的压力就越大”，“距离我们的想法太远的陈述会使我们怀疑信息来源的可信度，而不会让我们改变态度”。[①] 由此，当前典型报道的“高、大、全”特征就明显让普通受众感觉典型人物高不可攀，无法接近，不敢学习。大众非言语传播应该塑造新型典型人物的亲近性、普通性，缩小和普通人的心理差距，从而提高说服传播效果。

如2012年11月29日《焦点访谈》报道《肇事之后》，来自贵州农村的王冬骑电瓶车撞倒李光全老人，不但没有逃跑，还借钱给老人办了入院手续。报道利用蒙太奇镜头闪现王冬父母在干农活的场面、王冬两个孩子以及家里的破败场面。王冬撞了人不跑的“仁义”，李光全老人被撞后不赖别人的“朴实”，李云昌和家人了解到所有的情况后决定不追究的“宽容”等具有真实感，这样普通人物就能够简单完成令人感动的英雄事迹，并不会让人望而生畏，才敢于效仿，让社会感受到了向善的力量。

第六节　案例分析：《纽约时报》利用大众非言语传播进行说服

——以最近的四次地震报道为例[②]

人类传播媒介演变对于非言语传播符号存在不同程度的消解，如人际传播的非言语传播功能发挥最为全面，而印刷媒体只能储存人际传播的言语传播符号，类似于副言语、音乐、音响等非言语符号都无法传播。但是，印刷媒体也创新非言语传播符号，包括版面语言、图像以及字体、字形等，这些编辑语言也具有“表述功能、评价功能、导引功能、调剂功能和审美功能”。[③] 以降低文字传播的抽象度，提高印刷媒体的传播效果。

一般认为，灾难报道事关人类的生存状况，多关注灾难本身，比较客观、公正，超脱意识形态的制约。但是研究发现，国际报道利用非言语传

---

① ［美］泰勒、佩普劳、希尔斯：《社会心理学》，谢晓非等译，北京大学出版社2004年版，第159页。

② 参见蒋晓丽、王亿本《〈纽约时报〉对他国灾难报道的话语分析》，《国际新闻界》2011年第9期。

③ 胡梅娜、阎志芬：《论编辑语言》，《陕西师范大学学报》（哲学社会科学版）2005年第9期。

播符号的隐蔽性，将言语、非言语传播有机结合，借助非言语传播“量”的积累实现传播效果“质”的飞跃，通过构建事实、烘托情感、植入观点等三层推进，构建立体传播模式，深度影响受众对于灾难的认知，最终传播传播者的意图，这种传播模式对于中国灾难报道，特别是中国的国际传播具有启发和借鉴意义。

一 大众非言语符号通过构建现象真实植入观点

首先，大众非言语传播符号可以构建现象真实。非言语符号具有言语符号所不具备的“普遍性、形象性、隐含性和多维性”等特点和优势[①]，可以提高传媒“拟态环境”的肖似程度，增加报道的客观、公正性和说服力。美国媒体运用新闻图片的现场可证性，真实、直观地呈现灾难场面，帮助受众认识灾难。报道还多次运用绘制地图的形式，直观地反映灾情分布状况，帮助受众宏观把握灾难发展状况。

如《纽约时报》2010 年 1 月 17 日第 15 版海地地震报道，卫星航拍灾后场面，其震撼力和真实感给受众影响巨大。3 月 12 日，第 A8 版用了几乎竖跨整版的图例形式图解日本地震及核辐射分布情况，图解地震原因，认为是大西洋板块挤压北美板块造成的。16 日，第 A9 版图解核电站机器运转原理，分析核威胁状况，降低了受众接受信息的难度，帮助受众构建心理真实的可信度，也为植入传播者立场和观点做足铺垫。

其次，大众非言语传播符号隐蔽植入说服观点。新闻不仅要传递事实，还传递报道立场和观点。一般认为“非言语交际最能反映一个人的真实态度、心理活动和价值观念”[②]，更能体现一个人的潜意识真实态度。在人际传播中，非言语传播的确更容易“反映一个人的真实态度、心理活动和价值观念”，而大众传播的职业传播者更容易“有目的地发出或被看成有目的地”发出非言语传播符号，并“有意”借助非言语传播符号实现传播意图。因为非言语传播符号同样具备能指和所指，通过“发送者（意图意义）→符号信息（文本意义）→接受者（解释意义）”。[③] 媒体正是有针对性地选择哭泣场面等“噪声”和“露迹”等，借助于非言

① 张放：《非语言符号在信息传播中的特点与功能》，《东莞理工学院学报》2006 年第 10 期。

② 毕继万：《跨文化非语言交际》，外语教学与研究出版社 1999 年版，第 10 页。

③ 赵毅衡：《符号学原理与推演》，南京大学出版社 2011 年版，第 50 页。

语传播符号制造真实气氛，凸显新闻事件的现象真实，再通过这些肖似的非言语传播符号“量”的积累，实现“质”的突破，构建更符合传播者意图的“本质真实”或者扭曲既有本质真实，植入传播者观点。印刷媒体一般通过新闻照片、图表、绘画等塑造事实，并借助版面大小和字符、字号以及版序等手段体现传者观点。研究认为“版面中的区域、面积和形状对于版面编辑来说，不只是印刷中的一种手段，而且是传情表意的一种标记”。① 如印刷媒体一般可以通过大标题、明亮的色彩及大图片等提高关注度。

如《纽约时报》针对中国汶川地震报道，2008 年5 月 13 日、15 日等多次头版头条大图报道遇难学生家长痛哭场面，利用版序吸引对于地震中问题学校的关注度，引发对官场腐败的批判。而时任国务院总理温家宝在汶川地震期间指挥救灾影响深远，却将温总理指挥救灾的图片缩小，放在第 14 版，通过版面语言消解传播效果，弱化中国政府的积极救灾行为。

再如《纽约时报》海地地震报道中，2010 年 1 月 16 日第 A10 版下方绘制的灾区地图，图解海地地震灾区对外界救援的渴求状况和急需不同救灾物资地理分布显示美国救援的重要性。而另一方面，2010 年 1 月 17 日头版头条，大图片展示一个十几岁少年手拿抢来的袋子逃跑的场景，1 月 21 日头版中央配大幅图片显示灾区无法救治的灾民场面，1 月 22 日头版报道警察审讯一个偷东西的妇女。这些照片也许是真实的，但是，通过大尺寸、集中版面、优势版序等方式强化海地地震期间的社会混乱状况，渲染海地政府救灾不力及美国政府积极参与救灾的必要性，为美国介入海地救援及灾后重建争取国际舆论的支持。

综上，美国媒体通过非言语传播构建现象真实或者局部真实，再通过选择大量现象真实的累积影响受众对整体真实或者本质真实的认知，说服观点隐蔽，说服效果强大，这正是非言语传播植入传播者观点和报道立场的精妙之处。

二　大众非言语符号通过烘托情感植入观点

灾难对于灾民、灾难伤亡者家属以及受众都是一种心理创伤，媒体应该给他们提供渠道，宣泄心理的压抑和悲情，安抚心理免受更多的伤害，

---

① 宋昭勋：《非言语传播学》（新版），复旦大学出版社 2008 年版，第 151 页。

这是传媒的宣导抚慰功能。而且国际传播的受众对他国政治不太了解，也并不一定感兴趣，对于人类遭遇灾难时的心理、情感、生存状况却容易体会。所以，国际灾难报道需要突出新闻的“情境”，符合国际受众的认知心理才容易引起受众的心理共鸣。

一方面，利用大众非言语符号烘托人类面对灾难的共有情感。新闻照片的全息性特征反映灾难中的情感可谓是情真意切，如中国汶川地震报道，2008 年 5 月 16 日《纽约时报》第 A11 版大图报道一位小女孩蹲在九州体育馆台阶上抱头哀伤的照片。海地地震报道，2010 年 1 月 15 日第 A12 版大图报道太子港一个妇女在一座埋了她妈妈的破旧大楼前痛哭等，通过非言语符号的全息性特征，使灾难带来的心理震撼感同身受，对失去亲人的同情心油然而生。

再如 2011 年日本福岛地震报道，3 月 15 日第 A8 版中图虚化背景，突出一位避难的老奶奶戴口罩，面露惊恐的眼神。3 月 14 日，头版头条大图片显示一位年轻女子坐在地震废墟上哭泣，18 日头版头条大图片虚化背景，突出显示一个怀抱中的小女孩回头张望的惊恐表情，眼神里透射出人类面对灾难的共同情感，也更容易引起不同受众的共鸣。

另一方面，借助大众非言语符号塑造情感并植入传者观点。媒体灾难报道不仅停留在情感抚慰层面，更容易借助情感烘托并植入报道立场，如《纽约时报》中国汶川地震报道，2008 年 5 月 13 日、15 日等多次头版头条大图报道遇难学生家长的心痛情感，通过版序这一非言语符号过度聚焦这一群体情感，隐蔽植入报道者观点，引导受众痛恨官场腐败导致问题学校。

三　大众非言语传播通过与言语传播的协同表意植入观点

言语符号与非言语符号如同人的两只手，协调起来更能发挥功能，本书分析非言语传播，并不是弱化言语传播功能，而是突出容易被忽视的非言语传播功能。绝大多数情况下，是言语与非言语传播相互搭配实现传播功能。美国媒体比较重视言语、非言语传播呼应，如通过多次头版头条强化一些新闻报道的言语传播效果，增加了报道的客观、公正性和说服力。

（一）非言语传播同向强化言语传播观点，体现立场

2009 年 5 月 6 日，《纽约时报》中国汶川地震报道《中国地震一周年，新生与旧伤》，图片显示丈夫手拿死于地震的 11 岁儿子的照片，妻

子怀抱刚出生45天的小儿子，报道“中国政府拒绝公布死亡学生名单和人数”等借助版序强化对中国汶川地震中问题学校的严重性和社会关注度，引发对于中国官场腐败的关注和批判。

1月16日，美国《时代周刊》针对海地地震报道，国务卿希拉里·克林顿说，“今天、明天和未来的时间，我们都在这里”，并配发照片，题为“超过150万海地人在1月12日地震中失去自己的家园，甚至临时搭建的帐篷都供应不足”。通过显示灾民在自制简陋帐篷里生活的场景。① 认为震后初期的所有不确定性和混乱需要世界帮助，美国从海地联合国特使、前总统比尔·克林顿等高层官员，到美国普通民众通过手机短信捐赠的数百万美元，仅在地震后第一周就捐助了超过190万美元，美国人民毫无吝啬地慷慨捐助，美国军队还准备救援大动员，进驻海地。2010年1月17日，《纽约时报》报道引用美国国务卿希拉里访问海地时的话作为标题，《在海地，希拉里说她相信，“未来，一个更加强大的社会一定会回来的”》，并配发照片，希拉里讲话时坚定的表情让言语传播更具有可信性，并隐蔽地植入传播者观点——海地需要救援，美国慷慨救助，为美国军队进驻海地提供合理性，通过版序、版位以及字体、字号等多种非言语传播手段体现报道者对核辐射的关注。

（二）非言语传播反向弱化言语传播观点，体现立场

非言语传播还反向弱化甚至否定言语传播观点，为特定传播立场服务，如《纽约时报》无法回避温家宝总理在汶川地震期间指挥救灾影响深远，但是，《纽约时报》通过非言语传播手段弱化这一影响，较少关注政府指挥救灾行为，以弱化政府的积极影响，仅有5月14日第A13版一次报道中国政府官员救灾的新闻，并且采取小版面，靠后的版序以及小照片等非言语传播方式消解言语传播效果。与此类似，海地地震同样鲜见海地政府救灾的相关报道。

总体来看，媒体借助非言语符号强化符合报道立场的观点并弱化不同观点，最终影响受众对于事件“整体真实”的认知，体现报道立场或报道目的。

① Bryan Walsh, *Jay Newton-Small and Tim Padgett*, Aftershock, Feb. 1, 2010.

四　评析与思考

灾难报道的事实塑造、情感烘托和观点植入其实是紧密相连甚至是水乳交融的，这里分开阐述是为了行文的方便。事实塑造中植入观点，情感培育中同样存在倾向性，选择报道事实的过程中也存在新闻人的价值判断。非言语传播可以辅助言语传播符号塑造新闻事实，实现情感抚慰，传递正面的传播立场和观点。

当然，也有报道借助非言语传播符号塑造事实，过度煽情，扭曲本质真实，其负面影响也需要关注。刘建明认为把事实总和中的少量和非主导的事实报道得过多、频率过高。而把事件总和中的大量、占用主导地位的事实报道得太少，甚至不报道，颠倒事实类型的量容易造成某种假象[①]，导致对于新闻事实的总体认知出现偏差。国际媒体注重自身客观、公正的报道风格。但是，报纸新闻话语总是带有它所属的社会和政治组织结构的形式和色彩，体现了一定的政治文化规约。[②] 也就无法回避隐蔽植入报道立场，美国媒体利用非言语传播隐蔽植入报道立场，避免受众的逆反心理，避开受众通过选择性接触、选择性理解及选择性记忆等对于报道立场的消解，影响受众立场和观点，可谓“随风潜入夜，润物细无声”。

国际传播不可避免地存在价值判断，但是又不能空洞地、直白地渲染符合本国利益的观点，这就需要将新闻事实和具有倾向性的观点相互交融，潜移默化地影响受众接受特定观点，在这其中，大众非言语传播是常用的传播手段。

---

① 刘建明：《当代新闻学原理》，清华大学出版社 2003 年版，第 107 页。

② 朱小翠：《报纸新闻话语的政治文化审视——以〈泰晤士报〉、〈纽约时报〉等为例》，《新闻界》2011 年第 3 期。

第七章　前瞻与思考：大众非言语传播发展展望

——大众非言语传播视角下的媒介变革趋势与应对

综上分析，大众非言语传播具有其存在的合理性和必要性，如何更好地实现其传播功能值得继续研究。本书认为，特定传播方式的发展需要相关理论的支持、需要相关传播技术的推动，更需要受众需求心理的刺激。只有内因和外因相互结合、相互刺激，才会有效地实现传播功能。本书接下来将从大众非言语传播的源头和过程，分别探索提升大众非言语传播功能的具体策略。

提升大众非言语传播功能的创新路径大致如下（见图7－1）：现实需求推动理论创新—教育普及理论成果—传播实践中应用理论创新成果。也即受众心理与传播技术进步互动，推动理论创新，再进行教育普及（媒介素养教育还应该包括非言语传播，更客观、准确认知媒介真实），新闻传播实务阶段，新闻信息采集、编排加工以及呈现环节注重非言语传播的独特性，以提升大众非言语传播的功能。

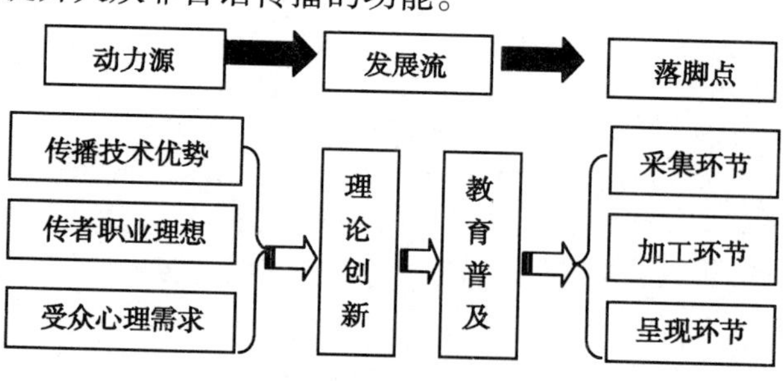

图7－1　提升大众非言语传播效果的模式

第一节　推动大众非言语传播发展的源头动因探索

大众非言语传播发展是受众接受心理的内在刺激力量与传播媒介技术优势的外在推动力量互动，共同推动大众非言语传播的发展。

一　受众心理需求刺激大众非言语传播发展，如何精确考察？

前文第二章已经分析了受众心理的多种需求特征都需要大众非言语传播，但是，受众心理需求特征也具有一定的变化趋势，如何把握受众心理需求的动态特征？这是以后大众非言语传播理论研究和实务发展的关键要素。

早在2005年，研究者就提出受众心理需求的一般特征和时代特征。所谓一般特点是“求新心理、求真心理、求趣心理、求快心理、求短心理”。同时，认为社会的“大变革、大变动的历史时期，它不仅带来了社会结构、经济结构、文化结构、政治结构乃至家庭结构的变化，更带来了人们意识形态、思想价值观念和思维方式的大变化”①，也使当代受众接受新闻信息的心理具有鲜明的时代特征。既然是时代特征，就可能伴随时代的变迁而出现变化，需要大众传播界随时调查、分析受众接受心理的新变化，有针对性地进行大众传播，特别是大众非言语传播。而调查分析过程需要专业的设备、科学的调查方法、专业的理论分析视角，这些是保证调查结果准确性的关键要素。

（一）专业设备的投入受众心理调查

传播学早期研究就很重视心理学，早期的传播学大师就有几位具有专业的心理学素养，并从心理学角度进行传播效果研究，推动传播学研究的发展。如霍夫兰（Carl Hovland）是耶鲁大学的实验心理学教授，把心理学实验方法引入了传播学领域，并揭示了传播效果形成的条件和复杂性。现在的大众非言语传播同样需要心理学研究方法的有效介入。研究认为，“因为非言语传播行为通常比言语传播更为微妙和深奥，一般也比较难以

① 陈立生：《当代受众的新闻接受心理》，《当代传播》2005年第1期。

理解。并且给相关研究的测量和阐述带来巨大挑战”。[①] 心理学相关理论、研究设备和研究方法对于大众非言语传播的持久发展具有重要推动作用。

如眼动仪是心理学基础研究的重要仪器，用于记录人在处理视觉信息时的眼动轨迹特征，广泛用于注意、视知觉、阅读等领域的研究。早在19世纪就开始从心理学视角对阅读的眼动研究，如1897年况兹（Quantz）的《阅读心理学中的问题》、1906年迪尔伯恩（Dearborn）的《阅读心理学》、1908年休伊（Huey）的《阅读心理学和教育学》。认知心理学的兴起，催生眼动参数与知觉及认知加工过程关系的研究，需要眼动仪等专业研究设备的投入使用，推动认知心理研究的快速发展。

对于非言语符号的认知同样需要眼动仪的参与，以提升研究的科学性。1966年，威廉姆斯（Williams）研究发现，“当给出颜色、大小和形状三种信息的一种时，颜色信息使被试者表现出明显的选择性注视。1997年，中国心理学家韩玉昌考察了被试者在观察不同形状和颜色图形时眼睛运动的顺序性问题（时间和空间序列问题）”。[②] 这些对于大众非言语传播都具有很大的推动作用。

目前，针对眼动分析法研究多运用于广告心理学，如眼动仪“可以将顾客注视广告时的眼动轨迹记录下来，通过分析记录的数据，了解顾客注视广告时的先后顺序，对画面的某一部分（分析结果时可以划分兴趣区间）的注视时间，注视次数，眼跳距离，瞳孔直径（面积）变化等，并以此来分析广告观看者的心理活动……为广告设计者对广告布局（重要信息的位置），插图和文案进行合理的安排提供有用的依据，也为评价广告设计效果提供了客观指标”。[③] 广告传播是大众传播内容的一部分，这些研究结论对于大众非言语传播同样具有价值。

眼动仪还有助于动机与态度的研究。在相同情境下，眼动仪通过记录被试者的眼动信息，可以探测到被试者对信息的选择取向，从而研究不同个体在相同情境下的动机与态度取向。眼动仪还可以适用于发展心理学研

---

① Ronald E. Riggio, Robert S. Feldman, *Applications of Nonverbal Communication* London: Lawrence Erlbaum Associates, 2005. p. 4.

② 韩玉昌:《观察不同形状和颜色时眼运动的顺序性》,《心理科学》1997年第1期。转引自李强《情绪面孔与不同灰度背景对瞳孔大小影响研究》，硕士学位论文，第四军医大学，2007年，第18页。

③ 李强:《情绪面孔与不同灰度背景对瞳孔大小影响研究》，硕士学位论文，第四军医大学，2007年，第19页。

究，通过记录不同年龄人群接受各种不同信息的眼动信息，探测其信息加工能力，学习能力的发展水平，借助眼动仪分析不同年龄受众群体在接受信息时对于色彩、镜头切换、版面布局等大众非言语传播的喜好偏向，能够实现针对性传播。

再如工效学（ergonomics）研究，“利用眼动指标来探测人—机交互作用中视觉信息提取及视觉控制问题，以便设计符合人体结构和身心特点，实现人、机、环境之间的最佳结合，提高工作效率、舒适度和安全性等”。[①] 这样的研究同样可以适用于新闻网页设计、手机媒体界面设计、甚至报纸版面设计等涉及视觉非言语传播对于受众接受舒适度检测的研究，使得大众非言语传播更适合大众媒体受众实际生理需求特征。

（二）专业理论的介入受众心理分析

认知心理学视角分析受众心理，Buckner（1996）的半球编码/提取不对称模型（hemispheric encoding/retrieval asymmetry，HERA），认为“右大脑前额叶更多地涉及情节性提取，左大脑前额则更多地涉及语义性提取”。[②] 从生理学角度分析言语传播与非言语传播的区别，受众心理分析需要相关的理论支持。

认知心理学认为，给被试者呈现两个故事：一个是视觉的；另一个是听觉的，被试者仅能回忆出一个故事的意义。这是由于“选择性过滤器不能在听道和视道之间作出尽快转换所致。当感觉登记中一个通道的信息被提取并输送到单通道时，感觉登记中另一个通道的信息就不能被提取了”。[③] 该案例研究的是注意的分配问题，多媒体新闻传播过程中要注意重要信息的呈现方式以及这种方式的吸引力大小，以避免核心信息被次要信息挤占了注意力。

心理学研究将人类的记忆类型分成内隐记忆（implicit memory）和外显记忆（explicit memory）。内隐记忆指的是“特定的已有经验影响了当前绩效，而个体却没有意识到这些经验，也没有进行过有意识的提取操作”。外显记忆指的是“我们可以使用记忆并且能意识到记忆过程，也可能会意识到自己正在积极地搜索记忆，并把当前刺激与提取出的内容进行

---

① 参见百度百科《眼动仪》，http：//baike. baidu. com/view/1953162. htm。

② ［美］约翰·B. 贝斯特：《认知心理学》，黄希庭主译，中国轻工业出版社 2000 年版，第 104 页。

③ 同上书，第 38 页。

比较以便能回忆出现在不在眼前的内容”。[①] 学生背诵课文、演讲稿等言语或文字材料都属于外显记忆，而对于画面、音乐、音响等的记忆却无法进行背诵，属于内隐记忆。可见，记忆大众非言语传播信息更多的是内隐记忆，是不经意间被受众记忆，隐蔽地影响受众对客观世界的认知、态度和情感，并产生相应的行为变化，这也正是大众非言语传播影响受众的隐蔽性优势之所在。

同时，新媒体受众需求心理特征是当前研究的重点。早期研究者关注报纸受众心理研究、广播听众心理研究、电视观众心理研究，21 世纪对网民心理研究也开始受到关注。前三届全国新闻与传播心理研讨会上没有网民心理研究的文章，但在第四届研讨会就出现了 9 篇，第五届研讨会开始研究手机短信传播心理。研究视角除普通心理学，“还包括社会心理学、管理心理学及现代心理学的五种流派（神经生物论、行为主义论、精神分析论、人本主义论、认知论）方向发展”[②]，跨文化传播受众需求心理特征也是当前研究的重点。中国对外传播日益强大，不同文化圈的受众心理特征，如何在跨文化传播中针对非言语传播进行“求同存异”，实现和谐、有效的传播，需要深入分析跨文化传播心理。

说服心理学同样是大众传播需要汲取的重要理论之一，大众传媒不仅传递新闻信息，更是在借助传递信息，而附加观点，影响受众接受。说服传播理论和大众非言语传播理论的结合，是实现说服传播功能的关键步骤。

再如大众传媒结合大众非言语传播优势，借助崇拜心理学原理塑造典型人物形象。研究认为，“崇拜心理是一种特殊的社会心理现象，它特指在社会印象形成的过程中，由于发生‘光环效应’（晕轮效应），而形成一种夸大的社会印象和盲目的心理倾向，把认识对象看得完美无瑕，而导致盲目信赖、崇尚的一种复杂的心理结构”。[③] 中国每年都推出一批具有典型影响力的各领域优秀人物，借助大众传媒用大众非言语传播报道相关事迹，全方位塑造人物形象，形成榜样的力量，推动社会良性发展和进步。

---

① ［美］约翰·B. 贝斯特：《认知心理学》，黄希庭主译，中国轻工业出版社 2000 年版，第 123 页。

② 刘京林：《论我国新闻与传播心理研究的发展趋势》，《现代传播》2006 年第 1 期。

③ 祥贵：《崇拜心理学》，大众文艺出版社 2001 年版，第 4—5 页。

（三）专业调查方法参与受众心理研究

调查研究的方法大致包括定量和定性两种方式，各有优势，也各自存在一定的缺陷，实际调查研究过程中根据需要选择相应的研究方法。但是，目前国内的非言语传播研究多数采用定性研究，定量研究基本上没有。

如研究美国三大广播公司报道“9·11”事件时的非言语传播情况，定量考察其专业主义实现情况，将三大广播公司“9·11”事件爆发后，前24小时的相关报道进行取样，定量分析在危机传播三个阶段中，主持人的面部表情、眼神等非言语传播情况，最终认为，大众传播的言语传播可以实现专业主义的客观、公正、不含偏见或个人感情，但是，非言语传播却在不经意间传递传播者的情感倾向性。[①] 这样的研究思路同样可以用于受众心理研究，分析受众的非言语传播接受特征，推动大众非言语传播的良性发展。

二　媒介技术发展保障大众非言语传播发展，如何有效利用？

新媒体发展初期，媒体发展的技术依赖程度比较强。时至今日，已经不仅仅是新媒体技术单独支撑媒介发展进步，需要新闻传播理论的指引，才能够提升新媒体发展的内在动力。发展新媒体的非言语传播优势，需要将技术优势和新闻传播理论结合，如“方正畅享全媒体新闻生产系统可以实现报纸、网站、移动阅读、户外大屏等新闻内容的采集、编辑和多渠道发布，打造全新的‘采、编、发、存’一体化流程和平台，实现最大化资源共享”。[②] 该系统助推国内多家媒体踏上全媒体新征程，也给大众非言语传播提供机遇和平台。类似的新闻传播技术在传播实践中需要和传播理论对接，需要传播者认清传播技术特征，凸显其对于大众非言语传播的独特优势。

（一）媒体技术人员应该掌握基本新闻传播理论

一般情况下，言语传播受把关限制，出现失误的可能性比较小，而大

---

① Renita Coleman and H. Denis Wu, *More Than Words Alone: Incorporating Broadcasters' Nonverbal Communication Into the Stages of Crisis Coverage Theory—Evidence From September 11th*, Journal of Broadcasting & Electronic Media 50 (1), 2006, pp. 1 – 17.

② 《方正助力光明日报全媒体新征程》，《中国报业》2012年第3期（上）。

众非言语传播是一种相对隐性的传播，传者把关相对宽松。如新媒体发展初期，多数是新媒体技术人员充当新闻信息的编辑工作，新媒体技术人员对于新闻信息不熟悉，编辑过程可能存在偏差。从质量上看，目前多数是网站刚建立时的技术性人才，让技术性人才制作新闻传播专业内容，很难把握受众的真正需求。

新闻传播不仅是信息传播技术问题，更需要新闻传播理论指引传播实务的发展，新闻传播技术人员具备基本新闻传播理论可以避免实务的盲目性。2011 年，有业内专家预测，“未来 3 到 5 年内，中国新媒体人才和媒体融合人才的缺口在 60 万到 80 万人之多”。① 这样庞大的需求缺口，想在短期内保障其在新闻传播技术和理论方面都达到一定水平不现实，所以，类似问题还可能存在一段时间。

（二）新闻传播专业人员需要熟悉基本媒体技能

“媒介即讯息”，不同传播媒介带来的人际非言语传播的回归程度和效果存在很大差异，应该发挥不同媒介优势，实现非言语传播的效果最大化。

如公交电视的接受环境嘈杂，传播者应该选择音响效果好、画面清晰度高、明暗对比强烈、镜头切换速度比较慢的材料，以适应户外光线强、环境嘈杂、接受距离较远且画面容易抖动的接受环境，才更能增强传播效果。手机、电视、电脑的界面效果，标题制作应该短小，单行题。网页要素包括：字体字号、点线面、色彩、图表、音频、视频、超链接、组件、表单等，都需要传播者有针对性地选择与加工，借助不同的传播技术优势实现非言语传播的效果最大化。

综上，将新闻传播技术与新闻传播理论结合，推动大众非言语传播的发展，提升整体传播效果，避免出现类似于一些商业电影大片“技术先进，内容空洞”的尴尬局面。

三 传媒人的职业理想推动大众非言语传播的发展，如何合理落实？

客观报道、精确新闻、新闻专业主义、“四不方针”等，新闻传播一

① 缪晨霞、孔悦：《新媒体人才缺口 60 万：需具备复合型媒体素质》，新浪网，2012 年 2 月 1 日。

直在追求自己的理想。如何协调客观报道与舆论引导的关系？大众非言语传播在一定程度上可以协调两者之间的矛盾。

新闻专业主义是一种新闻实践形式，又是一种意识形态和社会控制模式。西方新闻专业主义的基本原则要求“传媒具有社会公器的职能……新闻从业者是社会观察者、事实的报道者，而不是某一利益集团的宣传员或政治、经济冲突的参与者或鼓动者……以实证科学的理性标准评判事实的真假”。[①] 这些职业原则要求新闻传播者必须完整、准确地反映新闻事实，包括言语传播和非言语传播。当前，新闻失实研究多重视言语传播的准确性，却容易忽视大众非言语传播，导致新闻失实的隐蔽性和危害性，这是对新闻专业主义的职业理想的深层次侵蚀。

新闻专业主义的本土研究比较多，黄旦教授认为，“新闻媒介的主要功能是传播新闻，同时还要干预和推动社会；在性质上，媒体是一个独立专业，因此，它必须是自主的，尤其在政治上不依赖任何派别，更不做政府的喉舌”。[②]芮必峰概括为：“客观公正、自由独立、服务公众。”[③] 这样，既强调客观、公正，又要求干预社会运行，似乎存在一定的矛盾。如何在遵循新闻专业主义的前提下，服务公众，干预社会？本书认为，从大众非言语传播角度思考，大众传播者利用言语传播进行客观报道，帮助受众认知新闻事实本身，同时，不失时机地借助多种大众非言语传播手段，隐蔽影响受众对新闻事件深层次内涵的认知，从而引导社会舆论，推动社会良性发展。

从 19 世纪七八十年代开始，“有闻必录”的新闻报道原则在中国流行，“有闻必录，新闻社之义务，如是而已。善恶与否，以待读者自定评也”。[④] 宁树藩谓其“只要是听到有人讲过的事实，报纸就可以报道，至于真伪如何，报馆不负责任”。[⑤] 专业主义思想要求新闻记者作为社会的忠实记录者，对新闻事件进行准确、客观的报道，这在现实语境中并不可

① 陆晔、潘忠党：《成名的想象：中国社会转型过程中新闻从业者的专业主义话语建构》，《新闻学研究》2002 年第 71 期。

② 芮必峰：《描述乎？规范乎？新闻专业主义之于我国新闻传播实践》，《新闻与传播研究》2010 年第 1 期。

③ 同上。

④ 童兵、林涵：《20 世纪中国新闻学与传播学》（理论新闻学卷），复旦大学出版社 2001 年版，第 112 页。

⑤ 宁树藩：《“有闻必录”考》，中国新闻出版社，《新闻研究资料》1986 年第 8 期。

取，也无法真正实施。在中国现实语境下，新闻传播需要客观报道，增强传播的公信力，同时还需要进行舆论引导，推动社会协调发展。如何在操作上既做到新闻专业主义，又能够引导受众？大众非言语传播应该是一种相对有效的方式，通过表面的客观、公正，实现隐性的引导说服，新闻人的职业理想一定程度上可以借助大众非言语传播实现。

2009 年 7 月 30 日的《南方周末》报道版面上将两起酒驾肇事案件放在同一版面，中间采用交通标志的形式和黄色具有警示意味，引导受众对比阅读并悟出传者的意图（见图 7 –2）。这样，既体现客观公正的专业主义立场，又彰显服务社会的责任。

图 7 –2 《南方周末》报道两起酒驾肇事案

综上，新闻记者无法超越现实传播语境，对于新闻专业主义理想也并非遥不可及，大众非言语传播在一定程度上能够协调理想与现实之间的矛盾。言语传播的客观公正，不露声色，不表达报道立场和观点。同时，大众非言语传播隐性体现自己的报道立场，引导受众准确认知新闻事实，恰当判断其中道理，这是传播者的明智选择。

第二节 提升大众非言语传播发展的理论路径分析

大众非言语传播涉及多个环节，也相应地需要不同学科理论的支持，多学科交叉推动理论创新。

一　反思传统经典传播理论，凸显大众非言语传播的个性特征

——以麦克卢汉的相关理论为例

传统经典传播理论多数是将大众言语传播与非言语传播笼统分析的，从大众非言语传播角度分析其理论价值，更有助于非言语传播研究的发展。前文已经阐述了从大众非言语传播视角分析一些传统经典理论的独特内涵，如“人体延伸”理论、“拟态环境”理论、“新闻真实”理论、“媒介补救”理论等。这些理论和本书讨论的主要话题紧密相关。此外，如果从大众非言语传播的长远发展需要来看，还有一些大众传播理论需要深入厘清其独特内涵。如麦克卢汉曾经提出四个理论：“地球村”（Global Village）理论、“媒介即讯息”理论、“媒介是人的延伸”理论和“冷媒介和热媒介”理论，从大众非言语传播角度分析，同样具有新意。

（一）非言语传播视角思考“冷热媒介理论”

麦克卢汉的“冷热媒介”理论从独特视角理解媒介发展趋势，但是也引发一些争议，批评其在区分冷、热媒介的标准不够清晰。本书认为，可以从非言语传播角度界定媒介传播信息“冷”与“热”的区分标准，不同的非言语传播符号的呈现导致信息的清晰度，带来信息解读时受众心理的参与程度。研究认为，“热媒介只延伸一种感觉，并使之具有‘高清晰度’。高清晰度是充满数据的状态。……因此，热媒介要求的参与程度低；冷媒介要求的参与程度高，要求接受者完成的信息多”，“热媒介具有排斥性，冷媒介有包容性”。[①] “低清晰度的媒介叫‘冷媒介’”[②]，它们要求受众深度参与。因为它们的非言语信息很少，需要受众填补缺失的、模糊的信息。如文字报道“我爱你”，说这样话语时的表情是深情的双眼凝视，还是目光闪烁地敷衍？语速是舒缓轻柔，还是语速较快地违心应付？是否配合拥抱、抚摸等体态语？这些都需要受众深度参与，才能准确掌握说话者的本质意图。反之，“高清晰度的媒介叫‘热媒介’”。[③] 它们给受众提供了充分而清晰的信息，特别是非言语传播信息，不需要受众深刻参与，受众可以直观感受到传播者的意图。所以，大众非言语传播影

① ［加］麦克卢汉：《理解媒介：论人的延伸》，何道宽译，商务印书馆 2000 年版，第 51 页。

② 同上书，第 2 页。

③ 同上。

响媒介内容的冷热程度，理应成为判断冷、热媒介的重要标准之一。

引入非言语传播理论可以厘清“清晰度”标准。研究认为“冷热媒介”悖论产生的第一个原因是对“清晰度”的界定本身不够“清晰”。清晰度是抽象、概括的数据，还是具体的、形象化的数据？麦克卢汉没有明确界定。也可以理解为是言语传播的清晰度，还是非言语传播的清晰度？如果说言语传播信息是抽象数据，那么非言语传播信息是具象数据，两者的“清晰度”不同，解读方式、心理参与程度及解读难度也都存在差异。“参与程度”是感知方面的参与，还是思维想象方面的参与都存在差异，所以，引入非言语传播理论可以帮助厘清“清晰度”的标准。

言语信息的解读和非言语信息的解读过程中受众心理参与的方式和程度存在差别。其中，言语信息解读更需要思维参与，而非言语信息的解读则更多的是感知。在新闻传播活动过程中，传者是试图为受众提供更多的非言语传播，则传播信息具有更高的清晰度，受众心理参与程度比较低；反之，言语传播则清晰度相对比较低，需要受众心理参与才能更好地理解传播信息。上述两者的差异见表 7 – 1。

表 7 – 1　　不同媒介的“冷”与“热”性质界定

<table>
<tr><td colspan="2"></td><td colspan="2">人体媒介</td><td colspan="2">印刷媒介</td><td colspan="2">电子媒介</td></tr>
<tr><td rowspan="2">清晰度性质</td><td>抽象数据清晰度</td><td colspan="2">低</td><td colspan="2">高</td><td colspan="2">低</td></tr>
<tr><td>具象数据清晰度</td><td colspan="2">高</td><td colspan="2">低</td><td colspan="2">高</td></tr>
<tr><td rowspan="3">心理参与性质</td><td rowspan="2">感知参与</td><td>感官参与</td><td>多（冷）</td><td>感官参与</td><td>少（热）</td><td>感官参与</td><td>多（冷）</td></tr>
<tr><td>知觉参与</td><td>根据具象数据清晰度而定</td><td>知觉参与</td><td>根据具象数据清晰度而定</td><td>知觉参与</td><td>根据具象数据清晰度而定</td></tr>
<tr><td>思维参与</td><td colspan="2">少（热）</td><td colspan="2">多（冷）</td><td colspan="2">少（热）</td></tr>
</table>

资料来源：张景云：《麦克卢汉“冷”、“热”媒介悖论：基于“清晰度”与“心理参与”的研究》，《国际新闻界》2011 年第 5 期。

对于“清晰度”与“心理参与”具有负相关关系：即“‘清晰度’越高，‘心理参与’越低；反之，‘清晰度’越低，‘心理参与’越高”。[①] 也可以说，非言语传播具有相对比较高的清晰度，更具有直观性特征，解读难度较低，要求心理参与较低。

① 张景云：《麦克卢汉“冷”、“热”媒介悖论：基于“清晰度”与“心理参与”的研究》，《国际新闻界》2011 年第 5 期。

（二）非言语传播视角思考“媒介即信息”理论

麦克卢汉提出“媒介即信息”是想表达不同传播媒介本身就传递丰富的信息。从大众非言语传播视角分析，不同媒介之间不仅是言语传播的差别，也是非言语传播的差异。所谓“时间会说话”、“空间会说话”，央视《新闻联播》和地方台的《新闻联播》不仅是内容存在差异，其传播的空间同样存在巨大差别。同样，报纸、广播、电视、网络等不同媒介类型即使传播同样的内容，其技术特征也赋予传播内容不同的信息特征。从大众非言语传播角度分析，“媒介即信息”理论喻示着不同的媒介将传递不同的非言语信息。如广播媒介使用包括音乐、音响、副言语等听觉非言语符号辅助传播，电视媒介则是视听兼备的非言语符号辅助传播。传播的时间、空间范围也存在差异，可以理解为“时间会说话”、“空间会说话”。

麦克卢汉指出，“人的所有器官及其机能的延伸（如车轮是腿的延伸，电话是口和耳的延伸，电视是耳朵和眼睛的延伸，电脑是人脑的延伸）最终都是一种交往（传播）媒介”①，使用不同的媒介即意味你将使用不同类型的大众非言语传播符号参与传播，助推传播功能。

（三）非言语传播视角思考“地球村”理论

麦克卢汉认为，电子媒介导致了一系列新的现象。它加速了全球化和本土化的进程。通过时空分离或时空凝缩，“地球村”应运而生。新媒体“使全球生活同步化；全球经济趋同、整合、游戏规则走向同一；时空差别不复存在，昔日遥不可及的海角天涯刹那可达。谁不说这就是弹丸之地”?②“地球村”的主要含义是指人们的交往方式以及人的社会和文化形态发生了重大变化，交通工具的发达曾经使地球上的原有“村落”都市化，人与人之间的直接交往由直接的、口语化的交往变成了非直接的、文字化的交往。而电子媒介的出现实现“重新村落化”，使人的交往方式重新回到个人对个人的交往。

从大众非言语传播角度看，村里人之间直接的交流不仅是言语传播，也需要非言语传播的积极参与，甚至只有非言语传播的深度参与，才使大

---

① 严峰、李川：《色彩传播在电视演播中的运用》，《东南传播》2007 年第 11 期。

② ［加］麦克卢汉：《理解媒介：论人的延伸》，何道宽译，商务印书馆 2000 年版，中译本第二版序。

众传播更具有“村”里交流的真实感和现场感，是非言语信息营造逼真的交流环境。现在电视报道的异地连线，就是将不同时空的人群连接在同一展示平台，具有地球村交流的效果。

2013 年 1 月 11 日，《凤凰全球连线》栏目报道《双方都说绝不让步　中日妥协空间在哪里》，连线北京的滕建群（中国国际问题研究所研究员）、东京的庚欣（JCC 新日本研究所副所长）、上海的张耀（上海国际问题研究院海洋与极地研究中心主任）三个地方的嘉宾，和主持人胡一虎在四个地方同时讨论中日钓鱼岛争端问题，让四地不同的观点相互交融，言语表达与非言语表达相互配合，可视性强，交流反馈及时，在时空非言语传播方面的特点更具有“地球村”交流的特征。

二　借鉴多学科理论，助推大众非言语传播研究的理论建构

拉斯韦尔当年提出了传播的 5W 模式，并宏观规划了传播学研究的五大领域，这五大领域分别都涉及大众非言语传播，也需要分别借鉴相关学科的成熟理论推动研究的理论深度。前文第二章从心理学视角具体分析大众非言语传播的现实需求，在讨论新闻真实等问题时也多处借鉴符号学的相关理论。此外，诸如新闻美学、媒介哲学、媒介生态学等理论也都从不同角度对大众非言语传播提供理论支持。具体分析如下。

（一）媒介哲学理论与大众非言语传播

从哲学角度看，新闻真实具有量变引起质变的特征，影响受众的真实体验。现象反映本质，大众非言语传播通过反映事件的现象影响受众对于新闻事件本质的认知。大众非言语传播与言语传播具有对立统一关系，认知这样的关系，可以发挥大众言语传播与非言语传播的功能，实现优势互补，整体提升大众传播功能。

如研究正面报道，“为什么我们有些正面报道容易犯‘干瘪’的毛病？一个重要原因是没有搞清楚人们认识客观事物的程序和新闻传播的特殊规律”，“人们的认识程序是从‘感性具体’上升为‘抽象规定’，最终在思维中再现事物的‘具体’。如果把人们的认识程序概括为一个公式，那就是‘具体——抽象——更高层次的具体’”。[①]“具体”应该是富含非言语传播符号的内容，“抽象”的内容则是去除非言语符号的纯粹言

① 南振中：《还原感性——对新闻作品感染力的哲学思考》，《新闻战线》2005 年第 7 期。

语传播内容，最终在受众心里构建的“具体”同样具有非言语传播特征。其实，就是前文讲述的“社会真实—媒介真实—心理真实”的演变过程。常说“百闻不如一见”，差别就在于“百闻”的抽象不如“一见”的“直观”。

这样看来，“干瘪”的报道是因为忽视非言语传播的功能所致，哲学研究认为现象与本质互为因果、互为依托，新闻报道同样如此，没有现象的本质让人难以相信。

（二）传播美学理论与大众非言语传播

大众传播的美不仅是言语传播，还应该包括非言语传播，甚至更多的是因为大众非言语传播才带来更多“美”的元素，所以，借鉴美学理论将更能够提升大众传播审美需求的满足。

从传播美学角度审视大众非言语传播，如色彩美，颜色成为现代报纸版面重要的构成要素和表现手段，报纸编辑对版面语言的运用，报纸版面从字符选择、线条安排、网纹铺设，到题文配置、稿件构形、版面布局，都要与色彩运用的规律相符合。①

当然，色彩不仅是让传播内容更美，还直接影响传播内容的受关注程度，色彩在报纸版面中具有强势功能，新闻内容的特征和意义可以借此获得形象、鲜明的展现；色彩可以表达感情，人们接触色彩时发生联想和心理感应，愉悦人们的心情，使人们在阅读报纸时得到轻松愉快的享受。②

同时，色彩还具有隐喻功能。红色隐喻热情与强烈的政治色彩，象征着半个世纪以来中国“联播体”电视新闻。蓝色隐喻沉稳、理智，最能代表电视新闻蓝色的应该是深度报道。绿色隐喻创新，如节目内容重视环保、亲情、社会伦理，具备一定的思想性、导向性。③

大众非言语传播最基本的、最常用的功能应该是美学意义上的功能，通过不同大众媒介使用相应的非言语符号，给传播环境带来“美”的特征，也给受众以“美”的享受。从传播美学角度思考大众非言语传播，将为大众非言语传播带来更大的发展空间，也给大众非言语传播带来更强的生命力和影响力。

---

① 刘坚、温冬梅：《报纸版面色彩的运用》，《新闻战线》2001 年第 4 期。

② 同上。

③ 陈江苹、徐晨：《中国电视新闻节目的色彩隐喻和嬗变》，《现代传播》2011 年第 1 期。

（三）媒介生态学理论助推大众非言语传播

邵培仁教授提出媒介生态研究的五大观念，即媒介生态整体观、媒介生态互动观、媒介生态平衡观、媒介生态循环观、媒介生态资源观等。①这些观念对于大众非言语传播同样具有启发意义：媒介符号不仅是言语符号，还包括丰富的非言语符号，需要协调言语符号与非言语符号之间的平衡发展，而且，大众非言语符号本身应该相互协调，形成不同符号之间的生态平衡，才能够实现传播生态的整体和谐发展。

而且媒介的生态资源对于媒介自身来说是一种财富，“广播种群”、“电视种群”、“网络种群”等，不同种群有不同的生态位，而当媒体占有恰当的媒介生态位时，如何保证媒介能够充分发挥自身资源优势，实现利益最大化？这时候需要考虑言语传播与非言语传播，以及不同非言语传播之间的相互协调，合理分工，实现优势互补，最大化发挥优势。本书认为电视新闻纯粹地读新闻稿件就是对于视觉非言语符号的浪费，没有发挥好视觉非言语传播的优势，应该是主持人以画外音等形式，做“幕后”解说，前台应该以视觉叙事为主，主持人只是在关键地方以画龙点睛的形式强调或者过渡不同内容。同时，新闻主播坐在那儿读稿件是对于自身体态语的浪费，比如可以尝试像气象类节目主持人那样，站着播报新闻，可以添加丰富的体态语、手势等非言语传播符号。所以，从媒介生态理论视角理解大众非言语传播，也是推动大众非言语传播发展的一种思路。

三　新闻传播教育应涵盖大众非言语传播，扩大社会认知

上述理论对于大众非言语传播具有深远影响，如何将这些理论成果落实到新闻传播实践？需要新闻传播教育将大众非言语传播理论转化为新闻传播实务，包括新闻传播专业教育和一般社会受众的通识教育，即媒介素养教育。

媒介素养教育在全球范围内的称谓和含义有所不同。在美国和加拿大等国称为 Media Literacy Education，欧洲大部分国家则称为 Media Education（媒介教育或媒介素养教育）。但是大致内涵就是指导受众“正确理解、建设性地享用大众传播资源的教育，通过这种教育，培养学生具有健

① 参见邵培仁《论媒介生态的五大观念》，《新闻大学》2001 年第 4 期。

康的媒介批评能力，使其能够充分利用媒介资源完善自我，参与社会发展”。[①] 如认为媒介素养指“有能力去运用、分析、评估各种媒介信息，并达成沟通的目的”。[②]

如何正确理解、建设性地使用大众媒介？还涉及不同的大众传播方式，包括言语传播和非言语传播。从传者角度看，需要提升大众非言语传播素养，推动大众非言语传播的发展；从受众角度分析，提升大众非言语传播素养，也是认知大众非言语传播信息，认清负面报道在非言语传播方面技巧，以避免受负面影响的有效方法。

（一）新闻传播专业素养教育应涵盖大众非言语传播

美国学者巴兰从媒介角度，把媒介工作者的媒介素养分成三个层面：“（1）语言、语义、美学和价值观层面，即获取、分析、鉴别信息的能力；（2）技术和应用层面，即能从事媒介部门工作和传播信息的能力；（3）结构层面，即了解媒介部门的结构、经营管理等方面的知识，以及‘理解文化、经济、政治和科技对讯息的创造、生产和传播的制约’等知识，”[③] 这些是大众传播者应该具备的基本素养。同时，随着技术变革与扩散的加速，大众非言语传播开始兴起，新闻编辑需要认识到大众非言语符号的传播功能，结合自己的工作性质发挥其传播功能。全媒体环境下，还应该熟悉信息传播各个环节，推动大众非言语传播的发展，如新闻记者需要尽可能多地、准确地采集非言语信息，作为新闻编辑需要尽可能准确地理解新闻记者采集大众非言语信息的意图，而不仅只注意言语信息的传播价值。作为出镜记者或者新闻主播等还应该注意传递言语信息，并有效传递非言语传播信息。

大众非言语传播试图回归并超越人际非言语传播，大众传播者，特别是电视传播者需要思考如何发挥大众传媒的优势，回归人际非言语传播的传播效果？电视媒体是用来“看”的，不是读，也不是听，所以，太多的文字或太多的播音都没有发挥电视媒体的优势。电视主持人和出镜记者的镜头意识、交流意识需要考虑如何让电视受众感受到亲切感？类似的问

① 张志安、沈国麟：《媒介素养：一个亟待重视的全民教育课题——对中国大陆媒介素养研究的回顾和简评》，《新闻记者》2004 年第 5 期。

② 张开：《媒介素养教育在信息时代》，《现代传播》2003 年第 1 期。

③ ［美］斯坦利·巴兰：《大众传播理论：基础、争鸣与未来》，曹书乐译，清华大学出版社 2004 年版，第 367 页。

题还比较多，需要继续探索，才能让大众非言语传播回归并超越人际非言语传播的效果。

（二）受众媒介素养的通识教育应涵盖大众非言语传播

蒙田《随想录》认为，“话语一半在于言者，一半在于听者”。① 传播效果同样需要传者和受众的有效互动，才能最终实现传播功能，所以，大众非言语传播也需要受众具备相应的信息接受素养。面对全媒体信息，受众需要“听其言，观其行”，全面认知大众传媒传递的信息，要结合非言语符号，准确认知言语传播内容。

20 世纪 70 年代，符号学的兴起从新的理论视角推动大众文化和媒介素养教育的发展。符号学分析法就是“把传媒看作一个完整符号系统和文化表征系统，通过分析符号、符号的结构关系以及符号和符码的意义来寻找和发现符号和符号背后所隐含的意识形态的目的”。② 受众认知传播符号需要相应的媒介素养，媒介素养教育“就是帮助受众发展一种客观认识媒介、建设性地使用媒介的能力。如加拿大通过媒介教育培养学生的自我认同和公民意识；澳大利亚的媒介素养教育核心思想是以媒介文本解读为中心，同时兼顾意义建构产生作用的外在因素，以及这些因素间的相互作用”。③

第一，媒介素养教育应满足受众求真的需求。“媒介素养教育的第一个目标就是要教会人们在信息的洪流中去伪存真，而这要求受众必须在加深对媒介技术的认识和了解的基础上，增强自身的分析、判断能力。” ④ 大众非言语传播可能是真实新闻的助手，也可能是虚假新闻的帮凶。如何判断新闻的真实性？大众非言语传播的基本特征理应是受众媒介素养教育的范围，帮助受众认清大众非言语传播塑造新闻真实感，同时也可能成为扭曲新闻真实性的重要手段。

第二，媒介素养教育应满足受众求美的需求。提升受众媒介素养的第二个目标就是帮助受众更好地欣赏传播信息，在海量的信息中发现美，挖

---

① ［法］萨莫瓦约：《互文性研究》，邵炜译，天津人民出版社 2002 年版，第 81 页。

② Len Masterman Foreword, *The Media Education Revolution in Teaching*, The Media: International Perspective, New Jerscy: Lawrenee Erbaum Associate, 1998, p. 4.

③ 包鹏程：《大众传播时代编辑媒介素养论》，《河南大学学报》（社会科学版）2009 年第 4 期。

④ 蔡骐：《媒介化社会的来临与媒介素养教育的三个维度》，《现代传播》（双月刊）2008 年第 6 期。

掘艺术的闪光点，和传者进行情感互动，获得自身的情感满足。媒介素养教育需要了解包括画面的“蒙太奇”编辑方式、图像与声音的巧妙搭配，印刷媒体版面编排，色彩的加入等所营造的日渐美轮美奂的传播环境。媒介素养教育应该加强大众非言语传播等传播手段塑造传播艺术特质的认知。

第三，媒介素养教育应满足受众求善的追求。“媒介素养教育的最终指向在于能够使其在接受信息内容之后，从中汲取营养和有益的成分以构建自身正确的价值体系，培养健全的人格”。①媒介素养教育应该加入对大众非言语传播内涵的认知，帮助受众增强批判性思维的能力，辨别新闻传播文本中利用大众非言语传播手段的“隐性话语”而掺入的不良意识形态的影响。传播者既要充分利用好大众非言语传播手段实施正确的人生观、价值观等，又要防止受众受到负面舆论的影响，加强对于大众非言语传播的认知，防止一些负面舆论影响受众，即媒介素养教育应培养受众科学有效地利用大众非言语传播的能力。

第三节　提升大众非言语传播发展的业务实践探索

提升大众非言语传播功能，需要传播者在新闻传播业务实践中重视大众非言语传播的特性，注重从大众非言语传播角度思考传播各环节提升传播功能的具体策略，这是大众非言语传播功能实现的最终落脚点。

一　新闻采访过程中的非言语传播

非言语传播研究认为，非言语信息采访（Nonverbal News Gathering）有两层含义：“一是指新闻记者通过言语之外的传播方式影响采访对象以获得新闻信息的活动；二是指新闻记者通过对采访对象非言语行为及其环境的观察、分析而获得新闻信息的途径。”② 这样的表述可以理解为，非言语信息采访是采访者为了进行大众非言语传播之需要而进行的和采访对象的非言语互动的过程。在这样的互动过程中，大众非言语传播的功能如下。

① 蔡骐：《媒介化社会的来临与媒介素养教育的三个维度》，《现代传播》（双月刊）2008年第6期（总第155期）。

② 宋昭勋：《略论非言语信息采访》，《当代传播》1999年第3期。

（一）培养“自己人效应”，疏通采访活动

首先，新闻记者需要增强对采访对象的认同感，培养“自己人效应”（acquaintance effect）。要使采访对象乐于接受采访，就必须尽快缩小双方的心理距离，产生认同感。如新闻记者的服装、表情、行为举止要尽量入乡随俗，和采访对象以及采访话题相匹配。交流过程中存在一种“自己人效应”，指“宣传者与听众之间相似之处越多，听众越容易产生某种情感因素，听众越容易把宣传者视为自己人，从而加强了宣传效果。在传播活动中体现的是一种传播者和受众之间的平等关系，体现的是传播者真诚、细腻、平等化的视角，体现的是受众对传播者、传播内容和传播方式的认同和喜爱心理”。[①] 所以，采访是获取信息的重要步骤，在此过程中，需要新闻记者在心理上与采访对象建立认同关系。

其次，新闻记者需要创设和谐的采访气氛。采访进行时是否具有和谐合作的气氛，对采访效果关系极大。因此，采访开始前往往要有点“热身”谈话，采访中途也不免要有点放松的间歇。这在很大程度上有赖于非言语传播，如采访对象的服装饰物、室内摆设等都可以成为“热身”话题或采访内容。

再次，新闻记者需要调动采访对象的积极心理。记者在采访过程中应情绪饱满、神情专注，才有利于调动采访对象的积极心理，保持良好的谈话兴致。交谈过程中，记者应通过会意的点头、适当的应答声或做笔记等非言语传播给采访对象以肯定和鼓励。

最后，新闻记者需要消除采访对象的心理障碍。采访对象千差万别，采访对象的态度也可能存在不合作、不适应或不习惯的情况。记者的非言语传播往往是消除采访对象心理障碍的重要手段，记者应该以不卑不亢的神态、谈吐、举止等应对不同的对方。遇到位卑而胆怯的采访对象，记者就应通过自己热情诚恳的神态、平易近人的举止，尽快消除对方的紧张心理。记者要善于察言观色，注意对方通过非言语符号表现出来的信息，及时采取对策，解除其顾虑，营造一个适宜的采访环境。

研究者总结传播者应该从以下方面注意非言语传播[②]：第一，新闻记者着装上要贴近采访对象，通过服饰告诉采访对象：“我们是自己人”，

---

① 刘京林：《传播中的心理效应解析》，中国传媒大学出版社 2009 年版，第 256—257 页。

② 陈江苹：《电视新闻记者如何培养自己的亲和力》，《视听纵横》2008 年第 3 期。

这样才能消除采访对象的心理障碍。第二，新闻记者应该学会真诚的微笑。微笑可以缩短人与人之间的心理距离，为深入沟通与交往创造和谐的氛围。第三，新闻记者要巧妙利用形体语言，与采访者的眼神交流。真诚的眼神交流可以缓解被访者的紧张心理，更好地回答记者的提问。第四，电视新闻记者采访要放慢语速、降低音量。从语言学角度看，音频、音速、音量的不同，会表达出不同的信息。第五，其他体态语塑造尊重采访对象的传者形象。如采访孩子或者坐在轮椅上的残疾人，记者应该想方设法坐下来或者蹲下做采访，这样可以平视对方，从视觉上减轻压力，体现交谈双方的人格平等关系，也体现出了对采访对象的尊重，塑造具有亲和力的记者形象，也便于让被采访者接纳。

（二）直接提供采访信息，丰富采访内容

大众传播延伸了人际传播的言语传播，却可能遮蔽非言语传播。大众传播者应该重视对于人际非言语传播信息的采集，充实传播内容，验证传播信息的真实性。

首先，采访对象的服装穿戴、饰物打扮、居家装饰、行为举止等通常会透露其职业状况、个性爱好、文化修养、经济状况、文化层次、审美情趣等信息。

其次，采访环境传递一定的非言语信息。如一些突发事件的现场，记者在现场的播报力求真实，利用手机和录音设备凸显出环境音响的作用。典型音响多指有很强说服力的环境音响，这类音响多转瞬即逝，也更能验证新闻信息的真实性和感染力。当然，要注意非言语符号与有声言语符号的合理搭配。现场音响的选用需要稿件前后语境的连接，现场音响作为稿件的精华部分前后连接的有声语言更需要恰当的搭配，使现场音响的使用不会出现突兀感。如四川广播电台对第十三届西部博览会的报道，选择吴邦国委员长、刘奇葆书记开幕式现场讲话的核心观点，将现场气氛和主持人的报道有机组合，用非言语传播与言语报道交相呼应。

（三）验证和烘托采访信息的真实性

新闻的真实性是新闻存在和具有强大影响力的关键因素，新闻真实的源头是本源真实，媒介真实是对本源真实的反映。如何使采访信息具有真实性，同时让受众接受时具有真实感？这就需要新闻记者采访环节仔细验证所采集信息的真实性。同时，还需要注意通过现场非言语信息的采集，烘托事件的真实感，让受众真正感受到真实发生的心理体验。

首先，利用非言语传播信息验证采访信息的真实性。言语传播受人的自觉意识控制，存在造假的可能，而非言语传播多是潜意识行为，是一种真情实感的自然流露，因此，更具有真实性。记者采访要察言观色，通过种种非言语符号来验证和核实言语传播内容，以确保信息的真实性和可靠性。

其次，利用非言语传播烘托信息的真实感。如果缺乏足够的非言语信息，则新闻报道显得抽象、空洞，可信度不够。在新闻事件的第一现场进行采访，也就是为了提供更多的现场非言语信息，提高新闻信息的真实感，让受众在信息接受过程中感受到新闻事件的现场氛围，通过非言语符号的接受，更相信新闻事件的真实存在。

（四）培养采访过程的情感

央视著名主持人王志曾因在《面对面》采访金庸遭到观众的强烈批评，观众认为“思维速度和语速都已经赶不上王志的金庸，在王志咄咄逼人的采访下，几次神态、表情和语言都显得‘着急’了。而王志还是‘居高临下’的态度，观众认为金庸是个老人，应该得到语气、语势上起码的尊重”。[①] 所以，我们强调记者语言的贴近性，与受访者的认知和职业越贴近越好；强调记者问话的亲切感，与受访者越亲近越好；强调记者的沟通能力，与受访者越能沟通越好。

相反，2007 年 5 月央视《新闻调查》报道《丢失的孩子》中，记者柴静蹲在采访对象——丢失孩子的身旁，手臂轻轻地放在孩子的肩头，很快拉近和采访对象的心理距离。同时，充满同情的眼神消除了采访对象的紧张感。同样，2005 年 9 月 27 日《精神病人暴力事件调查》，采访精神病人的儿子罗庆明，柴静和采访对象就蹲在路旁石头、荒草旁边（见图 7 – 3）。采访对象比较熟悉这样的环境，容易消除采访障碍，避免紧张感。而柴静在采访汶川灾区时和灾民老大爷合影，则拉近了和采访对象的空间距离和心理距离，也消解了受众体验的心理距离。

上述讨论可以从空间关系学理论分析空间距离的掌控和感受，空间大小影响心理亲密程度的体验，美国人类文化学者爱德华·霍尔《无声的语言》一书认为，声调的改变是与特定的距离范围相关的[②]：距离采访对

---

① 陈江苹：《电视新闻记者如何培养自己的亲和力》，《视听纵横》2008 年第 3 期。

② 爱德华·T. 霍尔：《无声的语言》，刘建荣译，上海人民出版社 1991 年版，第 188 页。

图 7－3　柴静采访视频截图

象相对比较近的距离，使采访对象感受到采访者的亲切感。距离太近则使其感觉压抑或紧张感。大众非言语传播和受众的实际空间距离比较远，如何让受众在心理上体验到这种距离感带来的心理感受？应该从受众接受心理考虑，调整采访策略。如新闻照片拍摄的景别展现距离感，录音设备距离采访对象的距离影响受众接受的听觉心理距离感，主持人、播音员距离镜头或话筒等的距离也会影响受众接受时的心理距离等。

二　新闻信息加工环节的非言语传播

（一）加工过程非言语符号的选择与剪裁

选择大众非言语传播符号首先需要考虑传播媒介的特性，包括传播媒介的界面大小、接受环境等。如手机媒体就不适合选择大背景的图片，而报纸可以；公交电视接受环境比较嘈杂，不适合选择音量比较低的、抒情的听觉信息；广播媒体具有兼做性，即在做其他事情的同时可以听广播。所以，其受众接受的时候注意力容易分散，不适合选择特别多的抽象数据，而报纸可以。

同样，剪裁的多少，剪裁的方式可能传递不同意义。“水至清则无鱼”，同理，一些现场拍摄的画面或者音频材料需要现场的一些“噪声”要素烘托新闻的现场感和真实性，如果过度的删减类似非言语符号，则报道显得干瘪，毫无真实感和冲击力，受众接受时也感觉索然无味。

（二）加工过程非言语符号的加入

有时候，新闻信息的加工过程需要结合报道内容加入特定符号，提升传播效果。2013 年 1 月 12 日《人民日报 · 海外版》题为《“花钱买气受”绊住了“内需”脚》的报道，认为花钱花出一肚子气很多人都经历过。据央视网“3 · 15 在线投诉平台”2012 年发布的 8632 条有效消费投诉中，“卖期货”、“天价利息”、“天价上网费”、“盗号门”、“旅行缩水”、“老年人保健品”、“丢单”、“婴儿奶粉早熟”等成为2012年投诉最热词。类似的现象需要视觉化展示更直观，报道将数字“3”和“5”进行变形处理后，成为两个钩子状的造型，钩住假冒伪劣商品，寓意深刻，直观易懂（见图7－4）。

图7－4　3·15报道

资料来源：罗兰：《“花钱买气受”绊住了“内需”脚》，《人民日报·海外版》2013年1月12日第2版。

三　新闻展示过程的非言语传播策略

如果采集、加工环节注重微观个体新闻传播信息的非言语策略，或者是新闻记者（主要是出镜记者）或主持人的非言语传播，那么传播环节则主要需要处理整体信息之间的关系，其传播主体主要集中在编辑者身上。其主要手段是编辑符号的使用，通过使用不同编辑符号，让不同信息进行搭配，在时间或空间关系上体现传播主体的特定意图。

（一）展示环节，言语、非言语符号之间的互文搭配

人际传播中言语传播与非言语传播同步进行，大众非言语传播与言语传播存在脱离状态，这样，给大众非言语传播更大的自由选择和编排的空间。如印刷媒体报道新闻人物讲话内容，无法将其讲话时的所有表情、体态语都展示出来，只是选择其中典型瞬间，配合言语传播报道，这时候，选择与编排就具有很多不确定因素，影响实际传播效果。如《南方都市报》报道《2013热点前瞻》，2013年是农历蛇年，于是文字报道选择蛇的图案搭配，从蛇头开始叙述1月前瞻，直到蛇尾的12月，形象直观，视觉冲击力强。

（二）展示过程，不同信息的时空安排

新闻报道容易出现不同情感类型的报道内容在同一时空，如“5·12”地震和北京奥运会同时需要报道，可谓“悲喜交加”。如何处理时间的先后问题？如何协调播音员的语调、服装、演播室背景等的协调性？如

何协调报纸版面的色彩问题？网页版面设计如何协调？

第一，媒介内容分布应该“大杂居，小聚居”。大的时空安排相互协调，既不过于喜庆，也不过于悲伤，在大的报道环境里形成避让，避免形成太大反差。在此基础上，从小处将相同情感基调的报道内容集中在一起，形成比较协调的色彩或副言语特征。电视、广播等“流媒体”需要在报道时间上，将相同情感基调的内容放置在同一时段报道，然后再报道另外一类新闻。

第二，主持人分工报道不同类型的新闻，避免表情变换过多，形成做作或不真实的感觉。可以考虑设置两个演播室，先由一名播音员报道汶川地震的灾区救援情况，播音员可以在衣着上适当素净，音调低沉，演播室处理成灰色等冷色调。然后，镜头切换到另一演播室，由另外一名播音员报道北京奥运情况，衣着鲜亮、音调高亢、演播室则可以装扮得喜庆一些。这样，在时间和空间层面上分别将两类不同情感基调的报道内容区别开来。

（三）大众非言语符号的使用方式

一般认为，报纸版面的色彩就是美好版面的作用。其实，不同色彩也可以传递美化以外的丰富内涵，传递丰富的信息。

首先，有风格特色：整体与局部的色彩调和与对比。需要确定版面整体色彩主基调，如每年“两会”期间，党报、党刊多选择大红作为主色调，烘托喜庆的氛围，版面语言能够表达明确的意图。

其次，有组织系统性：具体色彩把握适度。版面色彩运用要有秩序，层次分明，要求色块区大小分布均匀，不散乱，有系统。如《华西都市报》三周年纪念第2版，从黑色渐变到红色，以体现心情。黑色的忧郁和悲伤，逐渐过渡到红色的喜庆，象征三年来人民群众的心路历程，也暗合了这一组报道标题的内涵（见图7－5），这样一组标题层次分明、内涵丰富。

再次，有变化：用色手段层出不穷。“运用得当的版面色彩变化能较好地处理版面全局与局部、局部与局部的关系，甚至可以通过色彩明度、纯色的强弱，明确视觉层次，引导读者的视线。”①

最后，重视“留白”和色彩的效果。空白可以引人注意，给人一种

① 张雪松：《报纸版面色彩运用》，《当代传播》2002年第5期。

图 7－5　《华西都市报》汶川地震三周年纪念系列报道的标题

轻松的感觉。反之，密集的文字则会让受众精神烦躁。如《南方都市报》报道《上月：菜价涨拉动 CPI 涨 2.5%　为半年来最大涨幅》①，大片的留白，超越版线，和旁边的人物对比，突出菜价上涨过快，引发读者思考（见图 7－6）。

图 7－6　留白引发思考

第四节　全媒体格局下的大众非言语传播发展的构想

前文讨论，不同媒体是人体不同信息传受功能的延伸，但是，不足在

① 《上月：菜价涨拉动 CPI 涨 2.5%　为半年来最大涨幅》，《南方都市报》2013 年 1 月 12 日第 A03 版。

于不同大众媒介也都存在对于一些大众非言语传播符号的遮蔽现象。而大众非言语传播试图回归并超越人际非言语传播，除了创新更多的大众非言语符号外，还需要集中不同大众媒介的非言语传播优势，以弥补不同媒介自身之不足，于是，全媒体传播模式开始成为传播者和受众的关注焦点。

一　大众非言语传播视角下的“全媒体”

全媒体的英文为omnimedia，作为专有名词，还没用明确的定义。国内相关概念阐述的比较多，上海交通大学的姚君喜和刘春娟总结目前学界的主要观点[①]：第一，媒介运营说。中国人民大学的彭兰教授较早提出“全媒体”概念，认为全媒体是一种媒介运营模式。[②] 第二，媒介形态说。认为全媒体“是指综合运用各种表现形式，如文、图、声、光、电，从而全方位、立体地展示传播内容，同时通过文字、声像、网络、通信等传播手段来传输的一种新的传播形态”。[③] 第三，媒介整合说。研究者认为全媒体“是传统的传播手段和传播形态的综合性使用”。[④]第四，媒介营销说。研究者认为全媒体“作为一种全新的媒介营销管理观念，是建立在媒介融合基础上的媒介营销策略，包括整合性的媒介内容生产平台的创建，以及相同媒介内容的不同呈现方式的组合性使用”。[⑤] 这些概念是从新闻传播活动的不同环节阐述全媒体的内涵。如果从媒介形态角度看，媒介内容呈现形态包括言语符号和非言语符号，即全媒体是多种传播符号共同呈现传播内容。

从大众非言语传播角度看，全媒体是麦克卢汉所说的“人体延伸论”的继续，传播媒介延伸了言语传播功能，与此同时，也不断创新非言语传播符号，以弥补大众非言语传播之不足。印刷媒体的照片是对人际视觉静态非言语传播的延伸；广播是对听觉人际非言语传播的延伸；电视是对视听动态人际非言语传播的延伸；网络是对上述媒体非言语传播优势的整合。全媒体其实不是出现什么新的传播媒介形态，而是将上述各种传播方式的整合，试图全面覆盖各种传播符号、各种传播形态，迎合受众的多种

① 姚君喜、刘春娟：《“全媒体”概念辨析》，《当代传播》2010年第6期。

② 彭兰：《媒介融合方向下的四个关键变革》，《青年记者》2009年第2期。

③ 姚君喜、刘春娟：《“全媒体”概念辨析》，《当代传播》2010年第6期。

④ 同上。

⑤ 同上。

传播符号的使用与满足需求。

人类在媒介符号创新方面的不懈努力，最终目的是实现对人际传播的回归与超越，全媒体只是无限接近人际传播过程中，更接近了一步。从受众角度看，“全媒体传播对人们信息感知的全面实现。……就受众层面而言，全媒体传播的所谓‘全’，其实就体现为对受众的信息感知的全面覆盖。”从传者看，“全媒体传播对信息内容生产和传播的全面整合”。①

从大众非言语传播角度看，全媒体就是让多种大众非言语传播参与新闻传播活动，结合不同媒介大众非言语传播的特点，实现优势互补，满足受众对于多种大众非言语传播的需求（见图7－7）。

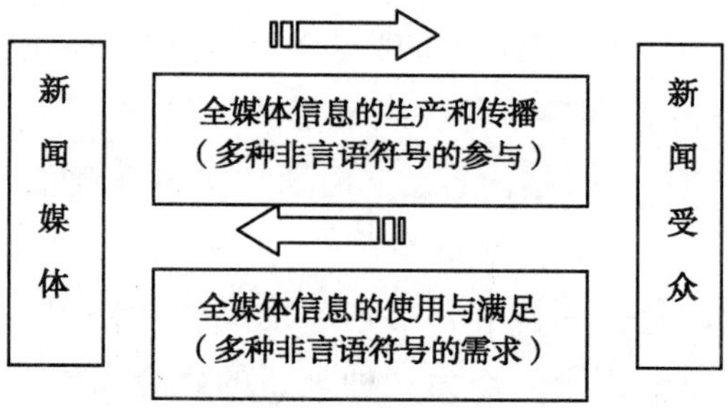

图7－7　全媒体环境下的大众非言语传播

二　信息传播主体的变迁：传统记者与草根受众

全媒体格局下，大众非言语传播的传播主体在变迁，传统媒体的职业传播者仍然是传播者的主体构成。同时，日渐增多的草根记者正以多种方式，多种渠道充实大众非言语传播的队伍，形成多元的传者群体。

（一）传统记者：专业技术和国家立场的宏大叙事

毋庸置疑，传统记者在专业技术及器材优势方面对于大众非言语信息的采集都具有重要意义，但容易出现“宏大叙事”现象，其优势是反映整个社会的宏观现状。但是，容易忽视对社会个体生存现状、问题等的微观关照。从大众非言语传播角度看，就是缺乏大众非言语传播，显得抽象，缺乏真实感。

（二）草根记者：深入现场，多元视角的微观叙事、非言语叙事

草根记者多数是微观叙事，常常关照社会普通生活中“鸡毛蒜皮”

① 姚君喜、刘春娟：《“全媒体”概念辨析》，《当代传播》2010年第6期。

的小事件。但正是这些“鸡毛蒜皮”的小事却构成了大多数中国百姓的日常生活，是其生存状态的真实反映，也正是这些让有些人看来显得“肤浅”甚至“庸俗”的叙事，才是普通受众真正关注的重点。从大众非言语传播视角分析，草根记者深入普通老百姓生活的底层，更容易发掘类似琐事的闪光点，即其蕴含的新闻价值，并及时进行采集，借助大众传播媒介准确细致地反映世界的本质。这时，深入普通老百姓生活的底层本身就是一种空间非言语传播现象。受众看到大众传媒能够反映自己身边的环境信息感受到亲切，心理距离消除，传播效果更明显。

第一，新闻的时效性需要草根记者的参与。即使当前传统媒体记者分布广泛，但是，一些突发事件爆发初期，传统媒体还是很难第一时间赶到事发现场，如何占据新闻报道的第一落点？CNN 推出“I Report”板块，由公民提供新闻线索、新闻素材甚至是完整的新闻作品，增强了报道真实性和可信度，增强报道的时效性。印度洋海啸报道时，BBC 网上新闻开辟了《目击者的故事》、《来自幸存者的照片》、《来自幸存者的录像》、《寻找失踪的亲人》等栏目。美联社电视新闻则要求员工四处搜猎业余摄影者的录像片段。[①] 正是这些草根记者借助简单的采集工具，记录了一些突发事件现场的非言语线索，帮助受众认知新闻事件，感受新闻现场。

第二，新闻的细节性需求需要草根记者的参与。现在的受众不仅需要传统新闻记者采集的主流信息，更需要多元化信息。草根记者深入社会不同领域的不同角落，随时可以发现并采集相关趣味性、娱乐性、怪异性事件，而且大中非言语信息的采集之需要简单记录。这些采访活动的专业性要求相对较低，更适合一些受众的猎奇需求。

当然，会用与精通是两回事，新闻采访活动需要技术，更需要艺术，特别是大众非言语传播，不仅是简单的拍摄图片或视频，还需要思考如何构图，拍摄距离、拍摄角度等细节问题。

三　信息选择标准的变迁：适合多种传播渠道要求

传统新闻记者在选择大众非言语传播信息时，具有专业眼光，采用专业标准。伴随新兴传播设备的出现，信息采集的大众化趋势，以及受众信

---

① 参见卢曦《国外媒体应对自然灾害报道的五大对策》，《新闻实践》2008 年第 3 期。转引自蒋晓丽、王亿本《灾难报道热传播的冷思考 ——从多维视角拓展》，《西南民族大学学报》（人文社会科学版）2012 年第 5 期。

息需求的变化，信息选择标准也在变迁。

（一）专业到实用的变迁

新闻摄影的选择标准具有由专业到实用的变迁趋势，如传统的新闻摄影要求画面干净，主题突出，背景简洁，但是，在突发事件拍摄过程中，在传统专业记者还没有赶到的情况下，草根记者拍摄并不专业的照片，依然能够满足受众的实用信息需求。

2012 年 12 月 13 日，《中国之声》的《央广新闻晚高峰》报道山西省公安厅副厅长、太原市公安局局长李亚力之子李正源涉嫌酒驾并殴打交警，而太原市交警支队集体为其做伪证，删除执法记录仪里的内容，降低酒精测试含量，变醉驾为酒驾。执勤交警夏坤用执法记录仪记录事发现场的内容，音质不清晰，但是，明显可以听出一位领导模样的人训斥夏坤："你有病呀你，你有病呀你！我跟你说的你听不懂呀？"另一个说："他是厅长的儿子就要白打我啦?!"这样的内容是传统专业记者无法获取的，夏坤的记录也许不够专业，但是正是夏坤复制并保存了这一录音满足受众的知情权，才为夏坤赢得清白，打击腐败，也证实了信息的真实性。

（二）唯美到唯实的转化

摄影和摄像需要专业训练，不仅是简单的培训，"在尊重读者的年代，报纸为了赢得读者，高质量的新闻图片必不可少，如果只为求快求真，把手机拍摄的或者相机拍摄的照片随便堆到报纸上，像素不够、画面不清、构图不佳、主体模糊，读者肯定不买账"。① 但是，在特定环境下，确实需要草根记者的参与，以弥补专业记者的缺失。

2013 年 1 月 17 日，《焦点访谈》报道用麻刚沙进行建房现象，配图是"非正常拍摄画面"，明显不符合专业要求：光线太强，逆光拍摄，拍摄对象不完整，只露出半个头部。但是，就是这样的暗访镜头的现场感让受众感到真实，更具有说服力。类似报道背景下，选择标准从唯美到唯实的转化。

四　信息传播渠道的变迁：多种媒体针对性传播

不同媒介特征对于非言语传播符号的使用类型不同，媒介融合、媒介组合、全媒体等都需要考虑非言语传播特征。首先，不同媒介的传播非言

① 林涛：《给全能记者泼点冷水》，《中国记者》2011 年第 3 期。

语符号类型不同。广播只能传播听觉非言语符号，信息采集环节应该考虑采集哪些听觉非言语符号才能实现特定传播功能？同时，由于传播终端不同，即使是同一种非言语符号的采集制作也存在差别。电视媒体和手机媒体的界面特征不同，电视界面相对手机界面大，可以传播事件的远景或全景效果，而手机界面只能传播近景或特写画面，在信息采集环节注意传播终端不同，针对性采集相关信息资源。特别是在全媒体格局下，如何对同一事件，通过不同媒介的不同大众非言语符号的相互配合，更好地实现传播功能，这些值得思考和探索。

2013 年 1 月 13 日《中国之声》的《央广新闻晚高峰》报道《中国多地遭遇雾霾天气　空气污染严重影响生活》，主播说出各地空气污染情况的一堆数据，让只能依靠听觉接受信息的受众应接不暇。中国广播网综合报道配发 1 月 12 日游客走在天坛祈年殿前的图片，显得比较直观；新华网题为《全国多地遭遇雾霾天气》的报道，则采用绘制地图说明空气分布；《成都商报》则绘制柱状图，凸显各省市间的对比（相关报道配图如图7 -8所示）。

比较而言，《中国之声》没有发挥听觉非言语符号声情并茂等传播优势，也没有很好地规避可视性差的劣势，实际传播效果不理想。而网站、报纸的报道通过视觉非言语符号的直观性，让受众深切感受到雾霾给人们带来的负面影响。

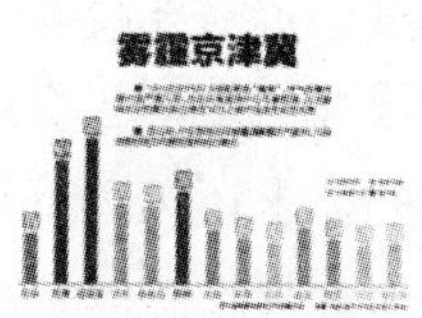

图 7 -8　中国广播网的报道　　新华网的报道　《成都商报》的报道

新闻记者在采访过程中应该尽量全面采访多种非言语信息，适合多种媒介传输要求，反映事物的本质真实，满足受众多种需求，这需要新闻记者对大众非言语信息的多样化采集。

新闻记者对大众非言语信息的选择性加工，放大传播优势。全媒体记者采集的原始信息是针对不同媒体的，特定传播媒介需要结合自身媒介的独特传播要求，选择其中部分信息进行加工。如同样是国庆阅兵、运动会开幕式等大场面的新闻照片，印刷媒体可以选择远景、全景的照片，而手机媒体只能选择其中的特写照片。两者拍摄的距离不同，表现的意图也存在差异。前者是宏大叙事，展示现场的整体状况，气势磅礴；而后者则是微观叙事，聚焦特定细节，人情味十足，这才真正发挥不同媒体的优势。

同时，新闻记者对大众非言语信息的针对性传输。全媒体格局下的媒介特征不同，传播非言语信息的方式也应该有所区别。广播媒体只能传输听觉非言语信息，应该考虑如何发挥听觉优势，弥补视觉信息缺失造成的传播功能受限。而印刷媒体只能传输视觉静态非言语信息，对于听觉、视觉动态非言语信息都无能为力，需要强化视觉静态非言语信息的瞬间永久、简洁深刻等优势，以弥补自身传播能力的不足。

新媒体大众非言语传播具有时效性、贴近性、私密性等优势，但是，手机媒体界面存在限制，目前手机媒体的界面还比较小，视觉非言语符号应该选择清晰度高，景别方面应该更多的是近景或者特写镜头才更适合接收。而电视媒体则可以大量地传输远景、全景新闻现场。

大众非言语传播涵盖面比较广，目前的研究还比较宏观，具体的细节研究还有待逐步展开，在理论上继续深入，推动实务的健康发展。

五　传播效果检验标准的变迁：使用与满足的多元趋势

按照麦克卢汉的理论，媒介发展将日趋具有“热”的特征，而出现这一趋势主要是大众非言语传播符号的参与，受众不仅使用大众媒介接受言语信息，更需要接受非言语信息，受众对于大众非言语传播的多样化需求推动媒介的多样化发展。信息社会，大众传播仅仅满足受众的一般信息知情权的需求还远远不够，在信息过剩的背景下，受众在信息的呈现方式上也具有选择性，大众非言语传播带来的信息呈现方式是影响受众选择的重要因素之一。如选择网络新媒体，以及手机媒体主要是时间非言语传播，第一时间接受信息是影响受众选择新媒体的关键因素。使用与满足状况的变迁，推动多种媒体的适位传播。

首先，大众非言语传播的感性使用与满足。同样是报纸媒体，《光明日报》、《人民日报》等党报党刊和《华西都市报》等都市媒体相比，不仅是报道内容、报道角度等的差异，还体现在大众非言语传播符号使用方面存在差异。前者版面相对平稳，照片相对比较少，色彩简单；而后者经常会出现多变的版面、夸张的照片、丰富的色彩等。受众对于前者主要是获取言语传播的满足，而对于后者则更多希望得到新闻照片等非言语传播的满足。

其次，大众非言语传播的理性使用与满足。同样是视听兼备的电视媒体，电视纪录片更具有理性需求特征，而电影则多用来满足感性的娱乐需求。

同时，大众非言语传播的多元使用与满足。全媒体格局下，新闻网站具有多元的非言语使用空间和满足条件。如《凤凰网》既有关系国计民生的硬新闻，也有仅为逗人一乐的软新闻，能够将视频新闻“中国南海紧逼越南”和图片新闻“外媒评 100 张最美面孔　中国女星朱珠大 S 上榜”在同一网页出现。其大众非言语传播符号的使用也是多样化的，满足不同受众的需求。

总之，全媒体是一个全新的传播平台，也是一种新的传播理念。从大众非言语传播角度思考，不是不分青红皂白地将所有大众非言语传播集于一体，而是根据传播内容的特殊构成，具体每一传播内容需要哪些非言语传播形式更适合？如硬新闻搭配音乐需要慎重。但是，可以在印刷媒体上采用编辑手段包装新闻内容。同时，不同的受众群体对于大众非言语传播需求存在差别。而网络媒体的受众多数比较年轻化，需要鲜活的大众非言语传播形式。所以，网络新闻可以比传统印刷媒体采用更丰富的大众非言语传播方式。

这样看来，全媒体传播不是大而全，而应该是根据不同媒介传播特征，细化传播内容、传播媒介特征、传播受众需求特征等，再进一步实施针对性传播。

结　语

一　理论分析：厘清一个概念

按照传播符号类型，人类的传播活动可以分为言语传播和非言语传播。如果按照传播媒介类型，人类传播活动也可以分成人际传播和大众传播。这样两种分类方法形成交叉，于是存在人际言语传播、人际非言语传播、大众言语传播和大众非言语传播这样四种传播类型。本书主要分析大众非言语传播，是职业的大众传播者使用大众非言语符号，通常与大众言语传播相配合，并借助大众媒介，针对广大受众有意实施的一种特殊的大众传播方式。

从传播者与受众角度分析，与人际非言语传者相比，大众非言语传者是经过专业训练，更具有职业素养；其受众是大量的和广泛的，而不是"一对一传播"的个人，即职业传播者对大量受众的非言语传播。

从传播符号角度看，和人际非言语传播符号相比，大众非言语符号有所减少，遮蔽了诸如触觉、嗅觉、味觉才能感觉到的非言语符号。但是，也延伸了部分人际非言语传播符号，并创新具有大众传媒特征的大众非言语传播符号。

从传播特点角度看，大众非言语传播比人际非言语传播更具有合目的性。人际非言语传播多数是人的潜意识行为，而大众非言语传播受传者的意识控制，"有意"传播，实现特定的传播意图。

从发展趋势角度看，大众非言语传播的总体演变趋势是试图回归并超越人际非言语传播。媒介技术变革的目标就是力图更准确地模仿人际非言语传播，全面真实地还原客观世界，并延伸人际非言语传播的时空范围，即试图回归人际传播的丰富非言语传播，并在一定程度上超越人际非言语传播效果。

二　批判思考：质疑一种批判

消费社会理论认为文字是理性的、可靠的，而图像类符号是感性的，不可靠的，容易消解受众的理性思考能力。尼尔·波兹曼对于视觉传播的批判具有一定的合理性，视觉传播或者更大范围的大众非言语传播确实存在消费主义色彩和肤浅的特征。但是，这不是大众非言语传播本身的不足，而是传播者对于大众非言语传播特点的认识不够、使用不当所致。大众非言语传播具有直观形象的传播特点，也具有隐喻表意和协同表意的传播优势。如果仅仅抓住其直观性传播特点，往往就流于肤浅，止于简单的低水平传播。而如果认识到其还具有隐喻表意的复杂传播方式，隐蔽地、艺术化地传递传播者的深层次意图，这样才让大众非言语传播的表意机制更加完善和丰富，才让大众非言语传播更具有"嚼头"，而不至于落得骂名。如理论界对于"蒙娜丽莎的微笑"的研究同样具有理论深度。

所以，传播者忽视了大众非言语传播隐喻表意等深刻性特征，而只是简单用于美化版面，直观刺激受众眼球等"肤浅"用途。大众非言语符号与言语符号一样，都属于传播符号，理应具备符号的能指与所指，这种意指关系赋予其同样具有理性思辨的特质。甚至，在某些方面，大众非言语传播还具有不同于文字传播的传播优势。批评视觉传播、图片报道的肤浅，只应该理解为是对当前大众非言语传播现状的批评，而不应是针对大众非言语传播本身传播特征的批评。

三　现实考察：细化四个功能

大众非言语传播利用自身独特传播优势，在实现传播功能过程中发挥独特作用。

第一，大众非言语传播直接塑造新闻的真实感，隐喻真实性，累积真实度。从新闻真实的角度分析大众非言语传播功能，认为大众非言语传播直接影响新闻的真实感，可以让本质真实的新闻更具有可信的外在感觉。同时，也可能助纣为虐，让本质上不真实的新闻显得很有真实感，更容易误导受众。当然，大众非言语传播也间接影响新闻的真实性。

第二，大众非言语传播抚慰受众心理，但也存在异化现象。大众非言语传播的直观性、生动性等优势，使其更容易实现抚慰受众受伤的心理，并能激发受众一些积极情绪，以促进受众个体的心理健康，并推动整个社会和谐发展和进步。但是，也正是因为大众非言语传播具有诸多优势，也容易导致其情感传播功能的异化，导致大众传播的色情、暴力、煽情等传播现象的存在，一定程度上影响受众信息接受以及心理的健康发展。

第三，大众非言语传播直观反映表面形象，隐喻深层形象。大众传播具有赋予社会地位的功能，大众传播借助大众非言语符号可以有效塑造特定人群的媒介形象，使其在社会上获取更多的社会资源，具有更好的发展优势。同时，也可能因为大众传播的倾向性，丑化特定社会群体或者社会组织的媒介形象，使其在社会上不受欢迎，从而失去了很多资源和发展机遇。在这过程中，大众非言语符号同样是一把“双刃剑”，传播功能主要取决于其传播主体的动机。

第四，大众非言语传播参与说服传播是以边缘说服路径为主，中枢说服路径为辅。大众非言语传播影响心情，证实证据，塑造说服主体形象，影响说服结果。影响大众传播的说服功能的因素比较多，研究者将其大致分成中枢路径和边缘路径，在这样两种路径中，大众非言语传播都具有一定的作用，在边缘路径中的功能实现更具有价值（见图 1）。

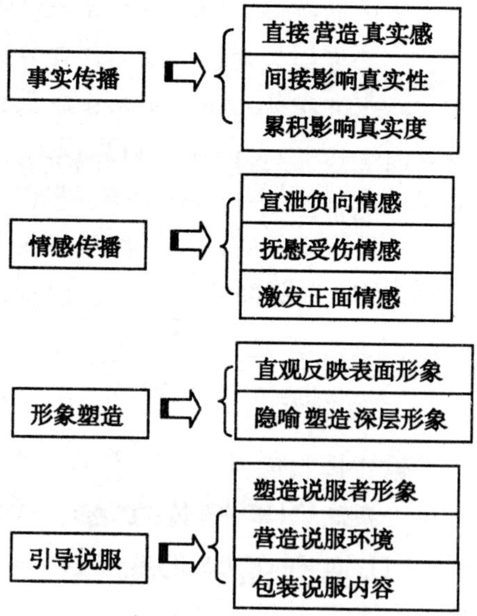

图 1　大众非言语传播影响传播功能的路径

四　多维启发：反思四个理论

“拟态环境”、“人体延伸”、“媒介补救”、“地球村”理论等已经耳熟能详，从大众非言语传播角度对这些传统经典传播理论进行反思，梳理这些经典理论的进步性和不足。发现大众非言语传播让大众传播更具有“地球村”面对面交流的全息性特征；“媒介即讯息”理论表明，新媒介带来的“讯息”不仅是言语传播讯息，也包括非言语传播讯息；“人体延伸”理论应该区分，大众媒介延伸言语传播功能，更延伸了人类非言语传播；“冷热媒介”划分标准应该涉及大众非言语传播符号，因为非言语传播的参与提升传播“热”的程度，从大众非言语传播角度思考，探索其独特内涵。

五　前瞻探索：适应一种趋势

前文所述，当前已经处于视觉传播转向时代，甚至具有非言语传播转向特征。与此同时，媒介技术进步日新月异，受众接受期待开始变化。大众传播者如何在新的传播环境下，合理、有效地使用大众非言语传播，满足受众需求，实现传播功能？同时，媒介技术进步和受众心理需求共同推动下，网络人际非言语传播也渐成气候。媒介发展趋势无法阻挡，传播理论研究需要适应这一变化趋势，从理论层面上分析其传播特征，提供理论指导，以避免盲目性。

限于篇幅，还有一些问题没有深入讨论，期待后续研究注意以下方面。

研究方法方面，相关研究还可以进行实证分析，采样实验仪器进行量化统计，分析大众非言语传播对于受众的影响情况；包括非言语传播效果的统计可以采用心理实验仪器，借助眼动仪等助推研究成果的科学性。

理论借鉴方面，拓展多学科交叉空间，如从生物学角度分析受众对于大众非言语符号与言语符号的信息接收特征；从叙事学角度探索非言语叙事逻辑，丰富非言语传播研究的理论深度。

还有，研究需要注重前瞻性，新媒体，特别是网络人际非言语传播应该是接下来的研究重点。本书所述，媒介进化的趋势是人际传播的回归与超越，网络媒体如何实现人际传播的回归与超越？非言语传播如何更好地助推这一趋势？网络人际非言语传播与面对面的实体的人际非言语传播存在哪些异同？这是理论探讨的重点，也是传播实务追求的方向。同时，研究的切入点还可以再小一点儿更深入细致，比如个案研究。

媒介技术进步推动媒介形态日新月异，也带来非言语传播符号的日渐丰富，这些都值得关注。限于篇幅，相关问题只能有待后续研究的继续推进，以提升非言语传播的实际效果，满足新时期受众对于非言语传播的需求。

参 考 文 献

（中文文献以著者姓氏字母为序，外文文献
以著者名字英文字母为序）

一　中文文献

（一）专著、教材

车文博主编：《心理咨询大百科全书》，浙江科学技术出版社 2001 年版。

陈力丹：《新闻观念：从传统到现代》，复旦大学出版社 2004 年版。

陈凌：《说服传播：过程和实践》，台湾五南图书出版公司 2001 年版。

戴元光等：《传播学原理与应用》，兰州大学出版社 1988 年版。

龚文庠：《说服学——攻心的学问》，东方出版社 1994 年版。

郭庆光：《传播学教程》，中国人民大学出版社 1999 年版。

毕继万：《跨文化非语言交际》，外语教学与研究出版社 1999 年版。

胡志毅：《现代传播艺术——一种日常生活的仪式》，浙江大学出版社 1997 年版。

胡壮麟：《认知隐喻学》，北京大学出版社 2004 年版。

蒋晓丽：《传媒的宣导抚慰功能》，四川大学出版社 2008 年版。

金维一：《电视观众心理学》，复旦大学出版社 2005 年版。

梁宁建：《认知心理学》，上海教育出版社 2003 年版。

李新民：《中国电视大趋势》，华夏出版社 2006 年版。

李永健：《大众传播心理通论》，中国传媒大学出版社 2008 年版。

李幼蒸：《理论符号学导论》，社会科学文献出版社 1999 年版。

刘建明：《当代新闻学原理》，清华大学出版社 2003 年版。

刘京林：《大众传播心理学》，中国传媒大学出版社 2005 年版。

刘京林：《传播心理效应解析》，中国传媒大学出版社 2005 年版。

刘双、于文秀：《跨文化传播——拆解文化的围墙》，黑龙江人民出版社 2000 年版。

彭凯平、王伊兰：《跨文化沟通心理学》，中国北京师范大学出版社 2009 年版。

任悦：《视觉传播概论》，中国人民大学出版社 2008 年版。

邵培仁：《传播学导论》，浙江大学出版社 1997 年版。

宋昭勋：《非言语传播学》（新版），复旦大学出版社 2008 年版。

束定芳：《隐喻学研究》，上海外语教育出版社 2000 年版。

杨保军：《新闻真实论》，中国人民大学出版社 2006 年版。

曾庆香：《新闻叙事学》，中国广播电视出版社 2005 年版。

赵毅衡：《符号学原理与推演》，南京大学出版社 2011 年版。

张国良：《传播学原理》，复旦大学出版社 1996 年版。

张国良：《传播学原理》（第二版），复旦大学出版社 2009 年版。

郑保卫：《当代新闻理论》，新华出版社 2003 年版。

郑兴东、陈仁风、蔡雯：《报纸编辑学教程》，中国人民大学出版社 2001 年版。

钟蔚文：《从媒介真实到主观真实》，台湾正中书局 1992 年版。

周宪：《视觉文化的转变》，北京大学出版社 2008 年版。

（二）论文、报告

蔡静：《公共危机中的心理需求与流言传播》，《当代传播》2011 年第 4 期。

蔡骐、盛兰：《悲情叙事的影像传播》，《现代传播》2010 年第 3 期（总第 164 期）。

陈道明：《“委婉”不一定是“语”——试论非言语隐喻与非言语委婉》，《外语教学》2005 年第 2 期。

陈力丹：《强势报纸应当强在哪里?》，《新闻知识》2005 年第 8 期。

陈立生：《当代受众的新闻接受心理》，《当代传播》2005 年第 1 期。

陈江苹：《电视新闻记者如何培养自己的亲和力》，《视听纵横》2008 年第 3 期。

陈业雷、陈红：《新媒体时代受众心理特征变迁》，《青年记者》2011 年第 1 期（下）。

陈竹、张琦:《传受注意心理管窥》,《现代传播》2010 年第 8 期。

程曼丽:《大众传播与国家形象塑造》,《国际新闻界》2007 年第 3 期。

储符琳:《电视新闻报道中的“情感传播”》,《青年记者》2006 年第 16 期。

崔莉:《媒介之媒介:论电视情感传播的工具性价值》,《现代传播》2010 年第 9 期。

丁柏铨:《新闻传媒公信力刍议》,《新闻爱好者》2005 年第 12 期。

樊水科:《乡村仪式传播初探》,《新闻知识》2009 年第 8 期。

冯觉华:《从修辞现象到认知现象——谈隐喻的两大类型》,《学术交流》2006 年第 7 期。

高建定:《让色彩说话、传情——版面色彩实例分析》,《新闻实践》2004 年第 6 期。

韩丛耀:《图像符号的特性及其意义解构》,《江海学刊》2011 年第 5 期。

和飞:《从 QQ 非语言符号演变路径看人际传播的回归》,《新闻界》2005 年第 5 期。

何龙盛:《〈新京报〉的视觉传播模式》,《中国记者》2005 年第 6 期。

何晶:《从群体心理的视角看媒介说服》,《中国青年政治学院学报》2003 年第 11 期。

何平华:《论传播语境、价值取向与国家影像的符号表达——兼谈“国家形象公关时代”的对外传播策略》,《新闻记者》2011 年第 8 期。

何苏六:《真实高于月亮》,《现代传播》2003 年第 1 期。

胡昌恩、刘宗粤:《论思想教育的“情感激发”》,《学术交流》2007 年第 5 期。

胡家宁:《现代传播中的视觉符号探讨》,《扬州大学学报》(人文社会科学版)2006 年第 6 期。

胡梅娜、阎志芬:《论编辑语言》,《陕西师范大学学报》(哲学社会科学版)2005 年第 9 期。

胡易容:《论图像的符号性》,《社会科学战线》2012 年第 10 期。

胡智锋、周建新:《从“宣传品”、“作品”到“产品”:中国电视 50

年节目创新的三个发展阶段》，《现代传播》2008 年第 4 期。

黄春平、彭铁祥：《当前网络人际传播研究述略——从网络言语传播与非言语传播谈起》，《辽东学院学报》（社会科学版）2005 年第 6 期。

黄顺铭：《灾难新闻照片里的“身体恐怖”》，《新闻记者》2006 年第 6 期。

黄念然：《当代西方文论中的互文性理论》，《外国文学研究》1999 年第 3 期。

黄雅堃：《情色视像传播之心理污染动因探源》，《现代传播》（双月刊）2008 年第 6 期。

蒋晓丽、王亿本：《〈纽约时报〉对他国灾难报道的话语分析——基于最近四次地震报道的思考》，《国际新闻界》2011 年第 9 期。

蒋晓丽、王亿本：《灾难报道热传播的冷思考 ——从多维视角拓展》，《西南民族大学学报》（人文社会科学版）2012 年第 5 期。

金惠敏：《“图像—娱乐化”或“审美—娱乐化”——波兹曼社会“审美化”思想评论》，《外国文学》2010 年第 6 期。

刘方松、王强、柳妍、陈静、宋鲁平、韩在柱、毕彦超：《非言语声音和言语声音表征关系的研究》，《中国康复理论与实践》2011 年第 3 期。

刘丽芬、黄忠廉：《“语言”“言语”与“话语”三分》，《中国科技术语》2008 年第 5 期。

刘积林、赵国旗：《广播中的非语言传播》，《现代传播》（中国传媒大学学报）1990 年第 4 期。

刘坚、温冬梅：《报纸版面色彩的运用》，《新闻战线》2001 年第 4 期。

刘小霞、吴小君：《纪录片的非语言运用及其传播》，《中国电视》2009 年第 4 期。

刘朝霞：《浅析电视采访中的非言语沟通》，《现代视听》2007 年第 6 期。

李彬：《传播符号的分类及功能》，《中国青年政治学院学报》2000 年第 2 期。

李凌凌：《新时期受众心理变迁和舆论引导》，《新闻与写作》2005 年第 11 期。

李仁臣、曾庆香、高世屹：《论新闻图像与受众的对话》，《新闻大学》2006 年第 1 期。

林如鹏、朱文丰、夏永晖：《浅析色彩在日报中的运用》，《新闻知识》2006 年第 10 期。

林之达：《传播与心理的关系考察》，《西南民族大学学报》（人文社会科学版）2009 年第 9 期。

林之达：《传播的两级效果论》，《社会科学研究》2005 年第 2 期。

卢曦：《国外媒体应对自然灾害报道的五大对策》，《新闻实践》2008 年第 3 期。

鲁瑶、吴佳妮：《网络表情的传播现状及成因探究》，《经济视角》2009 年第 11 期。

麦尚文：《仪式传播视野中的"媒介庆典"——以 CCTV〈感动中国〉节目为例》《现代传播》（中国传媒大学学报）2010 年第 4 期。

茅丽娜：《从传统人际传播角度观瞻 CMC 人际传播》，《国际新闻界》2000 年第 3 期。

孟伟、梅琼林：《论广播非语言符号系统的传播价值》，《中国广播电视学刊》2011 年第 12 期。

明安香：《关于国家形象传播的思考》，《对外大传播》2007 年第 9 期。

穆阳、王丰、王家民：《视觉符号在跨文化传播中的价值研究》，《艺术与设计》2009 年第 1 期。

欧阳霞：《试论新闻传播者获取信息中的非言语沟通行为》，《渤海大学学报》（哲学社会科学版）2011 年第 5 期。

潘一禾：《"国家形象"的内涵、功能之辨与中国定位探讨》，《杭州师范大学学报》（社会科学版）2011 年第 1 期。

彭敏：《大众传播中非语言符号的特点与运用》，《传媒》2011 年第 11 期。

钱庆义、张秋爽：《非语言符号传播在我国国家形象塑造中的运用——以国庆 60 周年阅兵为例》，《新闻知识》2010 年第 10 期。

宋昭勋：《略论非言语信息采访》，《当代传播》1999 年第 3 期。

束定芳：《论隐喻的认知功能》，《外语研究》2001 年第 2 期。

唐大勇：《文化转移：申奥陈述片的视觉传播》，《现代传播》2003 年第 1 期。

汤筠冰：《国家仪式的视觉转向及其传播的路径转型》，《江苏行政学院学报》2010第4期。

唐英：《非语言传播缺失下的网络人际传播》，《当代传播》2009年第2期。

童兵：《简论新闻传媒的宣泄功能》，《新闻记者》2010年第2期。

童之侠：《英国〈卫报〉涉华报道分析》，《现代传播》2011年第3期。

王敬红：《传播学视野下的高校思想政治教育说服策略研究》，《现代传播》2010年第8期。

王朋进：《媒介形象：国家形象塑造和传播的关键环节》，《国际新闻界》2009年第11期。

王琦：《论新闻节目主持人的个性化传播》，《中国广播电视学刊》2008年第8期。

王祎：《对国家形象研究的反思》，《国际新闻界》2011年第1期。

王亿本、罗宝勇：《大众传媒利用视觉符号塑造国家形象研究》《长春理工大学学报》2012年第5期。

温华：《媒体图像传播与社会文化心理》，《新闻与传播研究》2006年第2期。

吴予敏：《论媒介形象及其生产特征》，《国际新闻界》2007年第11期。

吴忠民：《20世纪中国社会转型的基本特征分析》，《学海》2003年第3期。

邢虹文：《电视受众的社会分化与价值认同分歧——基于上海市民实证研究的分析》，《上海大学学报》（社会科学版）2012年第2期。

熊萍：《奥运新闻报道的“非语言”解析》，《浙江传媒学院学报》2009年第1期。

徐小明：《跨文化非言语交际论析》，《贵州师范大学学报》（社会科学版）2010年第4期。

严峰、李川：《色彩传播在电视演播中的运用》，《东南传播》2007年第11期（总第39期）。

杨保军：《认清假新闻的真面目》，《新闻记者》2011年第2期。

杨冬云：《国家形象的构成要素与国家软实力》，《湘潭大学学报》

（哲学社会科学版）2008年第9期。

杨琴：《电视深度报道的互文性》，《中国广播电视学刊》2007年第3期。

杨守华：《浅论非语言符号在广播新闻中的运用》，《中国广播》2011年第6期。

姚劲松：《新媒体中人际传播的回归与超越》，《当代传播》2006年第6期。

余丽蓉：《"图的真实"、"媒介真实"与"宏观真实"——浅谈新闻图像传播的隐性失实及其对策》，《新闻界》2007年第1期。

于洋：《试析电视节目主持人非语言符号传递的有效信息》，《理论界》2007年第12期。

袁志坚：《媒体公信力：提高媒体舆论引导能力的前提》，《新闻与传播研究》2010年第5期。

张兵娟：《全球化时代的仪式传播与国家认同建构——论国庆阅兵仪式的传播意义及价值》，《郑州大学学报》（哲学社会科学版）2010年第9期。

张芳、童利忠：《广告说服方式的作用机理探析》，《科技与产业》2007年第4期。

张放：《非语言符号在信息传播中的特点与功能》，《东莞理工学院学报》2006年第10期。

张放：《网络人际传播的印象形成研究》，博士学位论文，四川大学，2009年。

张辉东：《注重灾难报道中新闻图片的情感正效应》，《湖南社会科学》2010年第3期。

张国良：《略论传播的功能——对一些常识的再思考》，《现代传播》（中国传媒大学学报）1995年第3期。

张景云：《麦克卢汉"冷"、"热"媒介悖论：基于"清晰度"与"心理参与"的研究》，《国际新闻界》2011年第5期。

张丽娜：《探析非言语交际的文化意义及在跨文化传播中的差异》，《现代传播》（中国传媒大学学报）2010年第10期。

张谦：《论电视媒介仪式传播中的音乐话语实践》，《现代传播》2011年第11期（总第184期）。

张晓凤：《基于隐喻的广告说服机制》，《今传媒》2009 年第 7 期。

张学松：《报纸版面色彩运用》，《当代传播》2002 年第 5 期。

赵怀艳：《影响电视新闻真实感的因素》，《视听界》2005 年第 4 期。

郑欣：《变迁中的电视受众心理及其社会属性分析》，《南京师范大学学报》（社会科学版）2009 年第 6 期。

周建新：《中国电视受众角色嬗变及新时期电视受众收视需求分析》，《现代传播》2010 年第 6 期。

周宪：《反思视觉文化》，《江苏社会科学》2001 年第 5 期。

周宪：《视觉文化的转向》，《学术研究》2004 年第 2 期。

朱建婷、张晓红：《从对外传播视角解读提高国家文化软实力》，《河北师范大学学报》（哲学社会科学版）2008 年第 3 期。

朱盛娥、李芳：《实体隐喻——新概念的源泉》，《湖南人文科技学院学报》2008 年第 1 期。

朱小翠：《报纸新闻话语的政治文化审视——以〈泰晤士报〉、〈纽约时报〉等为例》，《新闻界》2011 年第 3 期。

二 中文译著

［法］鲍德里亚：《生产之镜》，仰海峰译，中央编译出版社 2005 年版。

［法］利科：《活的隐喻》，汪堂家译，上海译文出版社 2004 年版。

［法］莫里斯·哈布瓦赫：《论集体记忆》，毕然、郭金华译，上海人民出版社 2002 年版。

［法］萨莫瓦约：《互文性研究》，邵炜译，天津人民出版社 2002 年版。

［古希腊］亚里士多德：《修辞学》，罗念生译，上海人民出版社 2005 年版。

［加］麦克卢汉：《理解媒介：论人的延伸》，何道宽译，商务印书馆 2000 年版。

［美］爱德华·T. 霍尔：《无声的语言》，刘建荣译，上海人民出版社 1991 年版。

［美］爱德华·W. 赛义德：《赛义德自选集》，谢少波等译，中国社会科学出版社 1999 年版。

［美］艾尔·巴比：《社会研究方法》（第十版），邱泽奇译，华夏出版社 2005 年版。

［美］保罗·莱文森：《数字麦克卢汉——信息化新纪元指南》，何道宽译，社会科学文献出版社 2001 年版。

［美］保罗·莱文森：《莱文森精粹》，何道宽编译，中国人民大学出版社 2007 年版。

［美］保罗·梅萨里：《视觉说服：形象在广告中的作用》，新华出版社 2004 年版。

［美］伯格：《人格心理学》（第七版），陈会昌等译，中国轻工业出版社 2010 年版。

［美］贝斯特：《认知心理学》，黄希庭等译，中国轻工业出版社 2000 年版。

［美］戴维·波普诺：《社会学》（第十版），李强编译，中国人民大学出版社 1999 年版。

［美］戴维·迈尔斯：《社会心理学》，侯玉波、乐国安、张智勇译，人民邮电出版社 2006 年版。

［美］菲利普·津巴多、迈克尔·利佩：《态度改变与社会影响》，邓羽、肖莉、唐小艳译，人民邮电出版社 2007 年版。

［美］拉里·A. 萨默瓦、理查德·E. 波特：《跨文化传播》（第四版），闵惠泉、王纬、徐培喜等译，中国人民大学出版社 2010 年版。

［美］罗宾·洛克夫：《语言的战争》，刘丰海等译，新华出版社 2001 年版。

［美］尼尔·波兹曼：《娱乐至死》，章艳译，广西师范大学出版社 2007 年版。

［美］霍尔·爱德华：《无声的语言》，刘建荣译，上海人民出版社 1991 年版。

［美］萨姆瓦等：《跨文化传通》，生活·读书·新知三联书店 1998 年版。

［美］苏珊·朗格：《情感与形式》，中国社会科学出版社 1988 年版。

［美］泰勒、佩普劳、希尔斯：《社会心理学》，谢晓非等译，北京大学出版社 2004 年版。

［美］特约翰：《人类传播理论》（第七版），史安斌译，清华大学出

版社 2004 年版。

［美］威尔伯·施拉姆、威廉·波特：《传播学概论》（第二版），何道宽译，中国人民大学出版社 2010 年版。

［美］沃纳·赛佛林、小詹姆斯·坦卡德：《传播理论》，郭镇之等译，华夏出版社 2000 年版。

［美］约翰·贝斯特：《认知心理学》，黄希庭主译，中国轻工业出版社 2000 年版。

［美］约翰·费斯克：《关键概念：传播与文化研究辞典》，李彬译，新华出版社 2004 年版。

［美］约瑟夫·奈：《软力量：世界政坛成功之道》，东方出版社 2005 年版。

［日］潼本孝雄、藤沢英昭：《色彩心理学》，成同社译，科学技术文献出版社 1989 年版。

［斯洛文尼亚］阿莱斯·艾尔雅维茨：《图像时代》，吉林人民出版社 2003 年版。

［英］彼德·卡雷特：《体态秘语——肢体语言手则》，季广茂、邱娟、丁洁如译，首都师范大学出版社 2006 年版。

［英］达尔文：《人类和动物的表情》，周邦立译，科学出版社 1958 年版。

［英］维克多·特纳：《象征之林》，商务印书馆，2006 年版。

［英］汤林森：《文化帝国主义》，冯建三译，上海人民出版社 1999 年版。

三　英文文献

（一）专著

Brodsky, S. L. , Neal, T. , Cramer, R. J. , and Ziemke, M. H. , *Credibility in the Court Room: How Likeable Should an Expert Witness Be?*, J. Am Acad Psychiatry and Law, Dec, 2009.

Bryan Walsh, *Jay Newton-Small and Tim Padgett*, After shock, Feb. 1, 2010.

Edward T. Hall, *The Silent Language*, N. Y. : Doubleday & Company, 1959.

Edward T. Hall, *The Hidden Dimension*, N. Y. : Doubleday & Company, 1966.

Elisabeth André, Elisabetta Bevacqua, Dirk Heylen, Radoslaw Niewiadomski, Catherine Pelachaud, Christopher Peters, Isabella Poggi, and Matthias Rehm, *Non-verbal Persuasion and Communication in an Affective Agent*, P. Petta et al. (eds.), Emotion-Oriented Systems, Cognitive Technologies, Springer-Verlag Berlin Heidelberg, 2011.

Eugene D. Jaffe, Israel D. Nebenzah, *National Imageand Competitive Advantage: TheTheory and Practice of Country-of-Origin Effect*, Copenhagen: Copenhagen Business School Press, 2001.

Hornikx, J., *A Review of Experimental Research on the Relative Persuasiveness of Anecdotal, Statistical, Causal and Expert Evidence*, Studies in Communication Sciences, 5, 2005.

Jay A. Conger, *The Necessary Art of Persuasion*, Harvard Business Review, May-June 1998.

John Fiske & John Hartley, *Reading Television*, New York: Routledge, 2003.

Lackoff G. & Johnson, M., *Metaphor We Live By*, Chicago: Univercity of Chicago Press, 1980.

Malandro, Barker, et al., *Nonverbal Communication*, 2nd ed., Newbery Award Records, 1989.

Marita Sturken and Lisa Cartwright, *Practices of Looking: An Introduction to Visual Culture*, Oxford: Oxford University Press, 2001.

Marianne Dainton, Elaine Zelley, *Applying Communication Theory for Professional Life: A Practical Introduction*, 2nd ed., United States of America, Library of Cataloging-in-Publication Data, 2005.

Miller, G. R., *On being persuaded: Some Basic Distinctions*, In M. Roloff, & G. R. Miller (eds.), Persuasion: New Directions in Theory and Research, Beverly Hills, 1980.

Richard Jackson Harris, *A Cognitive Psychology of Mass Communication* (Fourth Edition) Lawrence Erlbaum Associates, New Jersey London, 2004.

Ronald E. Riggio, Robert S. Feldman, *Applications of Nonverbal Communication*, Lawrence Erlbaum Associates, Mahwah, New Jersey London, 2005.

Samovar L. et al. , *Understanding Intercultural Communication.* Wadsworth, 1981.

（二）论文

Maria A. Kopacz, *Nonverbal Communication as a Persuasion Tool: Current Staus and Future Directions*, Rocky Mountain Communication Review, Volume 3: 1, Summer 2006.

Renita Coleman and H. Denis Wu, *More Than Words Alone: Incorporating Broadcasters' Nonverbal Communication Into the Stages of Crisis Coverage Theory—Evidence From September 11th*, Journal of Broadcasting & Electronic Media 50 (1), 2006.

Stanley E. Jones and Curtis D. LeBaron, *Research on the Relationship Between Verbal and Nonverbal Communication: Emerging Integrations*, Journal of Communication, September 2002.

Susan Goldin-Meadow and Susan M. Wagner, *How our Hands Help us Learn*, TRENDS in Cognitive Sciences Vol. 9, No. 5, May 2005.

后　　记

行文至此，本书稿已完成。心存一丝辛苦，但更是一种享受：享受被关爱的幸福，享受进步的快乐！感谢恩师蒋晓丽教授的教育之恩，是蒋老师的睿智指引我在学术上关注前沿，抓准焦点。感谢我的硕士生导师吴建教授和四川大学文学与新闻学院多位老师的指导和帮助！浓浓师恩，值得铭记！

感谢各位好朋友们的相伴和帮助！特别是上海交通大学媒体设计学院的王积龙师兄在美国访学期间，帮忙收集相关英文资料。感谢刘肖、董子铭、张放、王炎龙、任雅仙、李玮、王志华等好朋友的关心和帮助！绵绵友情，值得回味！

更要感谢我的家人，如果我的人生是一个高空飘扬的风筝，他们则是那条坚实的风筝线，给我自由却又不至于迷失方向；感谢我的爱人罗宝勇女士，在自己繁重的博士学习过程中，还承担繁杂的家务，照顾、辅导孩子，让我有足够的时间写作；更感谢懂事的儿子没有给我增加过多的负担，还平添了很多的生活乐趣和精神动力。一家三口共同学习，追求进步，享受劳累，体验幸福。暖暖亲情，值得珍惜！

写作过程中，笔者参考、借鉴了大量学术成果，并尽量通过脚注和参考书目的形式，规范引用，但在标注过程中难免有遗漏之处，在此一并致谢，并对标注不妥之处深表歉意，更希望诸君不吝赐教，以期日后修订时标明。

同时，感谢南昌大学的资助出版，感谢新闻与传播学院同事们的关心照顾！感谢中国社会科学出版社任明老师对本书出版所付出的辛勤劳动！

致谢是写作的结束，更是新的探索的开始。我将怀揣着恩师的教诲、朋友们的祝福和家人的支持，继续前行，继续探索！

王亿本

2013 年 12 月于南昌大学新闻与传播学院